GABRIEL BOULLARD

GORRON

LA CHATELLENIE — LA PAROISSE

des origines à 1789

NOTES HISTORIQUES

LAVAL

IMPRIMERIE-LIBRAIRIE Ve A. GOUPIL

1919

(Extrait du *Bulletin de la Commission historique et archéologique
de la Mayenne*).

Gabriel BOULLARD

GORRON

LA CHATELLENIE — LA PAROISSE

des origines à 1789

NOTES HISTORIQUES

LAVAL

IMPRIMERIE-LIBRAIRIE Vᵉ A. GOUPIL

1919

O mon Pays, je viens te rendre hommage !
(La Gorronnaise).

Les études que nous livrons à la publicité sont le fruit de longues et patientes recherches. Le dépouillement de nombreuses archives, la lecture d'une foule d'ouvrages et de documents, nous ont permis d'amasser, un à un, les matériaux que nous avons mis en œuvre.

Nous avons surtout tenu à ne nous appuyer, dans nos conclusions, que sur des chartes, titres ou renseignements dont l'authenticité fût indiscutable. C'est, en effet, l'écueil dangereux, que d'excellents annalistes n'ont pas toujours évité, que d'accepter comme vraies, sans contrôle suffisant, des pièces dont une critique plus sévère eût établi la fausseté. Redisons, après l'abbé Garnier, l'éminent historiographe, le plus illustre de nos compatriotes : « L'historien a pour objet principal « de se bien assurer des faits. »

Nous avons été grandement aidé par de précieux conseils et de bienveillantes communications. A tous ceux qui nous ont donné leur utile concours, et dont les noms seront fréquemment cités dans les pages qui suivent, particulièrement à **MM.** Laurain, Grosse-Duperon et Louis Garnier, nous offrons de tout cœur nos remercîments les plus sincères. Nous saluons aussi avec respect et reconnaissance nos guides et nos modèles aujourd'hui disparus, **MM.** Trouillard, Pointeau et Angot.

Nous n'avons pas, cela va sans dire, la présomption de croire notre travail complet et définitif. Notre unique

but était de coordonner des notes jusqu'ici dispersées, — notre seule ambition est d'avoir jeté les bases
d'études plus approfondies qu'entreprendront, nous
l'espérons, des amateurs d'histoire locale, des Gorronnais érudits et curieux des choses du passé. La mine
à exploiter est inépuisable; sa richesse peut et doit
tenter toutes les bonnes volontés. Quant à nous, nous
nous tiendrons pour largement récompensé de nos
labeurs si nos successeurs peuvent élargir et compléter
notre travail en utilisant notre modeste documentation.

Gorron, 1919.

LA CHATELLENIE DE GORRON & SES SEIGNEURS

NOTES HISTORIQUES

CHAPITRE I

Préliminaires.

I. — NOM.

Le nom de Gorron a subi, au cours des siècles, de nombreuses modifications et l'orthographe en a singulièrement varié.

Nous relevons successivement : apud GORONNUM, 1082 (Trouillard, *Notice sur Gorron*) ; capellanus de GORRAN, 1154-1185 (Cart. de Savigny) ; R. de GORRAN, 1235 (*Cart. de l'Abbayette*, p. 39, sceau) ; firma de GORRAN, 1239 (Arch. nat., L 970) ; castelliam de GORREN, 1199 (Ménage, *Hist. de Sablé*, p. 186); apud GORRAM, 1198 (*Ibid.*, p. 359) ; via quæ tendit de Telleio ad GORRAM, 1210 (Cart. de Savigny) ; GORRUN, 1392 (Chart. du Boisbrault) ; la chastellenie de GOURON, 1404 (Arch. nat., P 343³) ; ecclesia B. Martini de GORONNIO, xvᵉ siècle (*Lib. fundat*, t. I, fol. 52) ; leproseria de GORONNIO (xvᵉ siècle, Pouillé) ; GOORON (Aveu de 1657) ; GORRA, GORRONIUM, GORONIUM (Notes de M. l'abbé Gourdelier, communiquées par M. Th. Péan); GORRA (Cauvin, *Institut des Provinces de France*,

2ᵉ série, t. Iᵉʳ, Géographie du diocèse du Mans) ; Go-
RAON (*Dict. topographique de la Mayenne*, par Léon
Maître) ; GORON (Abbé Garnier, lettre ; réponses au
Questionnaire de 1788) ; et, enfin, la forme actuelle,
GORRON, que l'on rencontre dès le xvᵉ siècle : la terre
de GORRON, 1467 (Cart. de Savigny) ; la ville et bourgeoisie de GORRON, 1469 (Tit. du Plessis, en Colombiers) ; la ville de GORRON, 1491 (Arch. nat., JJ 223,
f. 46) ; la ville de GORRON (Actes notariés du xviiiᵉ s.) ;
le bourg et paroisse de GORRON, 1789 (Cahier des
doléances) [1].

Au sujet de l'origine du nom de Gorron, M. Lucien
Beszard émet une opinion fort intéressante [2]. Ce nom
pourrait avoir des rapports avec l'ancien manceau
« gor », barrage sur une rivière, identique lui-même au
vocable français « gort », endroit profond d'une rivière
ou d'un ruisseau où l'eau est dormante, latin : gurges.
Cf. le Gor-de-Noyen, nom d'un barrage sur la Sarthe ;
en dehors du Maine, dans l'Eure-et-Loir, une sorte de
bassin, de réservoir, formé par la réunion de deux
rivières, s'appelle la Goure de Spay. Le manceau *gorer*
se dit de tout ce qui est stagnant. Goret, gord, gourd
sont synonymes de pescherie, eau dormante et pro-
fonde. Ces endroits se nomment encore gourdaine ou
gordaine (Montesson, aux mots Gorer et Gourdaine).
Cf. le nom d'une ancienne porte du Mans, appelée la
porte de Gorron ; elle se trouvait au bas de l'escalier des
pans de Gorron, sur la rivière la Sarthe, dans le quartier de Gourdaine.

Si l'on note que, jadis, la Colmont, en baignant Gorron, s'élargissait en deux étangs, aujourd'hui dessé-

---

1. Cf. *Dictionnaire historique, topographique et biographique de
la Mayenne*, par l'abbé A. Angot, t. II, p. 307, vᵒ Gorron (Laval,
imp. Goupil, 1901).

2. Lucien Beszard, *Étude sur l'origine des noms de lieux habi-
tés du Maine* (Paris, Honoré Champion, 1910) ; *Notes de toponymie
Mayennaise* (*Bull. hist. et arch. de la Mayenne*, t. XXXI, p. 174) :
« Le nom de Gorron, conclut M. Beszard, est d'origine obscure ».

chés, l'hypothèse de M. Beszard devient des plus plausibles.

II. — FONDATION DE GORRON.

A quelle époque peut-on faire remonter la fondation de Gorron ? A cette question, il est malheureusement impossible de répondre avec certitude. Bien qu'ignorant l'origine exacte de notre cité, nous allons pourtant, désireux de ne rien laisser de côté de ce qui a été écrit et publié sur son passé, faire état de tous les documents par nous consultés. Il conviendra, ensuite, de faire la part de l'histoire et de la légende.

« Gorron, d'après M. Trouillard [1], est une petite ville « très ancienne ; elle remonte aux temps apostoliques. « On en trouve la trace dans les documents ecclésiasti- « ques des premiers âges de l'ère chrétienne. En effet, « au nombre des églises dédiées par saint Julien et ins- « crites au luminaire de la cathédrale (du Mans), on « remarque celle de *Gauronno* ».

Faisons immédiatement toutes réserves au sujet de cette glorieuse antiquité et à l'assertion de M. Trouillard opposons une savante dissertation de M. l'abbé Pointeau sur les origines de Gorron [2] :

« Gorron, localité importante du département de la « Mayenne, était une grosse et très vieille paroisse du « diocèse du Mans et est, aujourd'hui, une cure déca- « nale de celui de Laval ; au civil, chef-lieu de canton. « S'il est difficile de préciser l'origine d'un grand nombre « de nos paroisses, il est certain que c'est impossible pour « Gorron. Un de nos amateurs d'histoire locale les plus « consciencieux, M. Charles Trouillard, met Gorron au

---

1. *Notice sur Gorron* (Mayenne, Derenne, 1868).
2. Ce qui suit est extrait d'une étude sur Gorron et la famille de Gorram, dont le manuscrit nous a été gracieusement remis par M. l'abbé Pointeau. Nous ferons à ce travail de fréquents emprunts.

« nombre des églises dédiées par saint Julien et inscrites,
« en cette qualité, au luminaire de la cathédrale du Mans.
« Parmi elles, dit-il, on remarque celle de Gorron, de
« *Gauronno*. S'il y avait au texte de *Goronno*, ce serait
« indubitable, mais il y a de *Gauronno*, qu'on peut lire,
« et non moins exactement, de *Gavronno*, qui serait
« Javron. Dom Piolin est plus réservé sur cette origine.
« Quoiqu'il dise [1], en effet, s'appuyant sur le même
« texte, (le seul en faveur de l'antiquité de Gorron, et il
« est irrémédiablement équivoque), que l'apôtre du
« Maine fit une chrétienté à Gorron, il n'ose pas l'assu-
« rer, à cause de la difficulté que présente la traduction
« des noms de lieux et de l'attention qu'il donne à ne pas
« toujours suivre le sentiment de Thomas Cauvin en
« cette matière. On sait que celui-ci est le plus intéres-
« sant des Géographes de notre Cénomanie. — L'abbé
« Voisin, lui aussi [2], recommande, avec raison, de se
« tenir en garde contre certaines versions trop hasar-
« dées de Cauvin : de ce nombre est son de *Gauronno*,
« qui est aussi bien de *Gavronno*, et qui convient mieux
« à Javron qu'à Gorron, ville du moyen âge [3].

« De fait, en l'absence de tout document, on ne pourra
« que conjecturer l'origine de Gorron et dire, par exem-
« ple que, sous ce nom ou sous un autre, Gorron aurait
« été, dans le principe, une villa gallo-romaine, plus
« tard transformée en paroisse, ou encore, plus modes-
« tement, un oratoire d'ermites dans la forêt d'Ernée,
« au vi[e] siècle, époque de nombreuses conversions ou
« églises nouvelles en la longue province franco-bre-
« tonne de la Marche d'Armorique qui s'étendait de Nan-

1. Dom Piolin, *Histoire de l'Église du Mans*, t. I, p. 15.
2. Abbé Voisin, *Les Cénomans anciens et modernes*, p. 217.
3. Angot, *Dictionnaire historique de la Mayenne*, t. IV, v° Gorron. « La nouvelle édition des *Actus P. C.* donne, à la lecture,
« *Gauronnum* pour le nom d'une des églises dont la fondation est
« attribuée à saint Julien. Mais M. Beszard lit : *Gavronnum* :
« Javron, pour cette raison que Gorron doit venir d'un nom com-
« mençant par *Go* et non par *Gau*, qui donnerait Joron ».

« tes au Mont Saint-Michel et de la Vilaine à la Mayenne.
« Mais l'histoire militaire du château de Gorron pendant
« les luttes normandes n'est pas douteuse, quoiqu'obs-
« cure. Son église, comme tant d'autres dont le patron
« est saint Martin de Tours, peut devoir, en effet, son
« origine à une mission trop peu connue de saint Martin
« de Vertou et de ses disciples, moines nantais, dans
« cette Marche. Mais on devine mieux que son *castel-*
« *lum*, qui est sa vraie origine de ville, fut bâti ou main-
« tenu par esprit d'envahissement sur la province du
« Maine. On verra qu'il devint célèbre. Ce fut un domaine
« des rois d'Angleterre, en attendant qu'il se rattachât
« à la Tour du Louvre. »

Il faut convenir, en résumé, que les diverses opinions
que nous venons de relater ne reposent sur aucun fonde-
ment solide. Ce qui est, par contre, incontestable, c'est
que l'existence de Gorron apparaît, d'une façon certaine,
dès le XIe siècle.

III. — CHATEAU.

Gorron, aux débuts de son existence authentiquement
constatée, apparaît comme étant un castrum ou castellum. Si l'on en croit M. Trouillard (*loc. cit.*), ce château,
dont on voyait naguère encore des ruines imposantes et
dont il ne reste plus aujourd'hui que des vestiges, aurait
probablement été édifié antérieurement à celui de
Mayenne, c'est-à-dire avant 1064, date à laquelle cette
dernière ville fut assiégée et prise par Guillaume le Conquérant, duc de Normandie.

Il en est [1] qui font remonter l'origine du château de
Gorron à Gurham ou Gurwan, prince breton du IXe siècle.

Il existe encore en Angleterre une famille qui descend

____

1. Notes manuscrites de M. l'abbé Pointeau. — Cf. Le Bouteil-
ler, *Notes sur l'Hist. de Fougères*, t. I, p. 263.

des anciens seigneurs de la Tannière et de Levaré, les de Gorham, ou de Gorram. Cette famille n'a pas, comme on l'avait cru longtemps, mais à tort, possédé Gorron ; elle en était, toutefois, sans nul doute, originaire. Un des membres de cette illustre maison, le Rev. George Cornelius Gorham, curé de Maidenhead, en Angleterre, en a dressé la généalogie et lui assigne une origine bretonne.

Voici un autre témoignage, plus précis, celui de M. Le Héricher [1] : « Salomon, roi de Bretagne, de 857 à 874, « avait possédé le village de Patricliacus (Precey) et « l'avait donné à un seigneur du nom de Gurhamius. Le « nom du seigneur Gurham nous donne l'étymologie « d'une localité voisine de Patricliacus, Gorron, ville de « la Mayenne, qui portait encore au XIIe siècle le nom « saxon de Gorham. »

Cette interprétation de M. Le Héricher a donné lieu à une restriction rectificative de l'abbé Pointeau. Gurham ou Gorham, remarque ce dernier auteur [2], est peut-être de langue saxonne ; mais il est plus probable que c'est un mot breton et qu'il désignerait le nom du célèbre Gurwan II, comte de Rennes et de Gaël, lequel obtint, en effet, de son cousin, le roi Salomon III, les contrées de la Neustrie voisines de son apanage breton, sises en Normandie et au Maine et disputées contre lui par les Normands. Il mourut héroïquement à la peine en 877. Les chroniques de Bretagne sont unanimes à traduire le nom de Gurwan par le terme latin Gurhamius. Rien n'étonnerait qu'il eût bâti le château de Gorron dans une contrée dont les princes de Rennes avaient la suzeraineté par investiture royale.

Tout ce qui précède, nous devons en convenir, est pure hypothèse et ne repose que sur des conjectures. Nous verrons plus tard à quelle date précise le château de Gorron entre dans l'histoire.

---

1. Le Héricher, *L'Avranchin Monumental*, t. II, p. 448.
2. Notes mss.

Il est impossible d'en donner une description non seulement complète, mais même approximative. Il devait renfermer un vaste préau, car on a trouvé des fondations d'un mur et une énorme porte en fer loin des ruines actuelles. Le logis de la Renardière, aujourd'hui hospice, en dépendait vraisemblablement. M. Trouillard (*loc. cit.*) y signale une tour très ancienne et une cave dont les voûtes sont supportées par des colonnettes d'environ un mètre et dont le chapiteau est orné de triples fleurs de lys. Le même auteur a reproduit, dans sa notice sur Gorron, un écusson chargé des initiales d'un prêtre, et encastré au-dessus d'une porte du même édifice. Le dessin de cet écusson est également donné par M. l'abbé Angot, dans son *Épigraphie de la Mayenne*[1]; nous y renvoyons nos lecteurs.

Entre la Renardière et les Ponts-Neufs, on voyait encore, il y a environ un siècle[2], un pan de mur des anciennes fortifications. Dans le jardin attenant au vieux donjon, jardin qui appartient à M. Guesdon, existe toujours une muraille renversée, dont les matériaux sont si solidement liés qu'on n'a pu la démolir entièrement : elle a été aménagée en terrasse.

L'enceinte des fortifications s'étendait dans les espaces compris entre le château, la place, les fossés, l'abreuvoir et le château. Près de la maison qu'on nomme le château, on trouve souvent, dans les fondations creusées pour bâtir, d'anciens fondements de murs et des cendres[3].

Les limites de cette enceinte fortifiée auraient donc été, suivant la topographie actuelle de Gorron, la place des Halles, l'extrémité est de la place du Général-Barrabé (jadis rue des Fossés) et une ligne contournant l'hospice et passant par l'abreuvoir du Pont-de-Hercé.

Le castrum de Gorron, outre les ouvrages dont il ne

1. A. Angot. *Épigraphie de la Mayenne*, t. I, p. 358.
2-3. Notes de M. Théodore Garnier, de Laval (Cabinet de M. Louis Garnier).

reste, malheureusement, que le souvenir, à part la vieille tour et quelques murs debout, était encore protégé par des défenses naturelles. Il était bordé, à l'ouest, par deux étangs. La rue du Pont-de-Hercé servait de chaussée. Les ruines d'un aqueduc, naguère trouvées sous une maison voisine, l'attestent. Un des étangs devait refluer à plus de 1.500 mètres ; c'était l'étang supérieur. L'étang inférieur couvrait les prés que l'on nomme les Mottes et qui, au commencement du dernier siècle, n'étaient encore qu'un marais. Depuis le Pontceau jusqu'au Moulin-Neuf, les terres ont été évidemment rapportées pour servir de chaussée : aussi les ponts jetés, dans ce quartier, sur la Colmont, sont-ils dénommés les Ponts-Neufs [1].

A cette description, trop sommaire et incomplète, d'une antique forteresse qui a une glorieuse histoire et a été le théâtre de tant de luttes et de fortunes si diverses, ajoutons ces quelques mots que lui a consacrés un Gorronnais, M. l'abbé Gourdelier [2] :

« Le château servait de rempart contre les incursions « si fréquentes des Bretons et des Normands. Plusieurs « auteurs le font remonter au xe siècle. Une dernière « remarque pour expliquer les ruines du château. Outre « le siège soutenu contre Guillaume le Conquérant, « Gorron, dont les fortifications avaient été relevées et « augmentées par les Anglais, eut encore à souffrir de « la part des troupes de Charles VII et des Anglais eux- « mêmes, qui, se retirant devant leurs vainqueurs, sui- « vant une tradition constante, auraient incendié la « forteresse qui leur servait de retraite, en 1444. »

Le château a dû être, à plusieurs reprises, reconstruit ou restauré [3], car s'il est exact qu'il a été brûlé en

---

1. Notes de M. Th. Garnier, déjà citées.

2. *Souvenirs du pays. Étude sommaire sur Gorron*, dictée aux élèves du Petit-Séminaire de Précigné, où M. l'abbé Gourdelier a été professeur. Cf. *La Gorronnaise*, par le même.

3. A. Angot, *Dict. hist. de la Mayenne*, t. II, p. 310 et 311.

1444, il avait déjà, antérieurement, été ruiné. Un aveu de 1404, que nous étudierons plus loin, mentionne, en effet, la place d'un châtel ou manoir ancien dont les ruines témoignaient alors des ravages de la guerre anglaise au xiv° siècle.

Au fur et à mesure des événements, au cours de notre travail, nous verrons quels furent les possesseurs successifs de ce château, de cette maison des rois Anglais, devenue ferme royale, puis baronnie mouvant de la Tour du Louvre, par la Tour Orbandelle, du Mans.

Les étangs qui baignaient la forteresse existaient en 1404, en 1505 et en 1540. A la date du 28 mai 1602, l'étang supérieur ou grand étang était depuis longtemps desséché et converti en prairies. Au contraire, le petit étang subsistait, avec des pêcheries, en 1657. Il a eu, depuis, le même sort que le grand [1].

CHAPITRE II

La Châtellenie de Gorron aux XI° et XII° siècles.

Nous avons déjà fait allusion à la généalogie de la famille des Gorram de la Tannière, dressée par le Rév. Georges Cornelius Gorham [2]. Cet auteur a donné un précis de l'histoire de Gorron ; le voici dans son texte succint :

« L'histoire de la châtellenie de Gorram, sur les
« frontières du Maine et de la Normandie, étant peu
« connue et étant liée de très près à l'histoire d'Angle-
« terre, doit trouver ici une petite place, grâce aux maté-

1. V. *infrà* : Aveux de 1404, 1505, 1540, 1602, 1607, 1635 et 1657.
2. Le Rev. Georges Cornelius Gorham a publié, au cours des années 1837, 1838, 1839 et 1840, une notice sur la famille de Gorram ou Gorham, dans le recueil anglais *Collectanea topographica et genealogica* (London, Nichols and son, printers).

— 14 —

« riaux fournis par le *Norman Roll* et autres archives.

« Elle était tenue par la grande famille de Mayenne,
« sous les comtes du Maine, leurs suzerains. En 1054,
« après la victoire de Mortimer, Guillaume, duc de Nor-
« mandie, la saisit avec les possessions voisines de
« Geoffroy Martel, l'envahisseur du Maine, et les annexa
« au fief de Normandie. En 1082, le château de Gorram
« appartenait à Robert, comte de Mortain. Henri Ier se
« rendit maître de cette châtellenie, sur la Colmont, et
« du château voisin d'Ambrières... en cédant, en échange,
« « Black Torrington et Nimet », dans le Devonshire, à
« Geoffroy de Mayenne. En 1135, elle appartenait à
« Geoffroy Plantagenet, qui la rendit à Juhel de Mayenne,
« à condition qu'il l'aiderait à conquérir la dot de sa
« femme Mathilde. En 1164, Geoffroy de Mayenne la
« recède au roi Henri II. »

Le Rev. Gorham énumère les gouverneurs du château
de 1180 à 1198. Il fait aussi allusion à la rétrocession
qui en fut faite, en 1199, par Arthur de Bretagne à Juhel
de Mayenne et à l'ordre de saisie du dit château donné,
en 1202, par le roi Jean, compétiteur d'Arthur. Il termine en disant : « L'écrivain de cette notice visita l'em-
« placement du château de Gorram le 1er octobre 1842.
« Il ne restait plus que quelques mètres de ses murailles
« massives... Mais on voyait dans les jardins voisins
« beaucoup de terrasses indiquant son emplacement,
« [ainsi que deux ruines et deux caves souterraines]. »

Nous l'avons déjà dit et nous ne saurions trop insister
sur ce point capital, aucun document authentique n'a été
jusqu'à présent découvert concernant Gorron avant la
fin du xe siècle. Toutefois, nous ne pouvons passer sous
silence un acte de donation rapporté par Guyard de la
Fosse [1]. Cet acte, en date de 922, a trait à des dons
faits à l'abbaye de Saint-Mars-sur-la-Futaie par Aubert
de Mayenne, « au mois de mars, le 12 des calendes

1. J.-B. Guyard de la Fosse, *Histoire des Seigneurs de Mayenne*
(Le Mans, Monnoyer, 1850).

« d'avril, le jeudi de la 3ᵉ semaine de carême, le 24ᵉ de
« la lune, l'an 922 ». Parmi les témoins, on rencontre-
rait un Geoffroy de Gorron. Si cet acte était admis en
preuve, il indiquerait que Gorron comptait déjà dans
l'histoire, dans la première moitié du xᵉ siècle, et qu'il
dépendait, avec la Tannière et les terres voisines, des
barons de Mayenne, feudataires eux-mêmes des comtes
du Maine ; il établirait, tout au moins, que les Gorram, famille qui, tout en n'ayant pas possédé Gorron,
devait tirer son origine et son nom de cette localité,
existaient à cette lointaine époque. Mais il faut convenir
que l'authenticité de cet acte est des plus douteuses. On
peut même, dans l'état actuel de la critique historique,
en proclamer la fausseté. Il doit être classé au nombre
des fantaisies très fréquentes chez notre vieil auteur
Mayennais. Il en est de même du récit du mariage de
Rollo, chef des Normands, avec Gisèle, fille de Charles
le Simple, dont la dot aurait compris notamment le
comté du Maine (912) [1]. Revenons à l'histoire ; en 980,
sous le règne de Louis IV, le Maine, en admettant qu'il
ait passé cinquante ou soixante ans sous la domination
normande, faisait à nouveau partie du royaume de
France.

Tour à tour, en ces siècles batailleurs, selon les
vicissitudes de la politique et des guerres perpétuelles,
Gorron fut anglais, normand ou français. Ces luttes,
résumons-les aussi brièvement que possible.

En 1054, lors de la guerre entre Geoffroy Martel,
comte d'Anjou et du Maine, et Guillaume le Bâtard,
duc de Normandie, ce dernier s'empara d'Ambrières,
où il fit édifier un château. Geoffroy Iᵉʳ de Mayenne
continua les hostilités, même après la retraite de son
suzerain, puis finit par prêter à Guillaume serment de
fidélité ; pas pour longtemps, car, en 1062, il reprend les
armes pour Gautier, comte du Maine, contre Guillaume.

1. H. Prentout, *Essai sur les origines et la fondation du duché
de Normandie.*

Celui-ci accourt dans le Maine et s'empare du Mans, bientôt après (1063) reconquis par notre Geoffroy. Mais ·le duc de Normandie prend le Mans une seconde fois et, poursuivant ses succès, vient assiéger Mayenne, où il pénètre par surprise. La soumission de Geoffroy Ier de Mayenne entraîna celle de toute la province (1064).

Voici donc Gorron normand de rechef et Guillaume put emmener à sa suite, à la conquête de l'Angleterre, une partie des barons du Maine, parmi lesquels plusieurs chevaliers de la famille de Gorram de la Tannière (1066).

A cette époque, Gorron appartenait à Robert, comte de Mortain, frère du nouveau roi d'Angleterre, et notre cité resta presque constamment, jusqu'en 1199, sous la domination anglo-normande.

Robert Courteheuse succéda, en 1087, à son père Guillaume, comme duc de Normandie ; la guerre se rallume, en 1090, entre Guillaume II, roi d'Angleterre, et Hélie de la Flèche, comte du Maine ; elle dure jusqu'en 1100, date à laquelle Henri Ier, frère et successeur de Guillaume II, reconnaît les droits de Hélie au comté du Maine. A la mort de ce dernier, Foulques, comte d'Anjou, son gendre, hérita du Maine. Le fils de Foulques, Geoffroy le Bel ou Plantagenet, épousa Mathilde, fille du roi d'Angleterre Henri Ier ; leur fils, comte d'Anjou et du Maine, monta, en 1154, sur le trône d'Angleterre, sous le nom de Henri II.

Revenons un peu en arrière. En 1135, Geoffroy Plantagenet, faisant la guerre à son beau-père Henri Ier, auquel il réclamait la dot de sa femme, c'est-à-dire le duché de Normandie, donna le château de Gorron à Juhel Ier de Mayenne, pour s'en faire un allié. Il apparaît ainsi qu'en 1135 Gorron appartenait aux comtes du Maine et non plus aux anglo-normands.

Cette cession par Geoffroy et Mathilde, son épouse, de Gorron à Juhel de Mayenne, pour l'engager plus sûrement dans leurs intérêts, est attestée par tous les

annalistes [1]. Elle comprenait, non seulement Gorron, mais aussi Ambrières et le Châteauneuf-sur-Colmont, bâti peu auparavant par Henri Ier, père de
Mathilde, et elle était d'autant plus de nature à assurer
à Geoffroy le concours du baron de Mayenne que ces
trois châteaux, nouvellement reconquis par le comte
d'Anjou et du Maine, étaient sur les terres de Juhel [2].
Dom Piolin dit que les habitants de Gorron se déclarè-
rent pour la reine Mathilde. Il y a lieu de croire qu'ils
obéirent simplement aux ordres de leur seigneur, qui
avait prêté serment de fidélité à la fille de Henri Ier. Ils
souffrirent du reste cruellement de ces guerres intesti-
nes, au cours desquelles Gorron fut ravagé par les divers
partis.

La lutte commencée entre Geoffroy et son beau-père
Henri Ier, ne cessa pas à la mort de ce dernier (1135) ;
elle continua sous le règne d'Étienne de Blois, qui était
devenu roi d'Angleterre, au détriment de Mathilde, fille
d'Henri Ier, veuve d'Henri V, empereur d'Allemagne,
et remariée à Geoffroy Plantagenet. Le fils de Geoffroy
et de Mathilde succéda à Étienne de Blois en 1154 ; il
fut le roi Henri II, que nous allons voir en son château
de Gorron. C'est, en effet, sous son règne que Gorron
retomba sous la domination anglaise, par la remise
qu'en fit au monarque anglais Geoffroy de Mayenne :

« Anno MCLII, Gaufridus de Meduana reddit Hen-

1. Guillaume de Jumièges et Robert du Mont : *Histoire de Normandie*, livre VIII, ch. 31 ; Guyard de la Fosse, *loc. cit.* ; Le
Paige, *loc. cit.* ; de Boulainvilliers, *État de la France en 1752*,
t. VI, p. 185 ; J. Lefizelier, *Notes* (Bibl. de Laval) ; Dom Piolin,
Hist. de l'Église du Mans, t. IV, p. 43. — D'après certains auteurs,
la remise de Gorron à Juhel de Mayenne par Geoffroy et Mathilde
aurait eu lieu en 1137.

2. « ... Gorram... comes [Geoffroy Plantagenet] concessit Gihello
« de Meduana ut ipse eum fideliter adjuvaret in acquirendo here-
« ditatem uxoris suæ et filiorum suorum. Dicebat enim idem
« Juhellus illa oppida esse in terrâ suâ. » (Ménage, *Hist. de Sablé*).
Notons que Ménage fait erreur en désignant le bénéficiaire de ce
don sous le nom de Juhel III, qui n'a jamais existé. Il s'agit, en
réalité, de Juhel Ier.

« rico, regi Anglorum, tria castella quæ pater ejus
« tenuerat post mortem Henrici primi, scilicet Goram,
« Ambreriæ et novum castrum super flumen Colum [1] ».

Voilà, certes, un document intéressant. On y voit la
date à laquelle Juhel de Mayenne, père de Geoffroy,
avait reçu le château de Gorron : post mortem Henrici
primi, c'est-à-dire entre 1135 et le moment où Geoffroy
lui-même dut rendre Gorron à Henri II. Mais il y a une
erreur évidente dans ce passage du *Spicilegium*. En
1152, ce n'était pas Geoffroy qui était seigneur de
Mayenne, mais bien Juhel, qui ne mourut que le 23 décembre 1161. Henri II n'était pas davantage roi d'Angleterre en 1152 ; il ne monta sur le trône que deux ans
plus tard. Il convient donc, très vraisemblablement, de
lire 1162, au lieu de 1152.

Gorron resta aux mains des rois d'Angleterre jusqu'en 1199, date à laquelle il fut rendu à Juhel de
Mayenne par Arthur de Bretagne, ainsi que nous le
verrons ci-après.

C'est pendant cette seconde moitié du xiie siècle que
les trop rares documents qui subsistent sur Gorron nous
permettent de soulever quelque peu le voile qui couvre
son histoire. Nous allons connaître quelques-uns des
gouverneurs de notre château et noter les séjours qu'y
firent deux rois d'Angleterre, Henri II et Richard Cœur
de Lion.

Les gouverneurs, dont certains actes sont relatés dans
l'Échiquier de Normandie, et dont les noms nous sont
parvenus sont : Guillaume de Bennengers, en 1180 ;
Gaultier Bennengers, Robert de la Coudre, Gaultier
Laienfaut, entre 1180 et 1195 ; Hugues de Cardouville,
de 1195 à 1197, et Hamelin de Torchamp en 1198.

Henri II, nous l'avons dit, fit des séjours en son château de Gorron, notamment en 1171 et en 1182. La
tranquillité, cependant, ne régnait pas depuis longtemps

---

1. D'Achery, *Spicilegium*, vol. III, 4-153.

dans notre pays lorsque le roi y fit sa première visite.
En 1170, en effet, la contrée avait été ravagée par les
Poitevins et les Aquitains, lesquels avaient embrassé la
cause d'Henri, fils d'Henri II, qui bataillait contre son
père.

Après le meurtre de Thomas Becket, archevêque de
Cantorbéry, le roi Henri II avait promis de faire sa soumission au Pape. Il quitta l'Irlande, qu'il était occupé à
réduire, passa en France et resta quarante jours « en
pénitence et contrition » à Argentan. De là, il vint à
Gorron, le 17 mai 1171 « mardi avant les Rogations ».
C'est dans ce château qu'il rencontra les légats du pape,
Théodum, cardinal-prêtre au titre de Saint-Vital, et
Albert, cardinal-prêtre au titre de Saint-Laurent (plus
tard pape sous le nom de Grégoire VIII) et chancelier
de l'Église romaine, tous les deux recommandables par
leur doctrine et leur vertu. Il échangea avec eux le bai-
ser de paix et tout se passa en compliments et cérémo-
nial. Le lendemain, ils vinrent ensemble à l'abbaye de
Savigny et y trouvèrent l'archevêque de Rouen et beaucoup d'évêques et de seigneurs. Toutefois, le roi, révolté
des exigences des légats, s'en sépara avec indignation.
Mais cette colère dura peu et, le vendredi suivant, le roi
accorda toutes les concessions demandées. Le dimanche
d'après il fit, à Avranches, amende honorable à la porte
de la cathédrale Saint-André [1].

Si Henri II ne fit à Gorron, en 1171, qu'une brève
apparition, il est certain qu'il y revint. Deux actes de ce
roi sont datés de Gorron. L'un de ces actes est la confirmation d'une rente donnée à l'abbaye de Savigny, sur
le domaine de Pont-Audemer, par Isabelle, fille du comte
de Meulan (Original. Arch. nat., L, 968) ; l'autre est la
confirmation d'une donation faite à Henri du Marais par

---

1. Barrow, *Histoire d'Angleterre*, t. III, p. 150 ; *Epist. Sancti
Thomæ*, 94, in Mss. Coll. Claudius, B. II, F. 350 : Rev. Gorham
(*loc. cit.*). — Une inscription moderne indique la place où se tenait
Henri II quand il fit amende honorable.

Gérard, prieur de Norwick (Ancienne copie. Cartæ antiquæ. S. n° 15. Photographie). Le premier acte est présumé daté de 1182 ; le second est certainement de cette année. Tous les deux sont cités dans le *Recueil des Actes du roi Henri II d'Angleterre*, publié sous la direction de M. d'Arbois de Jubainville, par M. Léopold Delisle [1].

Le fait que le roi ait choisi son château de Gorron pour s'y rencontrer avec des personnages aussi éminents que les légats du pape prouve assez l'importance de cette résidence où pouvaient être reçus tant de hauts dignitaires et les suites qui les accompagnaient. La grandeur de cette demeure royale ressort encore des autres séjours qu'y firent Henri II et son fils, notamment en 1182 et en 1190.

Le grand rôle de l'échiquier de Normandie [2], dont nous donnons ci-dessous quelques extraits, contient une fort curieuse chronique de la place et du château de Gorron, de 1180 à 1199.

1180. — Guillaume Bennengers reçoit, par bref du roi d'Angleterre Henri II, quittance de 50 livres qu'avaient coûté les réparations des chaussées et moulins de *Gorram*. Le compte fut présenté par Raoul le Bœuf.

Guillaume Grihal rend compte de 24 livres pour le même travail ; quittance par le bref du roi.

Guillaume de Saukerville rend compte de 50 livres, pour réparations de même nature.

---

1. Paris, Klinsieck, MDCCCCIX, in-4°, page 548, n°ˢ 464 et 465.
2. L'Échiquier de Normandie était une cour souveraine jugeant en dernier ressort, sur appel, les causes civiles et criminelles. Il siégeait deux fois par an, au printemps et à l'automne. Ce tribunal, d'abord ambulatoire, à la suite du prince, devint sédentaire, à Rouen, en avril 1499. En 1515, il prit le nom de Parlement de Normandie et subsista, sous cette dernière dénomination, jusqu'en 1790. Le grand rôle de l'Échiquier de Normandie a été publié à Londres, par Th. Stapleton, vers 1840. — Les extraits que nous reproduisons proviennent du cabinet de M. L. Garnier, de Laval. Ils ont été copiés (texte latin) par M. l'abbé Gourdelier, décédé curé-doyen d'Évron.

Guillaume Bennengers lui-même rend compte de trois écus pour la vieille ferme de Gorron...

Le même rend compte de 4 livres de cens pour la métairie de Fosse-Louvain ; il emploie 62 sols 3 deniers à réparer les maisons du roi à Gorron.

Il touche la somme de cent livres qui lui est allouée annuellement pour la garde du château de Gorron.

De ce qui précède il résulte que Guillaume Bennengers tenait, en 1180, la ferme de Gorron pour le roi d'Angleterre et était également capitaine et gouverneur de la ville et du château.

Au cours des années suivantes, Gaultier Bennengers, Robert de la Coudre et Gaultier Laienfaut donnent quittance de ce que coûtèrent des travaux aux moulins et à la chaussée de Gorron. Il faut donc penser que, tous les trois, ils furent successivement gouverneurs du château, après Guillaume Bennengers.

1195. — Hugues de Cardouville a la garde des châteaux de Gorron, Ambrières et Châteauneuf-sur-Colmont. Il rend compte de 130 livres pour la ferme de Gorron ; dans ce compte figurent : 8 livres pour le chanoine de Mortain [1] ; 118 livres 5 sols 6 deniers pour les travaux de Fosse-Louvain et des réparations aux moulins, chaussées, viviers et maisons de Gorron, etc...

On achève les travaux des haies de Fosse-Louvain.

Sept livres dix sols de taille sont perçus à Gorron « pro fossagio de Vernolii [2]. »

Richard Sylvain et Richard d'Argences (de Argenciis) lèvent 67 livres de taille dans le bailliage de Gorron, alors qu'ils ne perçoivent que 60 livres dans le bailliage d'Avranches et 47 dans celui d'Ambrières.

1198. — Il est dépensé 4 livres 4 sols pour conduire

---

1. Les relations entre Gorron et Mortain seront étudiées dans notre histoire religieuse de Gorron.

2. Il s'agissait sans doute d'un impôt destiné à payer la construction ou la réparation des fossés et fortifications de la ville ou du château de Verneuil.

l'équipage de chasse du roi de Gorron à Argentan. Cette même année le dit équipage fut transporté de Gorron au Mans. La dépense « pro pedicis regis portandis de « Gorran usque Cenomannum » s'éleva au moins à 50 livres. Ces frais furent couverts à l'aide d'un emprunt fait par Hamelin de Torchamp, capitaine du château de Gorron, auquel, dans le bailliage de Gorron, Henri l'Anglais, Guillaume Rossel, Richard le Brave, Georges Dureau et Robert de Vewy prêtèrent chacun dix livres.

La ferme de Gorron était alors tenue par Guiffrey Grand-Mortier et Geoffroy Mathieu.

Le « guinchet » de la geôle est à réparer.

Par ordre du roi, il est levé 100 livres de taille à Gorron.

Il est payé 12 livres 18 sols pour 9 tonneaux de vin destinés à la provision du château.

Outre les extraits que nous venons de donner de l'Échiquier de Normandie, nous avons trouvé trace [1] du paiement de 36 sols 8 deniers fait par un vicomte ou gouverneur de Gorron « per breve regis », pour les travaux d'un pont en ce lieu.

Ce ne fut pas seulement le roi Henri II qui séjourna au château de Gorron. Son fils, Richard Cœur de Lion, y vint aussi. Le 31 mai 1190, il date, en effet, de Gorron une charte contenant disposition en faveur de François, fils de Godwin, petit-fils de Savary de Beaumont, arrière-petit-fils de Raoul, vicomte du Maine et de Cana [2].

Le chiffre élevé des tailles du bailliage de Gorron, comparativement à celui des bailliages voisins et le logement des équipages et engins de chasse des rois Anglais sont de nouvelles preuves que notre vieille cité, il y a

---

1. Des Roches, *Annales du pays d'Avranches*, 3e partie, collégiale de Mortain, p. 13.

2. Orderic Vital, t. III, p. 360 (Note communiquée par M. l'abbé Angot).

plus de sept cents ans, était déjà au nombre des plus
florissantes parmi les agglomérations du Bas Maine.

Richard Cœur de Lion, qui avait succédé à son père
Henri II, sur le trône d'Angleterre, en 1189, fut tué en
1199 au siège du château de Chalus, dans le Limousin.
Sa mort fut l'occasion d'une guerre entre son frère Jean
sans Terre et son neveu Arthur de Bretagne. Juhel de
Mayenne embrassa la cause de ce dernier, soutenu également par le roi de France Philippe-Auguste. Aussi,
en reconnaissance de ses services, Arthur de Bretagne
lui donna plusieurs terres, parmi lesquelles Gorron
« castellum de Gorren ». Philippe-Auguste confirma
cette donation en mai 1199 [1].

Tous les historiens qui se sont occupés des annales
gorronnaises ont relaté ce don et la confirmation qui en
fut faite par le roi de France.

Il est donc hors de doute que c'est en 1199, au cours
de la lutte entre Jean sans Terre et Arthur de Bretagne,
que Gorron rentra définitivement sous la dépendance
des seigneurs de Mayenne, tant par la force des armes
que par la généreuse gratitude du duc de Bretagne [2].

Cependant, en 1202, Jean sans Terre publia un ban
pour reprendre Gorron. Il ne réussit pas, du reste,

1. « Philippus... notum... quod scilicet amicus et fidelis noster
« Arturus, dux Britanniæ, comes Andegaviæ et Richemontis, cas-
« tellum de Gorren et de Amberiis et castellum novum de super
« Colmont et castellum de Cascere, libere et plenarie, cum totis
« castelaniis et omnibus pertinentiis, et forestam de Fossa-Lovem,
« quæ ad castellaniam de Erneià pertinere decognoscitur, Juhello
« de Meduana, dilecto nostro, et heredibus suis, reddidit et con-
« cessit, et sigillo suo confirmavit in perpetuum habenda. Nos,
« ad petitionem ejusdem Arturi, supradicta eidem Juhello et here-
« dibus suis sigilli nostri auctoritate præcepimusc onfirmari. Actum
« apud Montem Landon, anno domini MCXCIX, mense Maïo. »
2. Ménage. *Histoire de Sablé*, édition de 1683, p. 185 et 186 ;
M. Trouillard, *Notice sur Gorron* ; Notes de M. J. Lefizelier (Bibl.
de Laval) ; Dom Piolin, *Hist. de l'Église du Mans*, t. IV, p. 254 ;
Cauvin, *Géographie du diocèse du Mans* ; *Institut des provinces
de France*, 2e série, t. I ; Le Paige, *Dictionnaire* ; Notes de M. Bernard, vol. 5, p. 386 et suiv. (Bibl. de Laval).

dans son entreprise. Bien plus, il perdit le Maine tout entier. Philippe-Auguste, en effet, après que la lutte entre Jean et Arthur eut pris fin par la mort de ce dernier, tué de la main même de son oncle, s'empressa, accordant ainsi la justice avec l'intérêt du royaume, de saisir toutes les terres que Jean tenait à hommage de la couronne de France, entre autres le Maine, qui fut attribué comme douaire à Bérengère, veuve de Richard Cœur de Lion, en 1204.

Parmi les chartes de Montguyon [1] figure un acte de 1198 contenant ratification par Juhel de Mayenne des diverses donations par lui faites à ce prieuré : « *Item* « *dedi... apud Gorron unum hominem, scilicet Gaufri-* « *dum Berault...* » Cette donation est également mentionnée par Ménage [2]. Toutefois, Guyard de la Fosse [3], qui rapporte le même acte, ne parle pas de la libéralité d'un homme à Gorron, mais indique, au contraire, Geoffroy Berault comme résidant à Ernée ; « ... *Apud* « *Erneiam unum hominem, scilicet Gaufridum Be-* « *rault...* » Observons, en outre, que M. Laurain prend soin de faire remarquer [4] que les textes des divers manuscrits ou imprimés qu'il a consultés ne concordent souvent pas, notamment sur le point qui nous occupe. Aux Archives de Maine-et-Loire [5], on lit : « ... *Apud* « *Erneiam, unum hominem scilicet Ruellanum Hupé ;* « *apud Gorron, unum hominem scilicet Gaufridum* « *Berault...* » Le manuscrit des Archives de la Sarthe [6], conforme du reste à la version donnée par Guyard de la Fosse, porte : « *Apud Erneiam, unum hominem, sci-*

---

1. E. Laurain. *Les Chartes de Montguyon (Bulletin historique et archéologique de la Mayenne*, 1908, t. XXIV, p. 193 et suiv.).

2. Ménage, *Hist. de Sablé.*

3. Guyard de la Fosse, *Hist. des Seigneurs de Mayenne*, Preuves, p. xiv.

4. E. Laurain, *loc. cit.*, p. 196, note 8.

5. *Ibid.*, p. 193 ; Archives de Maine-et-Loire, H, Cartulaire de Grandmont, fol. 15.

6. *Ibid.* ; Archives de la Sarthe, fds municipal, 738, p. 17.

« *licet Gaufridum Berault.* » Bien plus, Juhel de Mayenne confirme, en 1208, ses dons antérieurs au prieuré de Montguyon ; or, il parle d'un homme à Couptrain, à Mayenne, à Ernée ; il n'est pas question d'un homme « apud Gorron [1] ».

Si nous insistons sur les différences entre les copies du même acte, cela tient à cette circonstance qu'en 1198, nous l'avons vu, Gorron n'était pas la propriété de Juhel de Mayenne, auquel il fut donné seulement l'année suivante par Arthur de Bretagne.

Faudrait-il donc en inférer, tenant pour exacte la copie du Cartulaire de Grandmont, que la fameuse donation de Gorron à Juhel de Mayenne par le compétiteur de Jean sans Terre devrait prendre réellement date avant 1199 ?

Nous ne le pensons pas. Non seulement le membre de phrase « *unum hominem apud Gorron* » ne se trouve que dans cette copie et dans Ménage, alors que cette phrase ne se lit ni dans la confirmation de 1208, ni dans le texte de Guyard de la Fosse, ni dans le manuscrit des Archives de la Sarthe. Mais il convient encore de noter qu'en admettant même que Juhel ait donné aux moines de Montguyon un homme à Gorron en 1198, cela ne prouverait pas que la remise de notre château au seigneur de Mayenne par Arthur de Bretagne, remise confirmée en mai 1199 par le roi de France Philippe-Auguste, ait été faussement datée. Les années, en effet, à cette époque, commençaient à Pâques et l'on devrait admettre que la concession du duc de Bretagne aurait eu lieu dans les premiers mois de 1199, entre janvier et le jour de Pâques, Juhel n'ayant même pas attendu la ratification du suzerain pour disposer de sa nouvelle possession en faveur de sa chère abbaye.

Cependant, en dernière analyse, il semble bien qu'on doit considérer le passage du Cartulaire de Grandmont

1. *Bull. hist. de la Mayenne*, t. XXIV, p. 199.

comme interpolé, et qu'un copiste a introduit dans le manuscrit des Archives de Maine-et-Loire, où l'a sans doute lue Ménage, la phrase relative au don d'un homme à Gorron, phrase qui ne devait pas exister dans l'original.

CHAPITRE III

La Châtellenie de Gorron du XIII° au XVIII° siècle.

§ I. — GÉNÉRALITÉS.

On sait dans quelles circonstances Gorron est rentré, en 1199, sous la domination des seigneurs de Mayenne. Il nous reste à voir les familles qui ont successivement possédé la châtellenie de Gorron, qualifiée plus tard baronnie. M. l'abbé Angot, dans son *Dictionnaire historique de la Mayenne* [1], a consacré à ces différentes maisons une étude succincte à laquelle nos lecteurs se reporteront utilement. Mais ce tableau d'ensemble est insuffisant et nous allons, en puisant à toutes les sources que nous avons pu découvrir, et en mettant à profit les travaux antérieurs, nous efforcer de relater tout ce que contiennent les annales, relativement aux seigneurs de Gorron. Nous prendrons grand soin, en particulier, de faire un juste départ entre les faits certains, bien établis, et les trop nombreuses inexactitudes que nous rencontrerons chez quelques historiens.

Disons tout de suite que les seuls véritables possesseurs de Gorron ont été les familles de Mayenne, de Mello, de Vendôme, du Merle (à partir de Jean du Merle), de Bailleul, de Grippel, de Blavette, de Ryantz et enfin du

---

1. Abbé Angot, *op. cit.*, t. II, v° Gorron, p. 310 et 311.

Bailleul. C'est à tort que la seigneurie de Gorron a été
attribuée à d'autres.

Avant d'aborder l'histoire de nos vrais barons, et ne
serait-ce que pour réfuter des erreurs qui se sont longtemps perpétuées, il est indispensable que nous passions
rapidement en revue les familles auxquelles ce titre a été
indûment concédé par des annalistes, c'est-à-dire les du
Merle (avant Jean du Merle), les du Verger, les de Goué,
les Girart et un Roger de Mayenne, neveu de Juhel II.

Famille du Merle.

Les représentants de quatre générations de la famille
du Merle ont été désignés faussement comme barons
de Gorron ; ce sont : Melloc ou Guillaume du Merle,
baron du Merle-Raoul, de Messei, de Saint-Julien
de Foulcon, de Couvrigny, vivant en 1243, mort
vers 1265, époux de Marie Nollent de Tancarville ;
Foulques ou Foucault du Merle ; Guillaume II, mort
avant 1330 ; Foulques II, prisonnier à Fougères en
1353 et son frère Guillaume III, qui fut capitaine des
châteaux de Caen et de Falaise (1374) et vivait encore
en 1386. C'est le fils aîné de Guillaume III. Jean, qui
devint, le premier de sa famille, baron de Gorron, par
son mariage avec l'héritière des Vendôme. D'où prove-
nait l'erreur des historiens [1] qui attribuaient à Melloc
du Merle et à ses descendants, même avant Jean du
Merle, la seigneurie de Gorron ? Nous croyons avoir
trouvé la réponse à cette question dans le passage suivant de M. l'abbé Pointeau : « Les généalogistes s'ac-
« cordent à lui (Melloc du Merle) reconnaître la qualité
« de baron de Gorron, titre qu'il obtint apparemment
« par un héritage. Son alliance pourrait y avoir contri-
« bué, attendu qu'un seigneur du voisinage, Jean ou
« Pierre de Goué, chevalier, épousa lui aussi une fille

---

1. Notes manuscrites de M. l'abbé Gourdelier ; Mss. du cabinet
M. L. Garnier ; d'Hozier, édit. de 1866, reg. II, p. 748 ; P. de
Farcy, *Généalogies* ; Abbé Pointeau, *loc. cit.* ; Le Paige, *loc. cit.*

« de la maison de Nollent, Marie ou Gillette, fille de
« Pierre de Nollent, et que leur fils Antoine de Goué fut
« baron de Gorron et d'Ambrières. C'est, du moins, ce
« que rapportent le chanoine Le Paige et les diverses
« généalogies et traditions de la maison de Goué dans
« des vieux titres jusqu'ici conservés. Marie de Nollent
« avait du bien dans ce bas-Maine qui nous intéresse.
« En effet, un titre rappelé dans une des *Généalogies de*
« *Goué*, dressée par J.-B. de Goué, conseiller au Grand
« Conseil, et conservée dans le cabinet de M. de Crozé,
« à Laval, rappelle un acte de 1268, en vertu duquel
« Marie, fille de Pierre de Nollent, aumônait au prieuré
« de Montguyon... six boisseaux de blé à prendre sur
« la paroisse de Placé, pour prier Dieu pour l'âme de
« Pierre de Goué, son défunt mari... »

Voilà donc l'origine de l'attribution erronée de la
baronnie de Gorron à certains membres de la famille du
Merle. Elle repose sur les Généalogies de Goué : or,
l'on sait que leur fausseté a été irrévocablement démon-
trée [1].

Il est certain que ni Melloc, ni Foulques du Merle, ni
leurs descendants immédiats ne possédèrent la terre de
Gorron. Il serait même curieux de faire ressortir les
erreurs et les contradictions qui se rencontrent dans les
récits consacrés à Foulques, premier du nom : ici, il est
dit maréchal de France sous Philippe-Auguste, donc
avant 1223 ; là, on le voit tenir encore cette dignité en
1302 et même en 1314 ; ailleurs, il est servant d'armes
de Robert d'Artois et prend part à la désastreuse
bataille de la Massoure, le 9 février 1249, s'y signalant,
du reste, par sa téméraire bravoure. N'insistons pas
autrement, nous contentant d'avoir justement rayé de la
liste des seigneurs de Gorron des noms qui n'eussent
jamais dû y figurer.

<hr>

1. A. Angot, *Les Croisés de Mayenne en 1158* ; E. Laurain, *Les
Croisés de Mayenne et le Chartrier de Goué ; Un dernier mot sur...
le Chartrier de Goué*, passim.

Familles du Verger et de Goué.

Si certains historiens ont placé, en 1249, la baronnie
de Gorron aux mains de Guillaume ou Melloc du Merle,
d'autres l'attribuent, à cette même date, à Reginald ou
Renaud du Verger, qui, lui aussi, avait assisté à la
bataille de la Massoure.

« L'on voit [1] un « vieil titre » qui est encore au chas-
« teau de Gorron, par lequel il est spécifié que le dit
« Reginald n'avait qu'une seule fille, nommée Regi-
« monde, qu'il donna à Anthoine de Goué pour lui avoir
« sauvé la vie à la bataille de la Masouere, où il le tira
« de vive force d'entre les mains des mécréans, ayant
« été porté par terre de son cheval fort blessé. Du dit
« Anthoine on voit un aultre tiltre, en forme d'attesta-
« tion, signé de lui et de Richard, abbé du Mont Saint-
« Michel,... comme il porta au dit lieu le vœu que son
« beau-père avait fait, estant dans le danger dont nous
« avons parlé [2]. »

Il faut convenir que la septième croisade eut du reten-
tissement dans les annales du Bas-Maine. On semble
tenir à honneur d'en avoir fait partie et d'avoir assisté à
la célèbre bataille de la Massoure, où tant d'héroïsme
fut dépensé en pure perte, par la faute de Robert d'Artois, « jeune, ambitieux sans bornes, brave sans mesure,
« vif jusqu'à l'emportement [3]. »

Mais il ne faut pourtant pas exagérer, et que deux
seigneurs de Gorron aient part à ce fait d'armes, un
du Merle et un du Verger, ce serait déjà un de trop :
tous les deux même sont de trop. car la vérité historique proclame que ni Foulques du Merle, ni Reginald du
Verger, même s'ils se sont vaillamment battus à la

---

1. Pointeau, *Un ancien prieuré du Bas-Maine.*

2. Le rôle glorieux que ces vieux titres attribuent à Antoine de
Goué serait, à lui seul, un motif de doute des plus sérieux, quand
on connaît la véracité des chartes de cette famille !

3. Vély, *Hist. de France,* continuée par l'abbé Garnier, t. IV,
p. 461.

Massoure, ne possédaient la seigneurie de Gorron, laquelle était alors aux Vendôme.

Et cependant, le mariage de Raymonde ou Régimonde du Verger avec Antoine de Goué, auquel elle aurait apporté en dot la seigneurie de Gorron, a été relaté et commenté par des historiens d'ailleurs très sérieux, qui en fixent la date à l'année 1297. Il en est même qui font passer Gorron, après la mort de Raymonde du Verger, aux d'Avaugour (1364). La date assignée à ce mariage suffirait, à elle seule, à démontrer l'inexactitude de cette documentation. C'eût été en 1249 qu'Antoine de Goué aurait conquis la main de la fille de Reginald du Verger et il ne l'aurait obtenue que quarante-huit ans plus tard !... D'autre part, Antoine de Goué se serait acquitté, du temps de l'abbé Richard, d'un vœu fait à saint Michel par son beau-père : or, Richard fut abbé du Mont de 1236 à 1264 ; ce qui assignerait au mariage de l'héritière de Goué une date antérieure à 1264. Il est, croyons-nous, inutile de faire ressortir davantage les contradictions dont fourmillent les récits relatifs à cet épisode de notre histoire. Notons, en terminant cette réfutation des prétentions de Reginald du Verger, ou plutôt de certains de ses descendants ou soi-disant tels, à la seigneurie de Gorron, une opinion très judicieuse que nous avons lue dans une note manuscrite de M. l'abbé Pointeau : « La famille du Verger, qui tenait son nom « de la terre du Verger, en Gorron, avait possédé, sui- « vant des traditions souvent reproduites, au moins « une partie de la seigneurie de cette paroisse [1]. »

Tel est aussi le cas d'un Roger de Mayenne, neveu de Juhel II, qui n'a pu être seigneur de Gorron, son oncle, maître de cette baronnie, ayant laissé des héritières en ligne directe, et de la famille Girart de Barenton qui tenait ses droits des du Verger et des de Goué et ne

---

1. Cf. ci-après, les devoirs des hoirs de Raoul du Verger envers le seigneur de Gorron (aveu de 1404).

pouvait en avoir plus que ces derniers [1]. Ils possédaient des biens à Gorron ; ils n'en furent jamais châtelains.

§ II. — SEIGNEURS DE GORRON.

I. FAMILLES DE MAYENNE, DE MELLO ET DE VENDÔME.

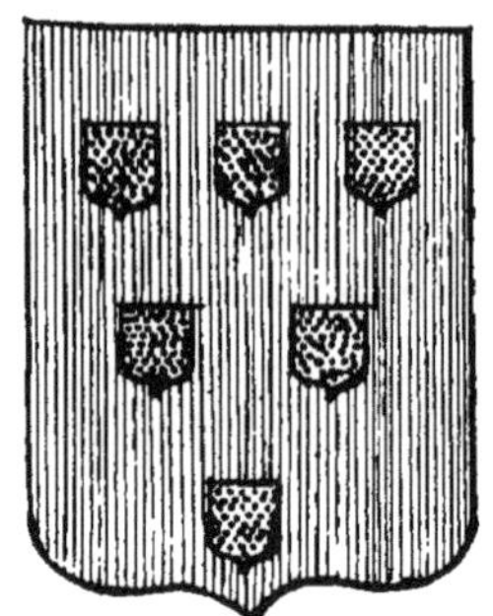

MAYENNE : *de gueules à six écus d'or, posés 3, 2 et 1.*

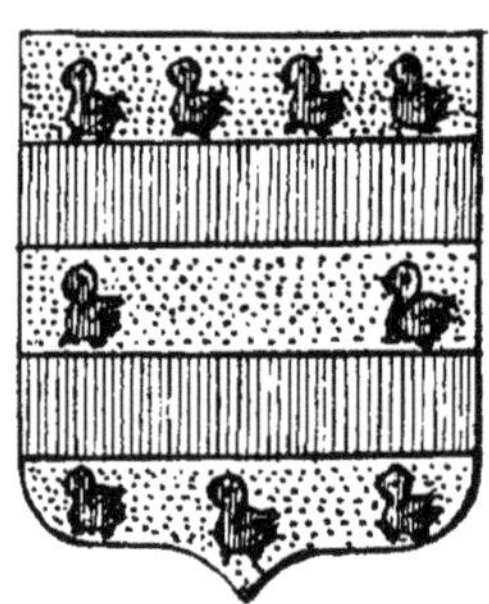

MELLO : *d'or à deux fasces de gueules et un orle de merlettes de même.*

VENDÔME : *d'argent au chef de gueules, au lion d'azur brochant sur le tout.*

Nous avons déjà vu quelles maisons, depuis le XIe siècle jusqu'au XVIIIe siècle, des Mayenne aux Bailleul, ont possédé réellement Gorron. Grâce aux documents puisés à de nombreuses sources, aux travaux historiques, aux manuscrits, aveux et archives que nous avons recueillis et dépouillés, nous allons nous efforcer d'en faire revivre les noms et les actes, tout au moins ceux de ces actes qui ont laissé des traces trop rares dans nos annales

Gorron, depuis les temps les plus lointains de l'histoire de France, n'a cessé de faire partie de la province du Maine, dont il a suivi le sort. Sans remonter à l'époque de la conquête romaine et de l'occupation fran-

1. Alm. Bernard, *Notes*, t. VIII, p. 147 et suiv. (Bibl. de Laval) ; Ch. Trouillard, *Notice sur Gorron*, t. II ; Le Paige, *loc. cit.* ; Abbé Pointeau, Mss. ; Guyard de la Fosse, *Hist. des Seigneurs de Mayenne*, p. 53.

que, et notant simplement le gouvernement du Maine par des comtes nommés par les rois, puis par des comtes héréditaires, vers la fin du ix° siècle, arrivons au xi° siècle. En 1015, Herbert, dit Éveille-chien, fils d'Hugues, était comte du Maine. Foulque Nerra, comte d'Anjou, profita de la jeunesse d'Herbert pour s'emparer d'une partie de ses domaines, notamment du Bas-Maine. Mayenne et les pays voisins furent inféodés par Foulque Nerra à Hamon, auquel il donna, avec la baronnie de Mayenne, les châtellenies d'Ernée, du Pontmain, de *Gorron*, d'Ambrières, de Lassay et de Villaines-la-Juhel. Geoffroy de Mayenne, fils d'Hamon, fut en lutte avec Guillaume de Normandie, qui devint le conquérant de l'Angleterre ; il perdit, dans ces guerres (1063), une partie de ses domaines, dont Gorron, qui devint, par la fortune des armes, normand, puis anglais. Juhel Ier de Mayenne, fils de Gaultier et petit-fils de Geoffroy, obtint la restitution du château de Gorron, comme récompense de son dévouement à la cause de Geoffroy Plantagenet [1]. Mais Gorron fut de nouveau enlevé aux barons de Mayenne et retomba aux mains des rois anglais ; deux d'entre eux, Henri II et Richard Cœur de Lion, y firent séjour en 1171, 1182 et 1190. C'est en 1199 que notre castellum rentra définitivement dans la famille de Mayenne, représentée à cette date par Juhel II.

Il ne rentre pas dans le cadre de notre travail de retracer la vie de Juhel II, qui a laissé un nom très illustre. Ses relations avec Gorron sont, du reste, à peu près inconnues ; nous savons seulement qu'il avait à Gorron un sénéchal qui donna aux moines de Savigny de graves sujets de plaintes et que ceux-ci portèrent leurs doléances à Hamelin, évêque du Mans de 1191 à 1214. Hamelin recommanda la cause des religieux molestés aux doyens de Mayenne, du Passais, d'Ernée

---

1. Voir ci-dessus notre étude sur la châtellenie de Gorron, du xie siècle au xiiie.

et d'Évron [1]. En 1210, Juhel II donna à cette même abbaye 100 sols de rente sur sa ferme de Gorron [2].

Il mourut dans le pays d'Albi, le 4 mai 1220. De son mariage avec Gervaise de Dinan, il avait eu trois filles, qui se partagèrent son héritage. Gorron fut attribué à Isabelle, épouse de Dreux de Mello. La possession de Gorron par la fille aînée de Juhel et son mari ne peut faire aucun doute. La preuve irréfutable s'en trouve dans deux actes, de 1228 et de 1239.

En 1228, Dreux de Mello exempte ses bourgeois de Gorron des droits de prévôté au marché de Couptrain [3].

En 1239, le même Dreux de Mello et Isabelle, sa femme, donnent à l'Abbaye blanche, de Mortain, 100 sols de rente annuelle sur leur ferme de Gorron [4].

Nous insistons sur cette transmission de Gorron de Juhel II à sa fille Isabelle, parce que ce point d'histoire ne paraît pas avoir été, jusqu'ici, suffisamment mis en lumière [5]. Dreux de Mello, le mari d'Isabelle, mourut en l'île de Chypre en 1249, et sa veuve se qualifie elle-même, pendant sa viduité, « domina Meduanæ, heres « mei juris, in libera viduitate mea ». Elle se remaria, en 1251, à Louis de Sancerre, et mourut en 1257, n'ayant eu d'enfant d'aucun de ses deux maris.

A son décès, une partie des biens qu'elle tenait de son père passa à sa sœur Jeanne, épouse de Pierre de Ven-

---

1. Cartulaire de Savigny, LXXX. — V. pièces justificatives, nº I.

2. Cartulaire de Savigny : « Noverint presentes et futuri... Juhellus de Meduana, dominus Dinanni, dedi in perpetuam elemosinam... C solidos turonensium in firma mea de Gorram, percipiendos singulis annis. Et ut hoc duret in posterum, presens scriptum feci sigilli mei testimonio confirmari. Actum anno gratie MoCCoXo. »

3. Accord entre l'abbaye de Saint-Julien de Tours et Dreux de Mello, seigneur de Mayenne (Denis, *Chartes de Saint-Julien de Tours*, f. II. p. 3). — V. pièces justificatives, nº II.

4. Cartulaire de l'Abbaye blanche, mis en ordre en 1691 (Copie faite sur l'original, en 1863, par M. H. Sauvage, de Couptrain).

5. A. Angot, *Dict. de la Mayenne*, t II, p. 310. Il n'y est pas fait mention de la possession de Gorron par Isabelle et Dreux de Mello.

dôme, qui hérita ainsi de la seigneurie de Gorron. Lorsqu'elle recueillit cette succession, Jeanne elle-même était veuve, Pierre de Vendôme ayant trouvé la mort la même année que son beau-frère Dreux de Mello, en 1249, alors qu'ils accompagnaient tous les deux saint Louis à la septième croisade.

Et Gorron demeura dans la maison de Vendôme de 1257 à une date approchant de 1380, pendant cent vingt ans environ.

Parmi les barons de cette noble famille dont les noms nous sont parvenus, nous relevons :

Geoffroy de Vendôme, fils puîné de Pierre et de Jeanne de Mayenne ; il donna à Savigny, le 25 novembre 1269, une rente de 7 livres 1/2 à prendre sur la prévôté de Lassay, pour la fondation d'un anniversaire ; il confirma, en 1272, les dons que Juhel de Mayenne, son aïeul, avait faits à l'abbaye dans la prévôté de Lassay ; il vivait en 1292.

Jean de Vendôme, époux de Jeanne de Misalant, devait au comte du Maine, sur ses péages de Lassay, une rente de 50 #, que Philippe VI attribua au chapitre du Gué-de-Mauny, au Mans, le 27 novembre 1239.

Amaury de Vendôme, époux de Marie de Dreux, mourut à l'armée du roi en 1329.

Robert de Vendôme, marié à Jeanne de Chartres, rendit aveu au comte du Maine en 1384 ; il était veuf en 1404. Leur fille Marguerite épousa, vers 1380, Jean du Merle, auquel elle apporta, en dot, la seigneurie de Gorron [1].

II. Famille du Merle.

1° *Jean du Merle*. — Fils aîné de Guillaume III du Merle, il descendait d'une très illustre famille, dont nous

____

1. A. Angot, *Dict. hist. de la Mayenne*, v. Gorron, Lassay et Mayenne.

avons parlé plus haut. Toutefois ses ancêtres ont été à
tort qualifiés barons de Gorron ; il fut le premier de sa

Merle : *de gueules à 3 quintefeuilles d'argent, posées 2 et 1.*

race auquel ce titre ait pu légitimement être attribué, à
la suite de son mariage avec Marguerite de Vendôme.
La preuve irréfragable s'en trouve dans un aveu de
1404 [1] (nouveau style) que nous analysons ci-après et
dont nous donnerons le texte complet aux pièces justificatives.

Dans cet aveu, Marguerite de Vendôme, veuve de
Monseigneur Jean du Merle, « cognoist estre fame de
« foy lige [du comte du Maine], par raison de (sa) chas-
« tellenie de Gorron,... comme (ses) prédécesseurs et
« (elle) ont accoustumé avoir les dictes chouses... » Elle
parle en son nom propre, et ne fait pas allusion à ses
enfants, Guillaume et Catherine ; or, cette dernière a
sûrement survécu à sa mère et si la terre de Gorron avait
été possédée par son père, autrement que par mariage,
elle eût hérité de celui-ci et l'aveu eût été rendu en son
nom. Il faut donc conclure du texte même de l'aveu de
1404 que Gorron avait été apporté en dot par Marguerite de Vendôme à Jean du Merle.

De Jean du Merle, voici ce que rapportent les titres :

Il est cité le premier, dans le rôle d'une montre du
11 décembre 1358, à la tête des gendarmes de l'hôtel de

1. La copie de cet aveu a été prise aux Archives nationales,
P, 343³, n° 1076 ¹. Voir aux pièces justificatives, n° III.

son père. Il est également nommé le premier de plusieurs chevaliers-bacheliers compris dans les rôles de quatre autres montres faites à Caen les 15 octobre 1365, 18 novembre 1366, 3 septembre 1368 et 1er août 1370.

L'inventaire des titres de Boisbrault [2] parle de lui, comme seigneur de Gorron, en 1387 et en 1395. « Le 11 avril 1395, Robert de la Perrière est assigné à se trouver aux assises de Gorron, dont est seigneur puissant seigneur Jehan de Melle ».

Il mourut avant 1404, témoin l'aveu rendu le 10 février de cette année par Marguerite de Vendôme, sa veuve.

Ce document est précieux autant qu'instructif. Il fixe, de façon définitive, en quelles mains se trouvait alors la châtellenie de Gorron, et donne sur l'étendue de cette châtellenie, sa composition et les droits de ses possesseurs, des détails fort intéressants. Grâce à lui, nous connaissons le manoir ancien, dès lors en ruines ; les deux étangs, le grand et le petit, avec leurs pêcheries et leurs mottes fauchables ; les deux moulins à blé, le moulin à draps ; les trois moulins à tan, pour lesquels les tanneurs de Gorron devaient au seigneur vingt livres par an ; les droits de prévôté perçus aux foires et marchés ; les droits de sceaux et contrats, de cens (60 sous) et de taille (55 livres). Ce même aveu énumère les fiefs mouvant de la châtellenie : le fief de Cherbonnière, pour lequel Berthault de Leboys doit 20 s. par an, au terme de l'angevine ; le fief tenu par les héritiers de Raoul du Verger ; celui que tenait Philippot Lemilochel ; la terre du Bois-Berault, la terre du Rocher ; le fief de Lucé ; le fief Essenley. Nous renvoyons aux pièces justificatives (III) pour le détail des devoirs auxquels étaient obligés les vassaux ou sujets de la seigneurie de Gorron.

2° Guillaume IV du Merle. — Du mariage de Jean

2. P. Moulard, Inventaire des titres de Boisbrault (*Revue hist. et arch. du Maine*, 1893, t. XXXIV, 2e livraison, p. 206 et suiv.).

du Merle avec Marguerite de Vendôme sont issus deux enfants : l'un, Guillaume, quatrième du nom, épousa Jeanne Baron ; il n'a pas laissé d'autres traces dans l'histoire. Son union fut stérile, et il est probable qu'il mourut avant sa mère. Guillaume ne semble pas avoir possédé, personnellement, la seigneurie de Gorron, propre de sa mère, et dont, au décès de celle-ci, hérita Catherine du Merle, sa sœur, fille également de Jean et de Marguerite de Vendôme.

3° *Catherine du Merle* [1]. — Elle épousa, en 1402, Henri de Bailleul, auquel elle apporta en dot les grands biens de sa maison, notamment Gorron. Mais cet apport n'eut pas lieu lors du mariage, puisque sa mère, dans l'aveu de 1404, prend le titre de châtelaine de Gorron. Ainsi s'éteignit la noble famille des du Merle ; elle n'a, en réalité, possédé la seigneurie de Gorron que pendant une période assez courte, qui va du mariage à la mort de Marguerite de Vendôme, de 1380, ou environ, à une date non déterminée, mais qui prend certainement place dans le premier quart du xv° siècle. Elle a, toutefois, ainsi que nous l'avons vu, jeté un lustre éclatant sur les annales de notre pays.

III. Famille de Bailleul de Renouard.

1° *Henri de Bailleul.* — C'est par son mariage avec Catherine du Merle que Gorron entra dans la maison de Bailleul, qu'il ne faut pas confondre avec la famille du Bailleul de Hercé, qui posséda elle-même notre châtellenie pendant la seconde moitié du xvii° siècle et le xviii° jusqu'à la Révolution. Les deux familles n'avaient entre elles aucun lien de parenté.

Henri de Bailleul était fils de Jean, seigneur de

---

1. Elle est prénommée Marguerite aux dossiers bleus, 51, f° 1.

Renouard, et de Guillaumette de Trausseauville, qui s'étaient mariés en 1366.

De Bailleul de Renouard : *parti d'hermines et de gueules.*

2° Jean de Bailleul. — Seigneur de Renouard, baron de Messei et de Gorron, fils d'Henri et de Catherine du Merle ; il épousa Jeanne de Mathefelon, fille de Jean de Mathefelon, seigneur de Lancheneil, en Nuillé-sur-Vicoin, et d'Anne d'Arquenay.

En 1451, il fit au roi Charles VII hommage de la terre et seigneurie de Gorron.

La date de sa mort a été fixée à l'année 1455 ; cependant la généalogie de sa famille [1] la place en 1458. En tous cas, le partage de ses biens ne se fit que le 18 juillet 1461, entre Joachim, qui suit, Marie de Bailleul, épouse de Guillaume de Jupilles, Guillaume et Foulques de Bailleul [2].

Gorron fut à cette époque le théâtre de luttes acharnées entre Français et Anglais. En 1425, une bande d'Anglais, sous la conduite de Sommerset, s'empara de Gorron, qui fut repris en 1444 par les troupes de Charles VII [3].

Ces combats n'eurent pas lieu sans dommages. La ruine du château, constatée dans l'aveu de 1404, doit

---

1. Dossiers bleus, 51.
2. Arch. nat., R 5, 387, f. 231.
3. Cf. notes de M. J. Lefizelier (Bibl. de Laval).

évidemment être attribuée à la guerre anglaise [1]. L'aveu de 1505 mentionne aussi la démolition « par la fortune de la guerre », d'un moulin « à draps foullerez » et de deux moulins à tan.

3° Joachim de Bailleul. — Chevalier, baron de Messei et de Gorron, il paraît en 1481, 1487, 1493, 1496. Il rendit, en 1487, aveu au roi Charles VIII, de passage à Laval, de la terre de Gorron [2].

Il épousa Catherine de la Fosse. Sa mort est antérieure à 1505.

De son mariage naquirent six enfants : Jean, qui suit ; Madeleine, épouse de Jean de Grippel, qui suit ; Louise, femme de Jean de Vieux-Chastel ; Catherine, femme de Pierre de Grippel, baron de Messei ; Suzanne ; Radegonde.

Joachim de Bailleul vit son domaine de Gorron ravagé par des troubles et pillages de guerre « où chacun prenait l'un sur l'autre qui avait à prendre ou pouvait [3]. »

4° Jean de Bailleul. — Il était mineur lorsqu'il hérita de son père de la seigneurie de Gorron, laquelle fut confiée par le roi à des commissaires ; il mourut moins d'un an après son père, certainement aussi avant 1505, laissant la terre de Gorron à sa sœur aînée Madeleine. On se fonda sur la coutume de Normandie, comme on l'avait fait pour la tutelle de l'enfant, pour décider que la sœur pouvait hériter du frère et devenir, au décès de celui-ci, dame de Gorron [4].

Avec lui finit la maison de Bailleul de Renouard, tout au moins la branche qui possédait Gorron. A défaut d'héritiers mâles, notre châtellenie passa, par alliance, dans la famille de Grippel. Il en fut de même de la baronnie de Messei, échue à un autre membre de la

---

1. A. Angot, *Dict. hist. de la Mayenne*, v° Gorron.
2. Arch. nat., P, 351.
3. A. Angot, *Dict. hist. de la Mayenne*, t. II, p. 311.
4. Arch. nat., R [5], 387.

famille de Grippel, époux d'une fille puînée de Joachim
de Bailleul.

IV. Famille de Grippel.

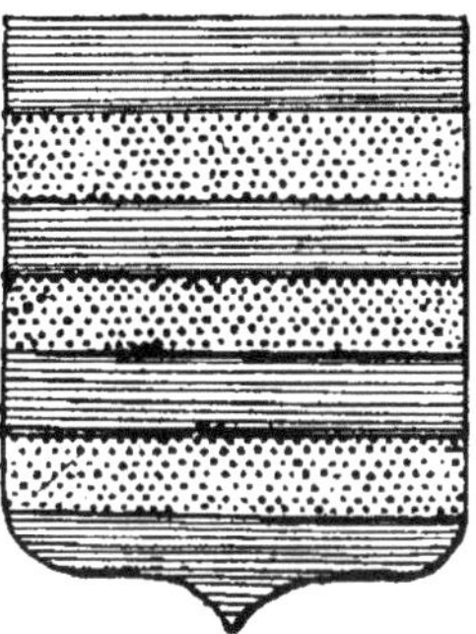

Grippel : *d'azur à trois fasces d'or.*

1° Jean de Grippel. — Écuyer, seigneur de la Landelle, époux de Madeleine de Bailleul, il fit au roi, en
1505, hommage de la terre de Gorron. Son aveu [1] est
non moins intéressant que celui de 1404. Il offre, de la
seigneurie de Gorron, un tableau complet, qu'il est instructif de comparer à celui que nous en avons vu tracé
un siècle auparavant ; nous allons faire rapidement cette
comparaison.

Le rapprochement des aveux de 1404 et de 1505
prouve que la composition de la baronnie de Gorron a
peu varié pendant le xve siècle. Château, moulins à blé,
à draps et à tan, redevances diverses, fiefs, sont demeu
rés tels, sans notables augmentations ou diminutions.
Pourtant, à l'examen attentif, nous allons trouver des
modifications, dont quelques-unes d'importance.

Et tout d'abord, à qui était rendu l'aveu de 1404 par
Marguerite de Vendôme, veuve de monseigneur Jehan
du Merle ? A très excellent et puissant prince le roi de
Jérusalem et de Sicile, duc d'Anjou, comte du Maine,

1. Arch. nat., P 343 [3], pièce 1076 [2].

c'est-à-dire à Louis II, dont le père, Louis I, fils du roi Jean, avait hérité de l'Anjou et du Maine. Le petit-fils de Louis II, Charles II, étant mort sans postérité, le comté du Maine fut, en décembre 1481, réuni par le roi Louis XI à la couronne et ne fut, dans la suite, qu'un simple apanage de quelques princes.

Cela fait comprendre pourquoi, en 1505, le seigneur de Gorron rend hommage directement au roi de France Louis XII, et non plus au comte du Maine.

En 1404, le château de Gorron était déjà en ruines ; la place seule en subsiste encore en 1505 ; il n'a pas été réédifié. Nous retrouvons, à un siècle de distance, les mêmes étangs, grand et petit, leurs pêcheries et mottes fauchables, et les deux moulins à blé. Quant au moulin « à draps foullerez », mentionné en 1404, il n'existe plus en 1505. Sur les trois moulins à tan, deux ont disparu au cours du xv\ *e* siècle, « démoliz par la fortune de la guerre ». Ces ravages et ces destructions ne sont pas pour nous surprendre, si nous nous rappelons que cette guerre était celle dite de Cent ans, pendant laquelle la plus grande partie de la France fut dévastée et mise à sac. Il ne rentre pas dans le cadre de notre étude d'en retracer les péripéties [1]. La date exacte de la destruction des moulins de Gorron est inconnue ; on sait toutefois qu'en 1431 un capitaine anglais, Vénable, porta le fer et la flamme aux environs de Lassay et d'Ambrières. Il est à croire que c'est alors que Gorron souffrit particulièrement des incursions anglaises.

Revenons à notre parallèle entre nos deux aveux. En 1404, c'est Bertaut de Leboys qui doit 20 sols pour le fief de Cherbonnières et 5 sols sur le moulin du Pré. Cent ans après, ces biens sont encore dans la même famille, représentée par Colin de Leboys.

---

1. Un manceau célèbre, Ambroise de Loré, né au château de Loré, en Oisseau, se signala, dans cette guerre, par sa vaillance et ses succès (Cf. A. Angot. *Dict. hist. de la Mayenne*, t. II, p. 717 et suiv.).

Le Boisbrault appartenait à Samson des Vaux en 1404, à Guillaume des Vaux en 1505.

Le Rocher a passé des de Fontenay aux de la Besnesche (ou Bunache).

Le fief de Lucé n'a pas changé de maîtres ; il est resté dans la maison du Boys-Thibault.

Le procès-verbal de la promulgation des coutumes du Maine, du samedi 7ᵉ jour d'octobre 1508 [1], mentionne le nom de Jean de Grippel, seigneur de Gorron, qui était représenté par Mᵉ Robert Desaulnaiz, son procureur. Jean de Grippel figurait, le 15 du même mois, au nombre des députés de la noblesse du Maine. Dans ces documents, son nom est orthographié « Grippelet ». Cauvin le nomme aussi de Grippelet.

Dès l'année 1456 on voit son nom dans l'Échiquier ; il fit preuve de sa noblesse en 1463.

2° *Guillaume de Grippel.* — Fils de Jean de Grippel et de Madeleine de Bailleul, il est qualifié seigneur de la Landelle. Il vivait en 1500. De son union avec Catherine de Reneinville naquirent deux filles : Jeanne, qui épousa Richard de Pellevé, seigneur de Tracy, et Judith, mariée à Jean Le Moyne, seigneur de Sourdeval.

Le *Dictionnaire de la Noblesse*, de La Chesnaye-Desbois [2], où nous puisons ces renseignements, est un ouvrage des plus sérieux et les généalogies qu'il contient sont généralement exactes.

Il convient cependant de noter que d'après d'autres documents, dont il ne nous a pas été possible, d'ailleurs, de contrôler la véracité, Guillaume de Grippel aurait eu pour femme Charlotte d'Ortonvilliers. De ce mariage ne serait issu aucun enfant, et Charlotte d'Ortonvilliers,

---

1. Annexé aux *Remarques sur la coutume du Maine*, par Mᵉ Mathurin Louis, sieur des Malicottes (Le Mans, chez Hiérôme Olivier, marchand libraire et imprimeur, proche l'église Saint-Julien. MDCLVII).

2. *Dictionnaire de la Noblesse*, de La Chesnaye-Desbois, 1774, tome VII, p. 471.

devenue veuve, se serait remariée, le 6 mai 1553, avec Pierre de la Ferrière, seigneur du dit lieu [1].

Quoi qu'il en soit, il est certain que nous voyons, en 1508, pour la dernière fois, un Grippel qualifié seigneur de Gorron. Et il s'agissait alors, dans le procès-verbal de la promulgation des coutumes du Maine, de Jean de Grippel ou Grippelet, et non de Guillaume, son fils.

Faut-il donc admettre que la châtellenie de Gorron n'a jamais été possédée par Guillaume de Grippel et que c'est du vivant de son père qu'elle a passé dans la maison de Blavette, où nous la trouvons en 1528 ? Nous devons confesser que, malgré toutes nos recherches, il nous a été impossible de fixer ce point d'histoire, pourtant fort intéressant. Les circonstances dans lesquelles s'est opérée la transmission de la châtellenie de Gorron, dans le premier quart du XVIe siècle, restent indéterminées. Il est, toutefois, hors de doute qu'un lien de parenté unissait les familles de Grippel et de Blavette [2]. Toutes

---

1. Cf. *Notice sur les seigneurs de Vautorte*, par l'abbé Ch. Pointeau (*Bulletin hist. et arch. de la Mayenne*, 1893, 1er semestre, p. 102).

2.   Catherine DU MERLE, ép. Henri DE BAILLEUL.

Jean DE BAILLEUL, ép. Jeanne DE MATHEFELON.

Joachim DE BAILLEUL, ép. Catherine DE LA FOSSE.	Catherine DE BAILLEUL, ép. Gatian DE BLAVETTE.
	Philippe DE BLAVETTE, ép. Suzanne DE BARVILLE.

Joachim DE BAILLEUL :

Jean DE BAILLEUL.	Madeleine DE BAILLEUL, ép. Jean DE GRIPPEL.

Guillaume DE GRIPPEL, ép. Catherine DE RENEINVILLE.

Jeanne DE GRIPPEL, ép. Richard DE PELLEVÉ, seigneur de Tracy.	Judith DE GRIPPEL, ép. Jean LE MOYNE, seigneur de Sourdeval.

Branche DE BLAVETTE :

François DE BLAVETTE, ép. : 1o . . . .
2o . . . .
3o Françoise DE GUIRY.

Louise DE BLAVETTE, ép. Denis DE RYANTZ.

Odet DE RYANTZ, ép. Marie DU BOUCHET.

Odet DE RYANTZ.

les deux, ainsi qu'on peut s'en rendre compte par la lecture du tableau généalogique donné en note, ont une souche commune : Jean de Bailleul, époux de Jeanne de Mathefelon. Jean de Grippel, par sa femme Madeleine de Bailleul, et Philippe de Blavette, par sa mère Catherine de Bailleul, étaient cousins-germains.

L'intérêt de notre tableau généalogique apparaît d'autant plus considérable qu'on y voit toutes les familles qui ont possédé Gorron, depuis les du Merle jusqu'à Odet de Ryantz, qui a vendu la baronnie à Pierre III du Bailleul, dont les descendants en ont été seigneurs jusqu'à la Révolution.

On pourrait conjecturer, en admettant pour établie l'union stérile de Guillaume de Grippel avec Charlotte d'Ortonvilliers, que Gorron a passé aux Blavette par voie d'héritage. Mais, outre que rien ne prouve que Guillaume lui-même ait été seigneur de Gorron, aucun document, à notre connaissance, ne lui donnant ce titre, il nous paraît plus rationnel de considérer comme vraie la généalogie de La Chesnaye-Desbois [1] d'après laquelle

1. Notes généalogiques sur la famille de Grippel, par La Chesnaye-Desbois *(loc. cit.)*.

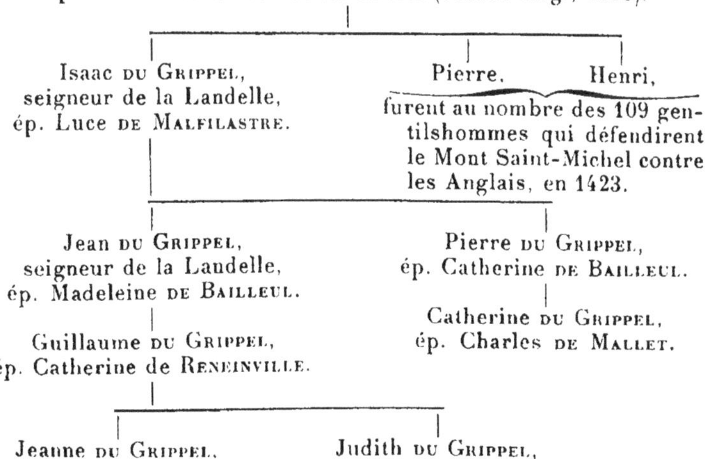

Guillaume de Grippel aurait eu deux filles de son mariage avec Catherine de Reneinville ; comme conséquence, la terre de Gorron étant certainement, dès avant 1528, possédée par Philippe de Blavette, il faut admettre qu'elle est venue dans cette maison en vertu d'une cession dont nous n'avons pu trouver trace.

V. Famille de Blavette.

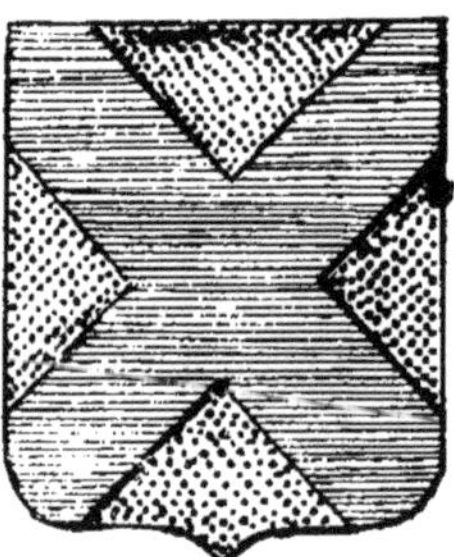

Blavette : *d'or au sautoir d'azur.*

1° Philippe de Blavette. — Il est le premier de sa famille que l'on trouve en possession de la châtellenie de Gorron. Il concède en 1528, moyennant une rente, une pièce de terre sise en l'étang de Gorron, à la condition de pouvoir rétablir l'étang quand il voudra, se réservant, en outre, le droit de faire « byener ès fossés », pour conduire l'eau de la rivière « de Coulmont » jusqu'au pont de Hercé.

Il mourut avant le 4 mars 1541 (n. st.), ainsi qu'en fait foi l'aveu rendu à cette date par sa veuve Suzanne de Barville [1]. Cet aveu débute en ces termes [2] : « Du « roy nostre souverain seigneur je, Susanne de Bar- « ville, demoiselle, veufve de deffunct noble homme Phi- « lippe de Blavette, en son nom et comme ayant la

1. Appelée parfois Marguerite de Barville (Note communiquée par M. le comte de Blavette, d'après d'Hozier).
2. Arch. nat. R⁵ 115 (pièce originale).

« guarde noble des enffans myneurs du dict deffunct et
« de moy, cognois, confesse et advoue estre femme de
« foy lige au regart de vostre conté du Maine pour
« raison de ma chastellenye de Goron... »

La généalogie de la maison de Blavette [1] fait mention
des enfants de Philippe de Blavette et de Suzanne de
Barville : François, qui suit ; Jeanne, religieuse à
Argentan ; Gilles, seigneur de la Mesnière ; Jacques,
seigneur de Botherel ; Adriane, dame d'Aulnay. Ce
document, qui qualifie les ancêtres de Philippe seigneurs
de Blavette et d'Aulnay, lui attribue, pour la première
fois, le titre de baron de Gorron. Il était aussi seigneur
de Botherel et bailli du Perche.

En 1542, Suzanne de Barville eut un procès avec le
seigneur du Boisbrault au sujet du droit de pêche dans
l'étang de Gorron.

S'il était besoin d'une nouvelle preuve des difficultés
que rencontre l'historien pour la détermination des possesseurs de la châtellenie de Gorron, dans la première
moitié du xvie siècle, nous la trouverions dans la mention
de M. l'abbé Angot [2], d'après laquelle Guy de Scépeaux,
seigneur de Mausson, est dit seigneur de Gorron en
1531. Il est vrai que M. l'abbé Angot ajoute que Guy
de Scépeaux prenait probablement ce titre en qualité de
créancier. Cette probabilité devient une certitude quand
on voit l'acte de 1528 et l'aveu de 1540, qui attribuent,
sans contestation possible, notre châtellenie à Philippe
de Blavette puis à sa veuve, tutrice de leurs enfants
mineurs [3].

2° *François de Blavette*. — François de Blavette, fils
aîné de Philippe et de Suzanne de Barville, mineur en
1540, se maria trois fois. Il épousa successivement :

1. Pièces justificatives, IV. — Bibl. nat., *Dossiers bleus*, 101.
2. *Dict. de la Mayenne*, v° Gorron, t. II, p. 310.
3. Il est à remarquer que la mention de M. l'abbé Angot relative
à Guy de Scépeaux ne se retrouve pas dans la généalogie de cette
famille, par M. de Farcy.

1° Le 15 février 1558, Yolande du Bellay, de la maison de la Flotte, en Vendômois ;

2° Le 3 février 1569, Catherine de Coisnon, de la maison de la Roche-Coisnon, au Maine [1].

3° Le 15 mai 1571, Françoise de Guiry, fille de Martin, chevalier, seigneur de Discourt et de la Pal..., et de Jeanne d'Anizy, sa seconde femme.

Il n'eut pas d'enfants, du moins lui ayant survécu, des deux premiers lits.

De son union avec Françoise de Guiry naquit une fille, Louise, dont il fut curateur. La troisième femme de François de Blavette mourut peu après la naissance de cette enfant ; lui-même décéda avant 1575. A cette date, en effet, Louise de Blavette, alors mineure et qualifiée, malgré son jeune âge, dame de Gorron, avait pour

---

1. Le nom de la seconde femme de François de Blavette est orthographié, dans les actes, de façons différentes : Coisnon, Coasnon, Coaisnon. Voici, extrait de la Bibliothèque nationale, le contrat de mariage :

« De messire François de Blavette, chevalier, seigneur du dit
« lieu, baron de Goron, demeurant au dit lieu de Blavette, paroisse
« de Barville, au Perche, accordé le 20 février 1569 avec demoiselle
« Catherine de Coasnon, fille de deffunt messire Pierre de Coasnon,
« chevalier, seigneur de la Roche-Coasnon, et de dame Suzanne de
« Vassé, demeurant à Ruillé en Champaigne, pays du Maine, assis-
« tée de messire Jean de Coasnon, chevalier de l'ordre du roy, sieur
« de la Roche-Coasnon, et de noble Louis de Coasnon, sieur du
« Lebert, ses frères, lequel sieur du Lebert promet payer à la dite
« demoiselle sa sœur la somme de 2.000 livres tournois ; en paye-
« ment de laquelle somme il luy cède le lieu et la métairie de la
« Grande-Ronce, en la dite paroisse d'Erville, comme aussi le lieu
« et apartenances de la Petite-Ronce en la dite paroisse, qu'il avait
« acquis des héritiers de deffunte Françoise de Forges, vivante
« femme de Laurent Dassier, lesquelles il pourra retirer dans le
« cours de six années en payant la dite somme de 2.000 livres. Ce
« contrat passé en la maison seigneuriale de Lepinay, paroisse de
« Saint-Cosme Le Bert ou Le Béal, en présence de nobles hommes
« Rubecler de Barville, sieur de Duranville de la Chevrollière,
« demeurant à Vauvineux, paroisse du Parvencier, au comté du
« Perche, et Louis de la Penne, sieur du dit lieu, demeurant à
« Épineu-le-Chevreul, au pays du Maine, devant Louis Grippon,
« notaire en la cour royale du Mans, demeurant à la Rozelle, paroisse
« de la Quincte, et de lui signé. »

tuteurs Lancelot d'Escarbot et son oncle Jacques de Blavette.

François de Blavette avait assisté, en qualité de seigneur de Blavette, baron de Gorron, aux États du Perche.

Ainsi que l'indique son contrat de mariage de 1569, il n'habitait pas à Gorron et sa résidence était Blavette, paroisse de Barville, au Perche.

Il y eut à Gorron, de son vivant, une assemblée de Calvinistes [1] (1562). Les discordes civiles désolaient la France. Les historiens [2] font mention de la nomination de Jean des Vaux, seigneur de Lévaré, comme gouverneur et lieutenant général pour le roi des villes, châteaux et baronnies de Mayenne, Ernée, Pontmain, Lassay, Villaines, *Gorron*, et des autres places et lieux dépendant de l'élection de Mayenne. Jean des Vaux [3] combattit ardemment les huguenots, leur fit lever le siège de Lassay et obtint, pour ses prouesses, le collier de l'ordre de Saint-Michel. Son titre de gouverneur n'implique du reste en aucune façon l'idée de possession. Le roi de France, seigneur suzerain, lui avait, en 1571, confié le commandement de ses troupes, afin de rétablir l'ordre chez ses vassaux, à Gorron et dans les régions voisines.

Toute la fin du xvie siècle fut marquée, à Gorron, par des événements douloureux, des pillages et des ruines.

En 1574, notre pays fut ravagé, au printemps, par les Huguenots venus de Domfront. Deux de leurs chefs les plus redoutés, les frères Le Héricé, Ambroise, dit le Balafré, et René, dit Pissot, dévastèrent la contrée. Ils livrèrent aux flammes, à Gorron, le faubourg et les mou-

---

1. Dom Piolin, *loc. cit.*, t. V, p. 459.

2. Marquis de Beauchesne, *Le Château de Lassay à travers les siècles (Bulletin de la Commission hist. et arch. de la Mayenne*, 2e série, t. II, p. 132).

3. Il faut se garder de confondre Jean des Vaux, seigneur de Lévaré, avec Jean des Vaux, seigneur du Boisbrault, qualifié également lieutenant du roi, tué à Pavie en 1525.

lins de la Colmont, faute de paiement d'une imposition de 600 livres [1]. Le souvenir de ces malheurs semble s'être perpétué jusqu'à nos jours ; une rue de Gorron, qui conduit précisément aux moulins détruits, s'appelle la rue du ou de Pissot ; c'est le surnom d'un des chefs calvinistes qui s'acharnèrent à amonceler des ruines, brûlant aussi des moulins voisins du Pontceau, près la Pierre-Pichard, et un couvent situé dans ce même quartier, appelé naguère encore quartier du Grand-Couvent.

René le Héricé, dit Pissot, ne tarda pas à porter la peine de ses déprédations. Dès cette même année 1574, Domfront fut assiégé et pris par le comte de Matignon. Montgommery, commandant de la place, fut décapité ; son lieutenant Pissot fut pendu.

Il est curieux de noter que ce fougueux huguenot, destructeur de Gorron, serait l'auteur de la fameuse apostrophe à Domfront, devenue un dicton souvent répété : « Domfront, ville de malheur, arrivé à midi, pendu à une heure ». Telles seraient les paroles prononcées par René Le Héricé qui, poursuivi et ramené dans la ville alors que midi sonnait au beffroy, fut, une heure après, suspendu au gibet du Tertre Grisière, où se balançait déjà le cadavre de son frère, le Balafré [2].

Après les guerres de religion, les troubles de la Ligue eurent à Gorron leur triste répercussion.

Les troupes royales ayant évacué le Maine, les ligueurs, sous le commandement du capitaine Lansac, passèrent à Gorron, se dirigeant sur Mayenne. Lansac, parti de la Bretagne avec 2.500 fantassins et 200 chevaux que lui avait donnés le duc de Mercœur, arriva à Gorron en avril 1590. Là ayant appris que l'Estelle, gouverneur de Mayenne, avait conduit ses soldats vers

1. La livre correspondait à une valeur actuelle de 3 fr. 83.
2. Cf. Dom Piolin, *loc. cit.*, t. V, p. 509 ; Mss. du cabinet de M. Louis Garnier ; Marquis de Beauchesne, *Les Anglais dans le Maine* ; Grosse-Duperon, *Souvenirs du vieux Mayenne*, p. 21.

Paris, au secours du roi Henri IV, il résolut de s'emparer de la place de Mayenne : mais il fut déçu dans son espoir [1].

Deux ans après (1592), des bandes anglaises passent par Gorron. L'église est alors complètement dévastée, « les fonts rompus, n'y ayant aucun sacrement [2] ». Robert, comte d'Essex, commandait ces troupes, qui venaient prêter aide à Henri IV. Il n'en commit pas moins de fâcheux excès dans le Bas-Maine et le Passais. Après avoir ravagé Domfront, Ambrières, Landivy, Ernée, Fontaine-Daniel et *Gorron,* il se dirigea sur Mayenne [3].

Des lettres patentes, données à Paris le 6 août 1576, convoquèrent à Blois, pour le 15 novembre suivant, les plus notables personnages de chaque province, bailliage et sénéchaussée du royaume, pour faire entendre au roi les remontrances, plaintes et doléances de tous les affligés, afin que S. M. y porte remède et prenne les moyens d'entretenir la paix et la prospérité de l'État. — Le 28 septembre, sur la convocation faite le 20 août par le lieutenant général de la sénéchaussée du Maine, les trois ordres de la province se réunirent au Mans, en la chambre du plaidoyer du palais royal de cette ville. A l'appel, les habitants de Gorron n'ont comparu, ni autres pour eux. Gorron ne fut représenté dans aucun des ordres (Cauvin, *États du Maine*).

3° Louise de Blavette. — Née du mariage de François de Blavette avec sa troisième femme, Françoise de Guiry, dont l'union avait été célébrée le 15 mai 1571,

1. Dom Piolin, *loc. cit.*, t. V, p. 577 ; Cf. H. Sauvage, *Mayenne en 1589 et 1590.*
2. Cf. A. Angot, *Dict. hist. de la Mayenne,* t. II, p. 311.
3. Cf. Marquis de Beauchesne, *Les Anglais dans le Maine ;* Dom Piolin, *loc. cit.,* t. V, p. 591 ; Guyard de la Fosse, *loc. cit.,* p. 127 ; J. Le Fizelier, *Études et récits sur le Bas-Maine, l'année 1590,* p. 199 et suiv. — « L'an 1592, le jour des Roys, le général des Angloys « fut en la ville de Mayenne et fit beaucoup de mal à Ambrières, « Gorron, Ernée, Fontaine-Danyel et partout où il passait » (Grosse-Duperon, *L'Église Saint-Martin de Mayenne,* p. 10).

elle fut bientôt orpheline. Ainsi que nous l'avons vu plus haut, elle était, en 1575, héritière de la baronnie de Gorron, qu'elle fit passer, par alliance, dans la maison de Ryantz.

VI. Famille de Ryantz.

Ryantz : *d'azur semé de trèfles d'or, à deux bars adossés de même.*

1° Denis de Ryantz. — Nous avons adopté, pour l'orthographe du nom de cette famille, la rédaction employée dans un aveu de 1602. Elle n'est pas unique, car on rencontre dans les actes : Rians, Riants, Ryant, Ryants. La généalogie de la maison de Blavette donne à l'époux de Louise de Blavette le prénom de Louis ; d'après l'aveu de 1602, il s'appelait Denis.

La date de son mariage n'est pas connue [1] ; elle est, en tous cas, antérieure à 1602. Les époux étaient séparés « quant aux biens ». Denis de Ryantz est titré chevalier, gentilhomme ordinaire de la chambre du roi, enseigne d'une compagnie d'ordonnance sous la charge de M. le prince de Conty, seigneur baron de Villeray, Burer, Vorre, Houdaigeau et de la Beuvrière. Sa femme se qualifie dame de Blavette, de la Mesnière, de Radray, et de la ville et châtellenie de Gorron.

L'aveu de 1602 contient la description de la terre et

1. Ce serait en 1590, suivant M. le comte de Blavette.

de la châtellenie de Gorron, telles qu'elles se poursuivent et comportent tant en domaines que fiefs, circonstances et dépendances. Il est conservé aux Archives nationales, avec deux autres aveux, du 12 mars 1607 et du 20 juillet 1635, passés par la même Louise de Blavette.

Les deux époux vivaient donc encore en 1635 ; la preuve en est non seulement dans l'aveu du 20 juillet de cette année, mais aussi dans un testament aux termes duquel Julien Largerie et Renée Triguel, sa femme, fondent une prestimonie, après agrément donné, le 5 septembre 1635, par noble et puissante dame Louise de Blavette, épouse de noble et puissant seigneur messire Denis de Ryantz, demeurant au château de Villeray, paroisse de Coudeau. Il résulte de ce dernier document que la dame de Gorron ne résidait pas dans cette ville et n'exerçait que de loin ses droits seigneuriaux.

Les États généraux furent réunis à Sens en 1614, sous la minorité de Louis XIII. Les trois ordres de la province du Maine, convoqués le 4 août au Mans par François Le Vayer, lieutenant général de la sénéchaussée, nommèrent leurs députés. Les représentants du tiers état de Gorron votèrent pour les sieurs Vasse, lieutenant criminel, et Gaucher, avocat du roi, qui furent élus. On ne trouve pas trace que la dame de Gorron, Louise de Blavette, ait été représentée. Le délégué des curés du doyenné de Passais était M. Gauvain de Boishuart (Cauvin, *États du Maine*).

La minorité de Louis XIII vit des troubles qui motivèrent de nombreux passages et séjours de troupes à Gorron. Le 29 novembre 1615 arrive le sieur Gravens. Le marquis de Villaines y séjourne sept nuits, à partir du 4 décembre. Pierrepont, quatre nuits, du 15 décembre. Blotinel et Mintollière, une nuit, le 21 décembre. La Brière, lieutenant du baron de Juillet, une nuit, le 27 décembre. Picquaine, deux nuits, les 20 et 21 janvier 1616. Le 7 février suivant passa Sauvagère, qui ramena, le lendemain, Montescot et ses gens, lesquels logèrent jusqu'au vendredi 13 et firent beaucoup de *ruine*. Le 18, le baron de Boisfévrier logea une nuit à Gorron [1].

Les malheureux habitants de Gorron furent en outre éprouvés par le mauvais temps et les épidémies. Nous trouvons relatées ces calamités dans les documents contemporains [2].

En juillet 1613, Gorron, Brecé et Colombiers font, en commun, des processions solennelles pour obtenir la cessation de la pluie, laquelle durait depuis trois mois « sans en faillir jour ».

En novembre et décembre de la même année, il fait grand vent et l'hiver est rigoureux : « grant hyver et « fâcheux, bleds non levez » (1614). Mars 1614 est très froid et sec, mais en avril le temps est « doux, pluvieux, « agréable, qui rescoust les pauvres gens ».

En 1615, des gelées font « encherir le bled ».

A la fin de l'année 1626 et au commencement de 1627 « l'hiver est grandement pluvieux, dont les limatz ont « fait grand dommage aux bleds ».

Une épidémie de dyssenterie sévit en 1630 et 1632.

En 1633 « les froments noirs » sont gelés.

2° *Odet de Ryantz*. — Fils aîné de Denis de Ryantz et de Louise de Blavette, dont nous ne connaissons pas les autres enfants, Odet de Ryantz fut, comme son père, gentilhomme ordinaire de la chambre du roi. Il avait hérité de la baronnie de Gorron et était, en outre, baron de Villeray et de Vesot. Il demeurait au château de Villeray, paroisse de Coudeau, diocèse de Séez. Marié en 1632 à Marie du Bouchet, il en eut un fils, qui reçut le même prénom que lui. Son union fut courte et il posséda bien peu de temps la baronnie de Gorron ; en 1635,

1. Abbé Angot, *Dict. hist.*, t. II, p. 311.
2. Cf. Abbé Angot, *loc. cit.* ; Arch. de la mairie de Gorron, état civil ; Mss. de Me Mathieu le Boullenger (arch. de famille).

elle était encore aux mains de sa mère, et lui-même mourut avant 1638, car, le 1er mai de cette année, sa veuve convolait en secondes noces. A cette date, en effet, fut dressé un contrat de mariage entre messire Charles de Royers, baron de la Brisolière, et dame Marie du Bouchet, veuve de défunt Odet de Ryantz, seigneur baron de Villeray, Gorron et Vesot ; cet acte indique Marie du Bouchet comme demeurant en son manoir de la ville de Gorron, ce qui semblerait impliquer que les seigneurs de Gorron avaient, en cette ville, un château habitable ; et pourtant, en 1635 comme en 1657, les aveux n'en parlent pas et mentionnent, au contraire, « un chasteau et manoir ancien de présent en ruines ». Tout au plus y est-il question d'une maison manable, couverte en tuiles, assise près des halles, composée d'une salle, cave, cuisine, étables aux côtés, chambres et greniers. C'est probablement cette maison qui est dénommée manoir dans le contrat de mariage de la veuve d'Odet de Ryantz avec le baron de la Brisolière.

3° Odet de Ryantz. — Il fut le dernier de ce nom à posséder Gorron et il n'est signalé que par son aveu de 1657 [1] et la vente qu'il fit de la terre de Gorron, en 1659, à Pierre III du Bailleul. Remarquons les titres qu'il prend dans l'aveu précité : il n'est plus baron, comme son père, mais marquis de Villeray : « Je, Odet de « Ryantz, chevalier, seigneur marquis de Villeray, « Radray, Blavette, Brezolles, Vezot, Barville et de la « ville et châtellenie de Gorron, au bas Maine, conseil-« ler du roi notre sire, capitaine et bailli de Chartres... » Pour quels motifs Odet de Ryantz aliéna-t-il sa terre et seigneurie de Gorron ? Nous l'ignorons ; toutefois, d'après des renseignements que nous tenons de l'obligeance de M. le comte de Blavette, on trouverait la cause de cette vente dans le mauvais état des affaires du marquis, qui avait à acquitter de grosses dettes et

____

1. Pièces justificatives, V.

qui vendit, non seulement Gorron, mais encore Blavette, etc...

Nous avons la bonne fortune de connaître, avec exactitude, par les aveux de 1404, 1505, 1540, 1602, 1607, 1635 et 1657, dont plusieurs sont donnés ci-après aux pièces justificatives, la composition de la baronnie de Gorron aux xvᵉ, xviᵉ et xviiᵉ siècles. Après avoir noté les modifications qui s'y sont produites de 1404 à 1505, il nous paraît nécessaire de mettre en lumière celles qui résultent des énonciations de l'aveu de 1657, qui détermine et fixe l'état de la châtellenie, au moment où elle devient la propriété de la famille du Bailleul, entre les mains de laquelle elle est restée jusqu'à la fin de l'ancien régime. Les changements sont importants : la simple lecture des aveux de 1540, 1602, 1607 et 1635 permettra de se rendre compte de ceux qui ont eu lieu dans la période intermédiaire.

Il est encore question, en 1657, du vieux château en ruines, avec son enclos et les anciennes prisons composées de hautes et basses fosses. Près du dit château est la chapelle Saint-Laurent ; « L'entour a été fieffé (par les prédécesseurs d'Odet de Ryantz) à plusieurs sujets et bourgeois qui le tiennent, occupent et exploitent ». Au nombre de ces sujets et bourgeois étaient Julien Largerie et Renée Triguel, sa femme, auxquels Louise de Blavette octroya, le 5 septembre 1635, la permission d'ériger en prestimonie « la maison qu'ils avaient récemment fait bâtir dans le vieil château ». Les deux époux fondèrent la prestimonie par leur testament du 21 février 1636. Au cours de notre étude sur l'histoire religieuse de Gorron, nous reviendrons plus amplement sur ce testament, qui est un monument curieux des mœurs, de la piété et de l'état d'esprit de la bourgeoisie au xviiᵉ siècle.

Les anciennes prisons ont été remplacées par une nouvelle geôle, près des grandes halles construites pour servir au marché.

Voici l'indication de quelques rues de Gorron : rue Persant [1], rues devant, derrière et aux côtés du château et de la chapelle Saint-Laurent ; grande rue allant de la « grande place » où sont les halles à la rivière et aux moulins ; rues tendant des halles aux moulins et au pont de Hercé ; rue Dorée et Pont-Neuf près des mottes ou prairies bordant le petit étang. Le grand étang n'existe plus ; il a été « transformé en prairie pour la ruine de longtemps arrivée à la chaussée d'iceluy ».

Deux moulins « à bled froment rouge et autres grains, assis au-dessous des Mottes » servent à moudre les grains des sujets du seigneur, contraints de les y porter, sous les peines « introduites » par la coutume du Maine. Quant aux moulins à draps et à tan, ils sont en ruines.

L'aveu de 1657 donne une très complète description de la seigneurie du Rocher, laquelle, de simple fief, est devenue partie intégrante de la baronnie de Gorron, avec son manoir, sa chapelle, une métairie de soixante journées de terre, un étang et une « garenne à connils ». Ce domaine avait été acquis de François de la Bunache par Louise de Blavette. En dépendaient les fiefs de la Bouverie, de la Petite-Brunière, Hébert, Chaussée, Durand, des Vingt-cinq Journaux, Roulle, de Surgan, dont les devoirs sont détaillés dans le texte qu'on trouvera plus loin.

Les vassaux dépendant immédiatement de la châtellenie de Gorron sont ensuite énumérés : le sieur La Pallu et les héritiers de Colin de Lesbois pour le fief de Charbonnière ; ... des Vaux, écuyer, pour le domaine et seigneurie du Boisbrault ; le chevalier du Bailleul, pour les fiefs du Pré et de Brosse (c'est ce vassal qui, deux ans plus tard, se rendra acquéreur de toute la châtellenie) ; — enfin, le chevalier de la Ferrière, seigneur de Tessay, pour le fief Essenlay.

1. Aveu du prieur de Montguyon au cardinal de Mazarin, **1660**.

L'aveu énonce également les droits de haute, moyenne et basse justice ;... de marché, chaque mercredi ; de quatre' foires par an, deux aux jours Saint-Martin, en juillet et novembre, une le jour Saint-Laurent et la dernière le mercredi avant le jour des Rameaux. Au sujet du droit de prévôté, Odet de Ryantz proteste contre les prétentions des religieux de Saint-Guy (dix livres), du prieur de Nouvion (60 sols) et des dames de l'abbaye Blanche (dix livres) qui « ont accoutumé » de prendre ces sommes, soit vingt-trois livres, sur la « prévosté du dict Gorron ».

Les annales gorronnaises ne signalent aucun événement remarquable de 1633 à 1659, c'est-à-dire pendant les dernières années de la possession de la châtellenie par les Ryantz. Nous avons seulement trouvé, dans les registres de l'état civil, quelques indications relatives au temps et aux saisons.

1645, décembre : l'hiver a duré sept semaines, gelées continues ; — 1646 : il n'a point fait d'hiver ni aucune neige ; — 1649 : fort hiver de longue durée ; — 1654 : l'hiver commence fort tard et est « bien aspre » ; — 1658 : en février, grandes froidures, fâcheux hiver par neiges et gelées ; 29 mars : neiges importunes ; décembre, il tonna fort le jour de Noël, grands vents, inondations ; — 1659 : mai, gelée « qui a gasté les poires ».

VII. Famille du Bailleul.

Au moment d'aborder l'histoire des derniers barons de Gorron, il est nécessaire de détruire définitivement la légende d'après laquelle la famille du Bailleul, par l'acquisition de 1659, n'aurait fait que rentrer en possession d'une seigneurie déjà tenue par elle autrefois.

Nombreux sont les auteurs qui se sont faits les échos de cette opinion. D'après M. Trouillard [1], Pierre III du

1. *Notice sur Gorron*, p. 141 et 142.

Bailleul acheta, en 1659, la terre de Gorron qui avait déjà appartenu à sa famille... un siècle et demi auparavant. On lit dans Le Paige [1] : « La seigneurie de Gor-« ron est entrée dans la maison du Bailleul par l'acqui-

BAILLEUL DE HERCÉ : *d'argent à trois têtes de loup de sable arrachées, lampassées de gueules, 2 et 1.*

« sition qu'en fit Pierre II, seigneur du Bailleul, Coësme « et Lucé, en 1659. Cette terre avait déjà été dans cette « maison. En 1451, Jean du Bailleul fit offre au roi de « l'hommage de Gorron et, en 1500, Jean de Grippel, à « cause de Madeleine du Bailleul, fit la même offre d'hom-« mage ».

M. Robert Triger [2] mentionne également l'aveu de 1451 rendu par Jean II du Bailleul, écuyer, pour sa châtellenie de Gorron en Passais.

Enfin, dans les notes de M. Bernard [3], il est question de Jean du Bailleul, en 1451 ; de Joachim du Bailleul, en 1487, et de Madeleine du Bailleul, en 1500, comme possesseurs de la terre de Gorron.

Il y a eu évidemment, de la part de ces estimables annalistes, confusion entre deux familles absolument étrangères l'une à l'autre et n'ayant entre elles aucun lien de parenté, les de Bailleul de Renouard et les du Bailleul de Hercé.

1. *Dictionnaire de la province du Maine.*
2. *Les Étudiants Manceaux à l'Université de Caen (Revue hist. et arch. du Maine,* 1881, 3e livraison).
3. **Mss.** (Bibl. de Laval).

Les personnages cités par Le Paige et autres historiens comme barons de Gorron en 1451, 1487 et 1500 appartenaient certainement à la famille de Bailleul et ce n'est, sans contestation possible, qu'en 1659 que la châtellenie de Gorron entra dans la maison du Bailleul, par une acquisition au sujet de laquelle s'élevèrent, nous le verrons, de longues et nombreuses chicanes et procédures.

La généalogie des du Bailleul de Hercé a été donnée par M. Trouillard[1]. A son travail nous ajouterons des renseignements puisés dans des papiers de famille et dans les registres paroissiaux de Gorron et de Hercé. L'étude de M. Trouillard sur la maison du Bailleul est tirée d'un mémoire adressé à l'historien Le Paige par le sieur Le Boullenger, procureur fiscal de la baronnie de Gorron, curateur de Pierre V, marquis du Bailleul. Nous donnerons en appendice[2] la partie de la généalogie relative aux ancêtres de Pierre III, nous bornant à passer ici en revue les membres de la famille qui ont possédé la terre de Gorron.

1° Pierre III du Bailleul. — Né à Hercé, le 7 avril 1615, du mariage de Pierre du Bailleul et de Julienne de Barat, il fut baptisé[3] le 12 du même mois, jour des Rameaux. Il eut pour parrain son grand-père, noble Pierre du Bailleul, seigneur du dit lieu et de la Pierre, et pour marraine demoiselle Jeanne Le Cornu, dame du Boisbérenger.

Son père et sa mère moururent tous les deux en 1645.

Pierre II du Bailleul qualifié, en 1618, dans un acte de l'état civil[4], gentilhomme ordinaire de la chambre du roi, avait eu, outre Pierre III, trois enfants ; Michelle

---

1. *Notice sur Gorron.*
2. Pièces justificatives, VI.
3. Reg. de l'état civil de Hercé.
4. Reg. de l'état civil de Hercé.

et René, morts jeunes, et Jean-Baptiste, né en 1624 et vivant en 1675 [1].

Pierre III épousa, le 21 juillet 1663, Marguerite Le Feron, fille de ... Le Feron, président au Parlement de Paris, et de Marguerite Gallard. De cette union naquit Pierre IV, qui suit. La naissance de l'enfant précéda de peu le décès de sa mère, car Pierre III, le 27 juin 1664, prit la garde noble de son fils.

Vers cette époque [2], il est question d'un Julien du Bailleul, seigneur d'Orcise ; on ignore à quel degré il était parent de Pierre. Ce Julien du Bailleul, chevalier, est mentionné dans les registres baptismaux de Gorron, le 28 septembre 1698, comme étant le père d'un enfant naturel.

Vassal de Gorron pour les fiefs du Pré et de la Brosse *(aveu de 1657)*, Pierre III se rendit acquéreur de la baronnie en 1659. Nous avons déjà fait allusion aux procès auxquels cette acquisition donna lieu et nous verrons le successeur de Pierre III racheter, en 1700-1704, les terres de Gorron et du Bailleul, qui avaient été saisies et décrétées. La propriété de la seigneurie de Gorron ne fut donc définitive qu'entre les mains de Pierre IV du Bailleul. Cependant, quand Pierre III mourut, en 1688, il fut inhumé dans l'église de Gorron, comme seigneur du lieu, et, dans son acte de décès, il est qualifié baron de Gorron. Il paraît au surplus, ainsi qu'on le verra en examinant la série des procédures auxquelles Pierre III et son fils ont été mêlés, que c'est plutôt incidemment qu'il y est fait état de la terre de Gorron, proprement dite, telle qu'elle fut acquise en 1659 et qu'il s'agissait principalement des biens possédés antérieurement par la famille du Bailleul.

Bien que ces procédures aient débuté du vivant de Pierre III, nous allons, afin de n'en pas scinder la rela-

1. Livre baptismal de l'église Saint-Martin de Gorron (Arch. de la Mairie).

2. Cf. Trouillard, *Notice sur Gorron.*

tion, les analyser à l'article consacré à son successeur.

En 1669, Pierre III du Bailleul, chevalier, seigneur de Gorron, est homme de foi lige du seigneur de Mayenne à cause des fiefs de la Bublière, etc. ; il doit 94 boisseaux de froment de rente. A cause de la terre et seigneurie de la Biardière, en Vieuvy, il doit au même seigneur de Mayenne « toute subjection et droicts féodaux, le cas « advenant ». A la même date, les héritiers de Jean du Bailleul devaient au duché, à cause de la seigneurie de la Danvollière, pour deux pièces de terre nommées les Rochettes, 5 sols et 2 boisseaux d'avoine, mesure de Pontmain, foulés et comblés, à l'Angevine.

Julien du Bailleul, dont nous avons parlé un peu plus haut, était aussi, en 1669, homme de foi lige du seigneur de Mayenne, à cause de sa terre d'Orcise, en Larchamp. Il devait, à l'Angevine, 70 sols de taille ou devoir féodal et 20 boisseaux d'avoine, mesure de Pontmain, foulés et recomblés, plus 5 sols de cens à Noël. Julien du Bailleul est qualifié écuyer (Notes communiquées par M. Grosse-Duperon).

2° Pierre IV du Bailleul. — La date de sa naissance nous est connue, 1664. Il hérita, au décès de son père, en 1688, de la baronnie de Gorron. Le premier acte que nous ayons trouvé le concernant, en dehors du fameux procès et de sa garde noble, est celui de son mariage.

Le 20 novembre 1706, dans la chapelle de Marolles (Larchamp), fut célébrée l'union de messire Pierre-Louis du Bailleul, marquis, baron de Gorron, demeurant à Hercé, fils de défunt haut et puissant messire Pierre du Bailleul, seigneur du dit lieu, dit le marquis, baron de Gorron, et de Marguerite Le Feron, avec demoiselle Catherine Barin de la Galissonnière, demeurant dans la paroisse de Saint-Paul de Paris, fille de défunt seigneur messire Jacques Barin, marquis de la Galissonnière, seigneur de la Guerche, et de dame Éléonore Bidet.

De ce mariage naquirent :

1° Pierre-Gilbert-Anne, qui suit ; né au château du

Bailleul le 26 novembre 1707, il fut baptisé le lendemain dans l'église de Hercé ; son parrain fut René Gilbert des Vaux, sa marraine Marie-Anne de Mégaudais,
comtesse douairière de Froullay, représentée par Madeleine Pelier ;

2° Louis-Émerite, baptisé à Hercé le 3 octobre 1709.
Parrain : Louis-Henri Barin, seigneur de la Bidière ;
marraine : Émerite-Louise de Froullay. Ont signé à
l'acte : Marie-Émerite-Louise de Froullay, L.-H. Barin,
P. du Bailleul, de Mégaudais, dame de Froullay, M. F.
Cail, le chevalier de Froullay, Charles-François de
Froullay, Charles-Louis de Froullay, comte de Lyon,
Louis de Froullay, Charles-Emmanuel de Froullay.

En 1734 [1] il reçut l'ordre de prêtrise à Paris. Il fut
abbé de Bazelles, diocèse de Bourges, et serait mort en
1769.

3° Marie-Catherine-Eugénie, baptisée en l'église de
Hercé le 18 mars 1710. Parrain : messire Eugène de
Beaugy, seigneur de Goué ; marraine : Marie-Thérèse
Caille, marquise de Levaré. Elle fit profession de reli-
gieuse Ursuline à Rennes.

En 1711, Pierre-Louis du Bailleul fit jeter les fondements de son château et bâtiments neufs du Bailleul. Sa
mort, survenue trois ans après, interrompit les travaux ;
une seule aile du château était achevée. Il décéda, en
effet, le 13 février 1714 et fut inhumé dans l'église de
Gorron ; son cœur fut porté dans celle de Hercé.

Sa veuve fit ses preuves de noblesse, au nom de ses
enfants, à Tours, le 4 septembre 1716, fournissant tous
les contrats de mariage des du Bailleul depuis celui de
Pierre du Bailleul et de Marguerite des Vaux, du 7 juillet 1578. Elle mourut, en 1728, au château de Monty,
paroisse de Vallet, diocèse de Nantes, et fut inhumée le
18 juin, surlendemain de son décès, dans le chœur de
l'église de Vallet.

---

1. Mss. Le Boullenger (Archives de famille).

C'est à partir de Pierre IV que les barons de Gorron sont, dans certains actes publics, qualifiés marquis du Bailleul.

Abordons l'étude des procès qui se sont déroulés, de 1659 à 1704, au sujet de la possession de la baronnie de Gorron, et surtout, comme nous l'avons déjà remarqué, à l'occasion des terres appartenant, avant 1659, à la famille du Bailleul. Nous avons eu, grâce à l'obligeance de M. Louis Garnier, architecte à Laval, communication d'un volumineux dossier [1] qui relate les phases de cette procédure. Nous en avons extrait les passages essentiels. On y trouvera, par surcroît, la teneur et composition de la terre et seigneurie du Bailleul.

Les premiers feuillets manquent.

En octobre 1679, Jean-Baptiste du Bailleul, troisième fils de Pierre II du Bailleul et de Julienne de Barat, partie saisie, demeurant au château du Bailleul (probablement chez son frère aîné Pierre III, baron de Gorron), est intimé à comparaître devant les officiers tenant la barre ducale du duché-pairie de Mayenne pour voir procéder à la vérification des criées sur lui faites « des dites terres et seigneuries. » — Le sieur du Bailleul interjeta appel au parlement de Paris et succomba dans son « appellation ». — En 1680, un nouvel arrêt du parlement lui accorda un sursis de trois mois pour payer.

Les plaideurs alors en présence, J.-B. du Bailleul et la dame Dubocq, son adversaire, vinrent à mourir ; mais le procès leur survécut et se continua entre leurs héritiers.

En 1690, Pierre IV du Bailleul, neveu de Jean-Baptiste et son héritier pour une partie des domaines contestés, fut sommé de mettre ès mains des poursuivants copie collationnée du contrat de l'acquisition faite, par le défunt

---

1. Ce document est aujourd'hui classé aux archives départementales de la Mayenne. Acte sur parchemin comprenant trente-sept cahiers de huit feuilles et un de quatre feuilles. Porte le sceau des requêtes de l'Hôtel du roi.

sieur du Bailleul sur Odet de Ryantz, de la terre de Gorron. Les poursuivants avaient élu domicile à Gorron, en la maison de Jean Collin, notaire royal et marchand hôte au dit Gorron. L'huissier qui se présenta au château du Bailleul, pour saisir les meubles, trouva la porte fermée et se retira à Gorron, au domicile de François Le Boullenger dit Deschamps, procureur fiscal du sieur du Bailleul, auquel, parlant à sa femme, il laissa copie de l'exploit.

Surenchères, en 1693, de 4.000 à 10.000 puis à 16.000 livres.

Il est fait, à ce moment de la procédure, rappel d'un procès-verbal des 26 et 27 octobre 1678, portant saisie réelle et « mise en la main du roy » du château du Bailleul, composé de plusieurs chambres à cheminées, salles dessous, cabinets, greniers, écuries, tours, tourelles, pont-levis, enclos d'eau. Alentour du dit château, jardins, terres labourables et non labourables, prés, pâtures, garennes, bois de haute futaie, circonstances et dépendances, avec la métairie de la Porte... *Item*, la métairie de la Hamonière. *Item*, le lieu de Vevellaye, la métairie de la Basse-Forêt. *Item*, le moulin de Hercé, avec ses circonstances et dépendances, la métairie de la Pierre, le lieu du Bois-Angot, les métairies du Grand et du Petit-Vandemusson, la métairie de Dofais, le lieu, fief et seigneurie de la Cour de Hercé, le lieu, fief et seigneurie de la Briardière, la métairie des Bouillons, ainsi que le tout se poursuit et comporte, et appartient aux sieurs du Bailleul (Pierre III et Jean-Baptiste), tant de succession que d'acquêt. A cette saisie il avait été obtenu de comprendre les fiefs et seigneuries de Lucé et de Coësmes, consistant en rentes féodales et autres devoirs dus par plusieurs sujets et vassaux pour immeubles et terres nobles sis dans les paroisses de Couesmes et de Brecé.

En 1695, Pierre-Louis du Bailleul éleva des contestations au sujet des poursuites exercées pour parvenir à l'adjudication des terres du Bailleul, Vaudemusson,

Gorron, Belleplante, etc., saisies sur le défunt Pierre du Bailleul, son père.

L'adjudication en fut cependant faite en la chambre des requêtes de l'Hôtel, le 2 juin 1704. Le procès-verbal énumère les terres et fiefs ainsi devenus, sans contestation ultérieure, la propriété de Pierre IV du Bailleul et de ses héritiers.

« Le 2 juin 1704, nous avons, dit le jugement, au dit Poussechat, procureur ce requérant, comme le plus offrant et dernier enchérisseur (36.400 livres), adjugé et adjugeons par ces présentes le fonds, tréfonds et propriété des choses qui ensuivent : la terre et seigneurie du Bailleul, consistant en un chasteau, principal manoir, et, en outre, la métairie de Brilhault, avec ses circonstances et dépendances ; *item*, la closerie de Brilhault, avec ses dépendances, relevant à foi et hommage du sieur marquis de Nonant, à cause de la terre de la Gauberdière ; *item*, la métairie du Pré, avec ses circonstances et dépendances, relevant noblement du dit Bailleul, par les fiefs de Couesmes et Lucé ; *item*, le moulin Peret, aussi en relevant par ledit fief, les dites deux métairies, closerie et moulin situés paroisse de Gorron ; le moulin du Bailleul, le moulin de la Graffardière ; *item*, deux petites closeries situées au bourg de Hercé, l'une tenue par le nommé Duhier et l'autre par Jacques Fouilleul, de laquelle le défunt sieur du Bailleul en avait fait son fief, son domaine, comme relevant de lui à cause de ses seigneuries du Bailleul et de la Pierre ; *item*, la métairie du Domaine, qui a été construite dans le domaine de la dite terre du Bailleul et en dépendant avec ses circonstances et dépendances, le tout situé en la dite paroisse de Hercé. *Item*, les fiefs, dépendances des dites seigneuries du Bailleul et de la Pierre, qui consistent en deux fiefs de Villeneuve, le fief de la Haute-Meslinière, le fief de Baugerye, le fief de la Belocière, le fief des Halloteries, le fief Hamelin Boisangot, le fief de la Vannerie, le fief de la Mennerie, le fief de la Motte-Hertaux, le fief de

Lorière, le fief Moquesouris, ..., le fief de la Vieuville, le fief de la Jariais, le fief de la Petite-Besnardière,
le fief de la Haute et Basse-Bouflière, le fief du Petit-
Bois, tous lesquels fiefs étant et dépendant des dits fiefs
du Bailleul et la Pierre, les vassaux et sujets d'iceux
obligés lui payer les rentes seigneuriales et féodales
pour chacun an, le tout en la paroisse de Hercé. *Item*, les
autres fiefs dépendant du dit Bailleul par les dits fiefs de
Coësmes et Lucé, qui consistent sçavoir : le fief de la
Basse-Poissonnière, le fief de la Haute-Poissonnière, le
fief de la Couesnière, le fief de la Bartillière, le fief de la
Cuissery, le fief du Clos-aux-Portes, le fief pré Girard,
le fief des Portes, le tenement Taichet, la maison et le
jardin des fossés, le fief des Besnardières, le fief tenement
Quentin, le fief Champ-du-Pommier, le fief Colin Belin,
le fief Meneris-Montroux, le fief Menerie-aux-Coupeaux,
fief Boufrière, fief Haute-Joustière, fief Basse-Joustière,
fief trois clos d'iceux, fief champ Jarry, fief clos Guyot,
fief clos Grappé, fief pré de Lucé, fief et maison des Rameaux, fief pré Clos-aux-Portes, fief jardin André Doré,
fief aîné Roignoux, fief courty Augé, fief courty d'entre
les eaux, fief clos Neuf, fief et tenement Saint-Étienne, fief
de la Landrière et généralement tous autres fiefs et terres
qui en peuvent dépendre. Les sujets des dits fiefs étant
tenus et obligés de payer les rentes par eux dues à la
dite seigneurie du Bailleul à cause de la dite seigneurie
de Coësmes et Lucé. Et au surplus de ce que dessus les
dites terres du Bailleul et la Pierre composées du château du Bailleul, deux cours closes entourées d'eaux et
douves, pont-levis, un grand parc de bois de haute futaie
clos en partie de murailles, le jardin du dit lieu à côté.
La dite terre et seigneurie de la Pierre composée de
maisons, granges, étables, appartenances et dépendances. Le tout noble. Métairie de la Porte, métairie des
Bouillons, métairie de la Thiérilais, la Hamonnière, le
tout paroisse de Hercé, dépendant du dit Bailleul et la
Pierre ; plus la métairie des Bourretières, paroisse de

Colombiers, aussi en dépendant. *Item*, le lieu de la Forêt, paroisse de Hercé, relevant de la seigneurie de Fontaine-Daniel par le fief de la Brihansais ; *item*, deux pièces de terre situées au lieu de Villeneuve en la dite paroisse et contenant cinq journaux environ, joignant et boutant les terres de Villeneuve appartenant aux nommés Garnier et Jean Le Pouriel, sieur de la Jubiardière ; *item*, les bois de haute futaie, étangs, droits de chasse et pêche, lods et ventes, et issues, rachats et tous droits généralement quelconques appartenant et dépendant des dites terres, fiefs et seigneuries du Bailleul, La Pierre, Coësmes et Lucé, et dont tout ce que dessus dénommé en métairies et closeries, moulins, prés et étangs sont la composition des dites terres et seigneuries du Bailleul et la Pierre, et sont réunies les terres sujettes aux dits fiefs de Coësmes et Lucé situées dans les paroisses de Gorron et Brecé, et autres endroits voisins. »

Le 5 juin 1704, le procureur Poussechat déclare que l'adjudication à lui faite est au nom de messire Pierre-Louis du Bailleul.

Le document que nous venons de reproduire se termine par la quittance du prix d'adjudication.

« Je soussigné, Jacques Thibert, sieur des Martrais,
« conseiller du roy et receveur des consignations des
« requestes de l'Hostel, reconnois avoir reçu de messire
« Pierre-Louis du Bailleul, chevallier, seigneur du dit
« lieu, Goron et autres lieux, la somme de trente six mil
« quatre cens livres en escus de quatre livres, savoir
« 8.460 livres le 21ᵉ de ce mois, 4.000 livres le 23 du dit
« mois et le surplus ce jourd'huy. Moyennant laquelle
« somme luy a esté adjugé par decret des resquestes de
« l'Hostel du 2 juin 1704 la terre et seigneurie du Bail-
« leul, Couesme et Lucé, circonstances et deppendances,
« saisies réellement et vendues sur lui comme héritier
« bénéficiaire de messire Pierre du Bailleul, son père, à
« la requeste de Jean Huperel, subrogé au lieu des sieur
« Briçonnet d'Oisonville et consorts. Fait à Paris, le
« 25 juin 1704. Signé : Thibert. »

C'est ainsi qu'après bien des péripéties, la famille du Bailleul put enfin jouir en paix des terres et seigneuries du Bailleul et de Gorron qui avaient « passé au décret et bail judiciaire ». La qualité d'héritier bénéficiaire donnée à Pierre-Louis du Bailleul suffit à établir l'origine de ces longs procès : ils étaient évidemment intentés par des créanciers. Toutefois, le baron de Gorron revint à meilleure fortune, puisqu'il se trouva en mesure de racheter les biens paternels. Nous le voyons taxé, sur estimation très mitigée de sa terre du Bailleul, à un revenu de 3.000 # [1].

Du vivant de Pierre-Louis du Bailleul et de son père, les éphémérides gorronnaises relatent, en plus des renseignements sur les circonstances climatériques fournis par les registres paroissiaux, quelques événements intéressants, tels qu'épidémies et passages de troupes. Les voici en ordre chronologique :

1660. — Grandes gelées, froidures et neiges pendant six semaines ; hiver pourri.

1661. — Le lundi 16 janvier, sur les 7 heures du matin, tremblement de terre.

En avril temps « adonné à la pluye ».

Pluies continuelles pendant le mois de mai.

1681. — Vent qui brise les fenêtres de l'église.

1692. — Au mois de mai, le régiment de Tulle-Infanterie, composé de treize compagnies, passa par Gorron et y séjourna huit jours. M. le marquis de Sanbœuf en était colonel [2].

La même année, le 25 octobre, une compagnie de dragons « habillés en vert » (dragons d'Asfeld), vint à Gorron et y resta jusqu'au mois d'avril suivant. La compagnie colonelle avait pris à Ernée ses quartiers d'hiver [3].

1693. — Au mois d'août, le régiment catalan et le

1. Cf. A. Angot, *Dict. hist. de la Mayenne*, t. I, p. 136.
2. Mss. de M⁰ Mathieu Le Boullenger (Arch. de famille).
3. *Ibid.*

régiment des dragons de Languedoc passèrent un jour
à Gorron [1].

1695. — Les registres de l'état civil mentionnent en
décembre la naissance de deux enfants naturels dont la
paternité est, à tort ou à raison, mais en tous cas avec
quelque peu d'indiscrétion, attribuée à des cavaliers du
régiment de Roquepine, de passage à Gorron dans les
premiers mois de cette année.

1700. — « L'an 1700, le 2 février, jour de la fête de la
« Chandeleur, sur les dix heures du matin, heure de
« grand messe, il s'est élevé un vent et tempête si vio-
« lents que plusieurs édifices et bâtiments furent renver-
« sés de fond en comble, comme la grange dimeresse du
« presbytère de Gorron. Plusieurs arbres fruitiers,
« comme pommiers et poiriers, et bois de haute futaie,
« comme celui du Bailleul, furent cassés et brisés par
« morceaux, et les habitants ne pouvaient paraître
« dehors sans être renversés par terre [2]. »

1703. — « Le 8 janvier, sur les 4 heures du matin, il
« s'est élevé un grand vent qui a renversé les halles du
« marché de cette ville de Gorron et plusieurs autres
« bâtiments, ainsi que les arbres fruitiers et autres [3]. »

1705. — « Les maladies contagieuses de la dyssente-
« rie ont été si violentes en la paroisse, depuis la Tous-
« saint jusque vers le mois de mars, qu'il est mort la
« plus grande partie des habitants ; des maisons ont été
« vidées à l'entier et un nommé Jean Prodhomme a été
« obligé d'aider à porter et mettre sa femme en terre
« dans le cimetière de cette église, ainsi que j'ai vu [4]. »

1709. — « Le 6 janvier, fête des Rois, le froid et la
« gelée ont commencé et ont duré et ont continué l'es-
« pace de sept semaines, si violents que la plus grande
« partie des arbres ont péri, fendus jusqu'à la racine,

1. Mss. Le Boullenger.
2. *Ibid.*
3. *Ibid.*
4. *Ibid.*

« comme noyers et châtaigniers. Les blés manquèrent et
« furent désemencés ; on fut obligé de semer de grosses
« avoines qui devinrent belles et bonnes. Les eaux des
« rivières et étangs étaient si glacées partout qu'il des-
« cendit beaucoup d'oiseaux étrangers, comme cygnes,
« oies sauvages et autres ; de manière qu'on appelle
« communément cette année l'année du grand hiver [1]. »

1710. — « Au mois de juin, il a fait un orage qui a
« duré plus de vingt-quatre heures, si violent et reten-
« tissant qu'on en a point entendu ni vu un si violent.
« La foudre tomba vers les Ponts Neufs [2]. »

1713. — « Au mois d'octobre, vers 7 heures du soir,
« a eu lieu un tremblement de terre dans les provinces
« du Maine et d'Anjou, si fort qu'il a fait tinter les clo-
« ches, ainsi qu'on m'a assuré [3]. »

L'année même où Pierre-Louis du Bailleul succédait
à son père comme baron de Gorron, c'est-à-dire en 1688,
eut lieu un événement assurément digne de mémoire.
Le fait que nous allons relater est tout à la louange des
braves Gorronnais, nos ancêtres ; s'ils n'ont pas, ainsi
que nous le verrons, couru de réels dangers, ils n'en
ont pas moins montré avec quel courage ils se dispo-
saient à les affronter.

Dans le tome IV du *Dictionnaire historique de la
Mayenne*, de M. l'abbé Angot, v° Gorron, on lit une
phrase bien de nature à piquer la curiosité : « Si tout
« n'est pas de pure imagination dans l'aventure des
« bourgeois de Gorron partis en guerre, curé en tête,
« contre le stathouder de Hollande, Guillaume d'Orange,
« qui menaçait la France d'une invasion, l'expédition
« racontée dans une pièce héroï-comique par un élève
« du Petit-Séminaire de Mayenne (Victor David) aurait
« eu pour chef François de Pennard, curé de 1684 à
« 1692. »

1. Mss. Le Boullenger.
2. *Ibid.*
3. *Ibid*

Disons tout de suite que cette aventure, ou plutôt cette expédition, n'a point été inventée par le poëte qui l'a mise en vers. Elle est très réelle et nous en donnons le véridique et naïf récit qui a pour auteur M⁰ Mathieu Le Boullenger, l'annaliste auquel nous avons déjà fait de fréquents emprunts. Or, M⁰ Mathieu Le Boullenger était contemporain de notre croisade gorronnaise ; il est né en 1687 et son livre familial a été commencé en 1714 [1].

« L'an mil six cent quatre-vingt-huit, il s'est élevé ici
« un bruit que les ennemis, sous la conduite du prince
« d'Orange, avaient débarqué du côté de la Hogue et
« avaient descendu en le pays et qu'on les croyait être à
« Lépinay et Passais, de manière que la plus grande
« partie des habitants et bourgeois de cette ville s'enfui-
« rent avec leurs femmes et leurs enfants, et cachèrent
« et emportèrent le plus qu'ils purent de leurs effets et
« meubles, y étant épouvantés par le tocsin et son des
« cloches qui sonnaient non seulement ici mais en toutes
« les paroisses voisines. Et ceux qui restèrent et eurent
« du cœur prirent les armes et allèrent au devant d'eux
« à la suite de messire François de Pennard, prêtre curé
« du dit Gorron, qui, montant à cheval à leur tête, après
« leur avoir donné une bénédiction générale, ils furent
« tous encore environ trois cents jusqu'aux landes de la
« paroisse de Lesbois où ils apprirent que c'était une
« fausse alarme ; quoi voyant, ils s'en revinrent tous à
« l'église de Gorron, où ils chantèrent un *Te Deum* en
« actions de grâce ; et, le dimanche ensuivant, ils firent
« des feux de joie dans une pièce de terre située derrière
« cette église où ils firent des décharges de coups de

1. Mathieu Le Boullenger, sieur de la Courçonnais, fils de François Le Boullenger, sieur des Champs, et de Jeanne Gouger, né à Gorron le 23 novembre 1687, licencié ès-lois de l'Université d'Angers en 1714, avocat au parlement de Paris en 1721, procureur fiscal de la baronnie de Gorron en 1723, procureur de la fabrique de l'église de Gorron en 1727, avocat de la châtellenie de Saint-Aubin-Fosse-Louvain en 1732, avocat de la baronnie de Gorron en 1738, puis bailli de Gorron. Mort à Gorron le 16 janvier 1742.

« fusils, de manière que la pièce de terre a retenu le
« nom du prince d'Orange, qu'on l'appelle communé-
« ment aujourd'hui [1]. »

Voilà le fait authentique [2]. Nous possédons une copie
de l'œuvre de « pure imagination » due à la verve juvé-
nile de l'ancien rhétoricien du Petit-Séminaire de
Mayenne, aujourd'hui R. P. David, S. J., missionnaire
en Chine depuis plus de trente-cinq ans. Quelqu'intéressante que soit cette narration, où les scènes sont
retracées avec beaucoup d'esprit et une évidente connaissance des mœurs gorronnaises, elle nous paraît trop
fantaisiste dans ses détails, dans le choix des noms des
héros chantés, les propos qui leur sont prêtés et leurs
faits et gestes, pour trouver place dans une étude rigou-
reusement historique.

3° *Pierre V du Bailleul.* — Pierre-Gilbert-Anne du
Bailleul, fils aîné de Pierre-Louis du Bailleul et de
Catherine Barin de la Galissonnière, né au château du
Bailleul le 26 novembre 1707, n'avait que six ans à la
mort de son père, en février 1714.

Le 6 décembre 1727, il fut « émancipé par voix de
« parents en la sénéchaussée du Maine, au Mans, duquel
« moi Mathieu Le Boullenger (écrit le procureur fiscal
« de la baronnie), en étais établi tuteur aux causes [3]. »

Il perdit sa mère en 1728 et épousa, l'année suivante,
Françoise-Thérèse de Montécler. Leur contrat de mariage [4], en date du 12 février 1729, fut dressé par Mᵉ Julien
Gobé, notaire royal à Gorron. Mᶜ Mathieu Le Boullenger
y signa comme tuteur aux causes.

---

1. La pièce de terre dont il est question porte encore aujour-
d'hui le nom de champ d'Orange (n° 210, sect. A du plan cadastral).

2. Disons que le bruit de la descente des Anglais en France ne se
répandit pas seulement aux environs de Gorron. M. Laurain veut
bien nous signaler une information faite à Laval en 1690, de laquelle
il résulte que l'année précédente on avait cru dans cette ville que
les Anglais étaient à Mayenne.

3. Mss. Le Boullenger.

4. On en trouvera la copie aux pièces justificatives, VII.

La cérémonie religieuse eut lieu le 20 février 1729.

« Mariage, dans la chapelle du château de Montécler,
« de haut et puissant seigneur messire Pierre-Gilbert-
« Anne, marquis du Bailleul et baron de Gorron, lieute-
« nant au régiment du Roi-Infanterie, et de haute et
« puissante demoiselle Françoise-Thérèse de Montécler,
« fille de haut et puissant seigneur messire feu Georges-
« François de Montécler, en son vivant chevalier, mar-
« quis du dit lieu, et de Anne de la Matraye, demeurant
« de présent dans la ville de Mayenne. Parmi les per-
« sonnes présentes, Marie-Georges-François de Monté-
« cler, chevalier de l'ordre de Saint-Jean de Jérusalem [1]. »

De ce mariage naquirent :

1° Françoise-Marie du Bailleul, née le 8 décembre 1729,
ondoyée le même jour dans la chapelle du château du
Bailleul et baptisée le 21 novembre 1730. Parrain :
Messire Joseph-François, marquis de Montécler ; marraine : Marie-Catherine-Eugénie du Bailleul, tante de
l'enfant, et alors âgée de vingt ans. Elle entra plus tard
au couvent des Ursulines de Rennes ;

2° Louise-Hyacinthe-Pulchérie du Bailleul, née le
23 janvier 1731 [2], baptisée le 20 juin 1732. Son parrain
fut son oncle paternel, haut et puissant Louis-Émérite,
abbé du Bailleul, diacre, bachelier en Sorbonne ; sa
marraine, haute et puissante dame Hyacinthe de Menou,
épouse de Joseph-François, marquis de Montécler. Elle
devint religieuse à l'hôpital de Château-Gontier (ou :
Azé), et mourut en 1776, après avoir vécu en grande
édification [3] ;

3° Anne-Victoire-Félicité du Bailleul, née au château
du Bailleul le 25 janvier 1732, baptisée en l'église de
Hercé, le même jour que sa sœur Louise-Hyacinthe-
Pulchérie. Elle eut pour parrain et marraine Henri-Louis
de Cumont, marquis du Puy, et sa femme ;

---

1. Reg. paroissiaux de Hercé (et civ.).
2. Le 27, d'après le Mss. Le Boullenger.
3. A. Angot, *Dict. hist. de la Mayenne*, t I. v° Bailleul, p. 136.

4° Pierre-Gilbert-Jean-Baptiste du Bailleul, né le 29 avril 1733, baptisé le 2 mai suivant. Parrain : Pierre-René-Gilbert des Vaux, marquis de Levaré ; marraine : Anne-Thérèse-Antoinette de la Roussardière. Il mourut jeune, à une date que nous ignorons, mais certainement avant 1737, époque du décès de son père ;

5° Un fils, né le 14 juillet 1736, mort le 21 août suivant. Il fut inhumé dans le chœur de l'église de Hercé ;

6° Une fille, aussi morte en bas âge ; elle fut ondoyée le 6 octobre 1737 [1].

En 1736, le marquis Pierre-Gilbert-Anne alla habiter Mayenne ; il y mourut le 22 janvier 1737. Son corps fut inhumé dans l'église de Gorron et son cœur déposé dans celle de Hercé [2].

Avec lui s'éteignit la lignée mâle des du Bailleul de Hercé ; ils furent, ainsi que le proclament les annales et les actes publics, de hauts et puissants seigneurs ; plusieurs d'entre eux occupèrent des charges, tout au moins honorifiques, à la cour et à l'armée.

Le frère du dernier marquis du Bailleul, Louis-Émérite, entra dans les ordres : il fut abbé commendataire de l'abbaye royale de Bazelle et grand-vicaire du diocèse de Rodez. A sa mort, survenue avant 1771, il laissa de lourdes dettes. Aussi ses nièces, les demoiselles du Bailleul, jugèrent-elles prudent de n'accepter sa succession que sous bénéfice d'inventaire. Ses biens furent vendus sur adjudication : ils consistaient en la métairie du Rocher, en Gorron, la métairie des Bouffetières, le fief et seigneurie de la Cour-de-Hercé, la métairie du même nom, la closerie de la Thiérilais, la métairie du Pré. Le Rocher, notamment, fut adjugé le 30 juillet 1771 à Jean-Ambroise Péan, notaire à Gorron, pour le prix de 19.300 livres, charges et devoirs en sus. L'un de ces devoirs consistait dans l'obligation pour l'acquéreur

---

1. Les renseignements ci-dessus sont extraits des registres de l'état civil de Hercé.

2. Mss. Le Boullenger.

« d'aller tourner moudre son grain au moulin de Gor-
« ron, appartenant aux demoiselles du Bailleul [1]. »

La marquise du Bailleul prit, à la mort de son mari,
en 1737, la garde noble de ses trois filles, c'est-à-dire
qu'elle exerça vis-à-vis de ses enfants les droits que la
coutume donnait aux veuves nobles sur les biens de leurs
maris décédés. Le même Mathieu Le Boullenger qui
avait déjà été curateur de Pierre V, le fut encore de ses
enfants. Il fut nommé à ces fonctions par voix de parents
au siège de la barre ducale de Mayenne [2]. Un inventaire
des effets et meubles garnissant le Bailleul fut dressé en
sa présence par Me Julien Gobbé, notaire à Gorron.

La marquise du ,Bailleul mourut à Mayenne le 29
août 1772.

Me Mathieu Le Boullenger [3] note qu'en 1725, « la
« cherté des grains a été si excessive que, le mercredi
« 11 du mois de juin, j'ai fait délivrer par police, comme
« procureur fiscal de cette baronnie, aux bourgeois de
« cette ville de Gorron, au marché public, savoir : le
« boisseau de blé seigle, pour 20 # ; le boisseau de
« carabin, 9 # ; celui d'avoine, 7 #. »

Cette même année 1725, l'église fut découverte « par
« le vent [4]. »

4° *Françoise-Marie du Bailleul et Victoire-Anne-
Félicité du Bailleul.* — Elles furent les dernières de
leur famille à posséder la baronnie de Gorron. Nous
avons vu que leur sœur, Louise-Hyacinthe-Pulchérie,
mourut en 1776 ; aussi figurent-elles seules, en qualité
de dames du Bailleul, Gorron, etc., dans l'aveu de 1787-
1788.

On dénommait couramment l'aînée des deux sœurs
Mademoiselle du Bailleul et la plus jeune Mademoiselle
de Lucé. Ce n'est pas qu'elles aient partagé les seigneu-

1. Archives de famille. Titres de propriété.
2. Me Mathieu Le Boullenger, Mss.
3. Me Mathieu Le Boullenger, Mss.
4. *Ibid.*

ries qu'elles tenaient de leurs ancêtres ; elles semblent, au contraire, les avoir possédées indivisément jusqu'à la Révolution.

Elles habitaient ordinairement Mayenne, où leur père avait fixé sa résidence. Leur demeure était située dans la Grande-Rue. Elle a été démolie il y a une vingtaine d'années et remplacée par deux maisons qui se trouvent aujourd'hui à l'angle de la dite Grande-Rue et de la rue Chaulin-Servinière [1].

Gorron, au cours des années pendant lesquelles les demoiselles du Bailleul en possédèrent la baronnie, fut affligé de calamités dont le souvenir a été conservé.

En 1739, la disette fut si grande qu'on fut obligé de faire venir des grains d'Écosse et d'autres pays, et de les distribuer « par autorité de justice et police [2]. »

« Le 6 janvier 1740, jour de la fête des Rois, le froid « a commencé et duré presque trois mois entiers... Les « arbres ont fendu jusqu'en terre, les blés ont été dése- « mencés et les grosses avoines d'hiver ont manqué ; les « artichauts, les choux et autres légumes ont péri, de « manière qu'on croit que cet hiver a été plus violent « que celui de 1709 [3]. »

Les registres de l'état civil [4] mentionnent à la date du 11 novembre 1740 un « phénomène » analogue à celui, plus récent, des fameux frères Siamois : « J'ai... inhumé « deux enfants mâles, jumeaux, se tenant tous les deux « par les côtes, lesquels ont été baptisés par la sage- « femme, suivant sa déclaration et celle de deux témoins, « la mort étant intervenue avant qu'ils fussent tout à « fait au monde. »

En 1741, « inondations telles que l'on en a jamais vu « de pareilles ayant fait de tels ravages [5]. »

<hr>

1. Grosse-Duperon, *Souvenirs du vieux Mayenne*, p. 283, et note mss.
2. Mss. Le Boullenger.
3. Mss. Le Boullenger.
4. Archives de la mairie de Gorron.
5. Mss. Le Boullenger.

En 1771, 1772, 1779, 1782 et 1783, sévirent des épidémies propagées par les faux-saulniers libérés de la prison d'Ernée. En 1772, notamment, sur une population de 1.200 habitants, il y eut 430 malades et 91 décès [1].

Les « dames » du Bailleul se firent représenter à l'assemblée de la noblesse du Maine, en 1789.

M. Grosse-Duperon [2] relate un fait qui est tout à leur honneur et montre quelle était leur délicatesse. Elles possédaient, à Mayenne, des maisons et jardins dépendant de la seigneurie d'Orthe. Bien que la loi eût aboli lors de la Révolution les droits féodaux, elles ne voulurent pas en profiter et en offrirent l'amortissement au duc et à la duchesse de Mayenne Honoré-Anne-Maurice Grimaldi-Valentinois et Louise-Félicité-Victoire d'Aumont. Elles leur payèrent, le 20 décembre 1792, une somme de 5.328 # pour le « parfait rachat, extinction « et amortissement de tous droits, redevances, presta- « tions, devoirs, corvées réelles, et autres charges « annuelles et perpétuelles, casuelles et éventuelles géné- « ralement quelconques, tant foncières que ci-devant « seigneuriales, féodales et censuelles, dues à la terre « et ci-devant duché de Mayenne. »

La vente des biens du clergé et les divisions religieuses avaient jeté le trouble dans la population de Mayenne. Mlles du Bailleul, qui étaient dames de charité des prisonniers, donnèrent leur démission en janvier 1792, dans l'impossibilité où elles se voyaient, par suite de la scission que la Constitution civile avait produite dans le clergé, d'exercer utilement leur influence morale et religieuse (Note manuscrite de M. Grosse-Duperon).

Le 4 brumaire an II (25 octobre 1793), le comité révolutionnaire de Mayenne imposa des taxes à plusieurs

---

1. Questionnaire de 1788. Rép. à la quinzième question (Pièces justificatives X); Arch. d'Indre-et-Loire.

2. Grosse-Duperon, *Souvenirs du vieux Mayenne*, p. 94 et note mss.

« gens riches » déclarés suspects. De ce nombre furent
« les Dubailleul », qui durent verser 3.000 *#* [1].

Le 8 thermidor an II, elles furent mises en état
d'arrestation par le comité de surveillance de Mayenne.
Le représentant Boursault, en mission dans le département, en fut informé et les fit transférer dans les prisons de Chartres. On leur reprochait d'avoir écrit à
l'abbé Jaillé, grand-vicaire de l'évêque du Mans, pour
obtenir l'autorisation de faire célébrer la messe chez
elles. La réponse du grand-vicaire avait été intercep-
tée. De plus, des filles de chambre des demoiselles du
Bailleul avaient été surprises par des soldats au moment
où elles cherchaient à sauver certains papiers appartenant à leurs maîtresses. Il paraît cependant qu'une partie de ces papiers échappa à la confiscation. La mère de
M. Bourdon, ancien notaire à Mayenne, les cacha sous
le parquet du salon de la maison qu'elle habitait, cour
Hélier. Ils y furent retrouvés, quelque peu endommagés
par l'humidité, et remis à Mademoiselle du Bailleul à
son retour de captivité [2].

Mademoiselle du Bailleul revint, en effet, seule à
Mayenne. Sa sœur, Mademoiselle de Lucé, mourut en
prison, à Chartres [3].

Le plus bel éloge qui puisse être fait d'elles est consi-
gné dans un rapport de l'agent national de Mayenne
au comité de Salut public :

« Françoise du Bailleul, ci-devant noble, détenue à
« Chartres. Elle vivait avec sa sœur à Mayenne. Elle
« était en relations avec Jaillé, vicaire général de l'évê-
« que du Mans. Sa jeune sœur est morte. L'évêque leur
« permit d'entendre la messe chez elles en 1791. Les
« deux sœurs étaient fort charitables et partageaient
« leurs revenus avec les pauvres. »

---

1. Grosse-Duperon, *Souvenirs du vieux Mayenne*, p. 442 et 446.
2. Ch. Trouillard, *Notice sur Gorron*.
3. *Ibid...* Une note trouvée dans des papiers de famille indique
Rambouillet comme étant le lieu de décès de Mademoiselle de Lucé.

Mademoiselle Françoise-Marie du Bailleul reprit, à Mayenne sa vie de charité et de dévouement. M. Louis Garnier a bien voulu nous communiquer une intéressante correspondance écrite, de 1800 à 1808, par la châtelaine du Bailleul ; toutes ces lettres montrent l'inépuisable générosité avec laquelle elle pourvoyait aux besoins de M. l'abbé Garnier, curé de Hercé ; non seulement elle lui offre l'hospitalité au Bailleul, mais elle lui procure, dans le bourg de Hercé, une habitation à sa convenance ; elle lui donne, en outre, des objets du culte tels qu'ostensoir, encensoir et calice, et s'ingénie à satisfaire tous les désirs de ce vénérable prêtre qui avait, comme elle, connu les rigueurs de la captivité.

Mademoiselle du Bailleul mourut à Mayenne le 15 juillet 1811 [1].

Son nom a été donné, il y a une douzaine d'années, à une des rues de la ville « où elle avait laissé le souvenir d'une charité inépuisable. » M. Grosse-Duperon, l'infatigable et savant historien des gloires mayennaises, qui a fait revivre tant d'événements, d'institutions et de coutumes, se chargea de mettre en lumière les personnages qui avaient, à un titre quelconque, illustré la ville de Mayenne et dont les noms furent attribués à certaines voies. Voici la notice consacrée par M. Grosse-Duperon à Françoise du Bailleul et qu'il a eu l'amabilité de nous communiquer : « Mlle Françoise du Bailleul et sa sœur
« avaient laissé le souvenir d'une charité inépuisable.
« Une bourse pleine de sous était, chaque jour, la part
« des pauvres et bon nombre de pièces blanches, mêlées
« parmi le billon, faisaient le bonheur des indigents.
« Anne-Victoire-Félicité disait des pièces blanches : « Ce
« sont les surprises que le bon Dieu fait aux pauvres, et
« leur joie me récompense trop. » — Comme on faisait
« remarquer à sa sœur Françoise-Marie que les pièces
« d'argent pouvaient être données à des pauvres qui ne

---

1. En son domicile, Grande-Rue (Reg. état civil de Mayenne, Archives du greffe du tribunal civil).

« méritaient guère cette générosité, elle répondait : « Ne
« sont-ils pas tous malheureux ? Si je puis adoucir pen-
« dant un jour leur misère, je suis contente. »

Avec elle s'éteignit la famille des du Bailleul de Hercé.
Sa succession fut dévolue aux de Montéclerc et aux de la
Galissonnière, ses cousins. Elle comprenait, notamment,
les halles et la prison de Gorron [1], ainsi que les prés
des Mottes, qui échurent au comte de la Galissonnière.

Le château du Bailleul fut acquis par M. Le Dauphin-
Blinière et transmis par lui à ses héritiers.

§ III. — LA CHATELLENIE DE GORRON : ÉTENDUE, COMPOSITION, DROITS ET PRÉROGATIVES.

Notre étude sur la seigneurie de Gorron ne serait pas
complète si nous ne précisions pas, à l'aide des documents authentiques que nous avons pu consulter, la
composition et l'étendue [2] de cette baronnie à la veille
de sa disparition, ainsi que les droits divers appartenant à ses possesseurs.

1. En 1813, M. de la Gallissonnière, à une demande d'acquisition
à lui adressée par M. Garnier, maire de Gorron, répondit que les
halles et la prison avaient été vendues à M. Férard (correspond.
du cabinet de M. L. Garnier). La commune de Gorron se rendit
acquéreur de ses immeubles en 1820 (Reg. de la mairie. Délibération du 12 mars 1820), moyennant un prix de 10.000 francs.

2. M. Léon Maître, dans l'introduction de son *Dictionnaire topographique de la Mayenne* (Paris, imprimerie Nationale, 1878),
mentionne Gorron, un des lieux les plus anciens du Bas-Maine,
au nombre des mouvances féodales de la sénéchaussée du Maine et
donne la liste suivante des fiefs vassaux de la châtellenie de Gorron : La Baconnière, h., commune de Vieuvy ; Beslay, moulin,
commune de Cigné ; Le Bois-Bouvier, f., commune de Colombiers ;
le Boisbrault, f., commune de Gorron ; le Brillançais, h., commune de Hercé, dont la seigneurie s'étendait sur Colombiers, Larchamp, Saint-Aubin-Fosse-Louvain, Saint-Berthevin-la-Tannière,
Saint-Denis-de-Gastines et Montaudin ; la Brosse, f., commune
de Gorron ; la Charbonnière, éc., commune de Châtillon-sur-Colmont ; la Charbonnière, h., commune de Brecé ; la Cour-aux-
Dames, h., commune de Saint-Aubin-Fosse-Louvain ; le Plessis-

Un aveu du 20 septembre 1787, dont le texte complet sera donné aux pièces justificatives [1], dénombre les terres, fiefs et seigneuries que les demoiselles du Bailleul tenaient alors à foi et hommage simple, de très haut, très puissant et très excellent prince Monseigneur Louis-Stanislas-Xavier, duc d'Anjou, comte de Provence et du Maine, fils de France et frère du roi.

Les demoiselles du Bailleul y prennent la qualité de dames de Gorron. Elles étaient propriétaires dans cette paroisse, ainsi que nous l'avons vu, des halles, de la maison servant de prison et des prés des Mottes. Elles y possédaient les six fiefs de Villeneuve et jouissaient, en outre, des droits utiles ou honorifiques énumérés dans l'aveu de 1787 et mentionnés dans les pièces ci-après : droits de justice s'exerçant dans leur ville et seigneurie de Gorron, droits de reliefs, aides de reliefs, aides coutumières, quints, requints et doublages, ventes et issues, rachats, déports de minorité, mouture,... etc. Les vassaux de la châtellenie de Gorron avaient même l'obligation de faire fouler leurs draps, serges et bureaux aux moulins foulons des châtelaines, s'il plaisait à celles-ci en faire construire, les vieux moulins à cet usage étant, depuis longtemps, démolis.

Nous avons eu communication [2] d'un état détaillé des redevances dues au baron de Gorron par les bourgeois de sa ville. On ne sait à quelle époque exactement se rapporte cet état, mais certaines de ses énonciations, notamment celle où il est question de la chapelle Saint-Laurent, semblent démontrer qu'il prend date avant la fin du XVIIᵉ siècle, puisque cette chapelle a été démolie en 1697.

Essenlay, h., commune de Couesmes : la Haie-Peau-de-Loup, f., commune de Hercé : Lucé ; le Pré, éc., commune de Carelles : le Rocher, f., commune de Gorron : Roulle-Surgon, village, commune de Gorron ; la Vairie, commune de Gorron ; le Verger, f., même commune.

1. Pièces justificatives, VIII.
2. Cabinet de M. Grosse-Duperon, juge de paix de Mayenne.

Il est trop particulier pour en parler autrement ; contentons-nous de noter que le total des rentes féodales ou foncières qui y sont détaillées s'élève à plus de 62 livres tournois.

Quelles étaient, en plus des devoirs annuels mentionnés ci-dessus, les obligations des bourgeois et propriétaires de Gorron envers leur seigneur ? Un aveu de 1715, qui existe au cabinet de M. Louis Garnier et dont la copie est due à son obligeante communication, va nous l'apprendre :

« De vous, haulte et puissante dame Catherine Barin de la Galisonnière, veufve de hault et puissant seigneur messire Pierre-Loüis du Bailleul, chevalier, seigneur marquis du Bailleul, baron de Gorron et de Serres, fiefs et seigneuries du Pré, de Couesme, Lucé, du Rocher, de la Pierre, de Vaudemusson, de la Cour de Hercé, fiefs de Vieuvy et aultres ; la dite dame tutrice des enfans mineurs issus de son mariage avec le dit deffunct seigneur du Bailleul,

« Nous, Pierre Lhuissier, marchand, fils et en partye hérittier de deffunct Michel Lhuissier et encore comme subrogé aux droits d'Armelle Buchard, veufve de René Lorantie, preneurs à rentes du dit deffunt Lhuissier suivant l'acte de subrogation reçu devant le notaire soubsigné en dabte du ... qui représente, deubment estably, submins et comparoissant devant le notaire et tesmoins soubsignés,

« Confessons tenir de vous censivement ... et sans moyen à cause de vostre terre et seigneurie de Gorron par le tenement du Ponceau,

« Sçavoir est une maison manable composée d'une salle, un grenier dessus, une chambre à costé, une étude au bout, un grenier dessus et une cave dessoubs, la cour au devant et le jardin avec un pavillon à un des coings du dit jardin, le tout sis et sittué en la rue Dorrée et costoye la rivière de Colmont avec un canal à poisson au bout de la dite maison, ainsi que le tout se poursuit et comporte et qu'il m'appartient.

« Pour raison desquelles choses et dépandances d'icelle nous recognoissons que vous aves tous droits de haulte, moyenne et basse justice et aultres, comme vantes au treizième, reliefs, aydes de reliefs et aydes coustumiè-res, espaves, doublages, subjection, obéissances, gage plege, tels qu'à seigneur de fief appartiennent suivant et au désir de la coustume de cette province du Mainne et les anciens tiltres et obéissances ; et en oultre que nous et quoy que ce soit nos locataires ou fermiers sommes tenus et subjects de porter moudre nos grains recueillis ou acheptés dans l'étandue de vostre seigneurie de Gor-ron ou qui y ont esté déposés à vos grands moulins de Gorron, de cuire nostre pain à vostre four à ban du dit Gorron en payant les droits ordinaires et acoutumés et de faire fouller nos draps, sarges et bureaux à vostre moulin foulier, s'il vous plaist en faire bastir un dans vostre ditte seigneurie de Gorron, le tout suivant la dite coustume du Mainne et les antiens tiltres, et soubs les painnes y apozées ; comme aussi recognoissons debvoir estre obligés payer et continuer à la recepte de vostre ditte seigneurie de Gorron de debvoir féodal et annuel au jour et feste dangevinne de chacun an la somme de sept sols.

« A quoy la dite maison jardin et dépandances ont été taxés par roolle et égail de la somme de trante livres de rente, dite taille de ville, qui vous est deubs chacuns ans par les bourgois et propriettaires des maisons, jar-dins et dépandances de la dite ville et bourgoissie de Gorron ; au moyen de laquelle contribution et payement les bourgois de la dite ville ou locataires des maisons sont examps des droits de coutume et de pois dans toutte l'estendue de la baronnie du dit Gorron pour ses marchandises qu'ils sortiront avec droit de faire rouir leurs lanferts dans vostre rivière de Gorron sans empai-chements, suivant l'acord et transacttion faite entre vos prédécesseurs seigneurs de Gorron et les habittans et bourgois de cette ville sans y déroger, à raison de quoy et pour servir de nouveau tiltre et recognoissance le présent a esté, à la réquisition du dit Lhuissier, arresté, après luy en avoir esté donné lecture par nous Julien Gobbé, notaire royal au Mainne, demeurant à Gorron, le 27 septembre 1715. »

L'examen des nombreux aveux que nous avons analysés a permis de se rendre compte des droits multiples que possédaient les seigneurs de Gorron sur leurs sujets et vassaux. Ces droits, sans parler des rentes foncières, féodales et seigneuriales ci-dessus énumérées comprenaient :

1° Le droit de haute, moyenne et basse justice : les énoncer serait entreprendre un cours de droit ; la Coutume du Maine leur consacre de longs chapitres. La justice du bailliage de Gorron s'exerçait aux halles ; le seigneur haut-justicier avait un gibet à deux piliers et un pilori ; ses prisons, avec basses fosses, étaient dans l'enclos du vieux château. Il créait et instituait les notaires, nommait les officiers de justice : baillis, juges, sénéchaux, et faisait tenir des plaids ou audiences ;

2° Le droit de four banal ou de four à ban, avec perception de deux deniers pour chaque fournée de pain ;

3° Les droits de moulin à blé, à tan et à draps ;

4° Les droits de colombier, de fuie, de garenne, de chasse et de pêche ;

5° Le droit pour le seigneur de Gorron d'être enterré dans l'église de ce lieu ; le droit *de litre*, consistant à faire peindre une ceinture funèbre autour et en dehors de l'église (Ce droit n'appartenait qu'aux fondateurs des églises. Toutefois le titre de fondateur était purement honorifique. Les du Bailleul y prétendaient, bien que l'église de Gorron ait été fondée très longtemps avant qu'ils se rendissent acquéreurs de la seigneurie) ; le droit d'entrer dans le chœur ; droit au banc, à l'encens, au pain bénit [1], droit d'être nommés dans les prières publi-

---

1. Arch. nat., P. Q., carton 699.

ques, au prône de la grand'messe, le troisième dimanche
de février de chaque année [1] ;

6° droits de prévôté : « J'ay prévosté où sont acquitté
« les denrées vendues ou achetées en la ditte ville tant
« ès foires et marchez comme des trépassans par ycelle
« (aveu de 1404). »

Les seigneurs de Gorron ne percevaient pas toujours
ces droits directement ; ils les affermaient moyennant
un prix annuel fixé d'avance dans le contrat. C'est ainsi
qu'en 1656, Pierre Fillastre, sieur de la Roche, et sa
femme prennent à bail de messire Odet de Ryantz le
droit de coutume et prévôté de la terre et baronnie de
Gorron pour trois années, au prix de 440 livres tournois
par an. Il est vrai qu'outre les droits sus-énoncés, les
époux Fillastre louaient également le pré de la Grande-
Motte et l'étang du Rocher [2].

Ces droits sont énumérés dans une pancarte, dont la

---

1. Ch. Trouillard, *loc. cit.*

2. « Le jeudi onzième jour de mai 1656, avant midi, par devant
« nous, Pierre Picquet, notaire royal résidant à Gorron, aussi pré-
« sent de sa personne honorable maître Antoine Feron, procureur
« fiscal au bailliage de Villeray, y demeurant, paroisse de Coudeau,
« pays du Perche, procureur général de messire Odet de Riands
« *(sic)*, chevalier, seigneur marquis de Villeray et de la terre et
« baronnie du dit Gorron et autres lieux... lequel sieur Feron, aux
« nom et qualité, a baillé et baille par les présentes à titre de ferme
« pour le temps de trois années... à Pierre Fillastre, sieur de la
« Roche, et Françoise Le Crosnier, sa femme, d'avec lui séparée
« quant aux biens et néanmoins de lui autorisée pour l'effet des
« présentes, demeurant en cette ville de Gorron, savoir le droit de
« coutume et de prévôté de la dite terre et baronnie de Gorron, et
« ses circonstances ; aussi la prée ou Grande-Motte proche le lieu
« de la Renardière, et l'étang du Rocher, pour du tout pouvoir
« jouir et disposer moyennant la somme de 440 livres tournois que
« les preneurs s'obligent solidairement payer au jour et date des
« présentes, premier paiement commençant d'huy en un an. Durant
« le présent bail, les preneurs pourront, quand bon leur semblera,
« pêcher l'étang du Rocher, à la charge de le repeupler de deux
« cents de carpes et d'un cent de perches de grandeur de feuilles de
« sauge qui sera mis et fourni dans le dit étang devant les officiers
« du bailliage de Gorron, qui en seront avertis et dont ils dresse-
« ront procès-verbal... » (Copie sur papier libre, sans date, communiquée par M. Grosse-Duperon, juge de paix de Mayenne).

première partie nous a été communiquée par M. Louis Garnier et que nous avons pu compléter, en compulsant les papiers de la cure de Gorron. Elle est en date de 1689. En voici le texte :

PANCARTE ET DÉNOMBREMENT DES DROITS DUS AU SEIGNEUR DU BAILLEUL, BARON DE GORRON, A CAUSE DE LA BARONNIE DE GORRON, TANT SUR LES MARCHANDISES APPORTÉES A SON MARCHÉ QUE POUR LES MARCHANDISES FORAINES QUI PASSENT OUTRE.

Pour la coutume due aux jours de marchés pour les marchandises que l'on tire hors du dit marché :

Pour chacun cheval, douze deniers ;
Pour la chèvre, douze deniers ;
Pour autre bête à pied fourché, douze deniers ;
Pour âne ou mulet, six deniers ;
Pour charge de fil, douze deniers ;
Pour charge de lin ou chanvre, douze deniers ;
Pour morceau de drap, trois deniers ;
Pour morceau de cuir, trois deniers ;
Pour cent de fer, six deniers ;
Pour charge de pain, douze deniers ;
Pour charge de grain, douze deniers ;
Pour charge de poisson, douze deniers ;
Pour charge de cuir, douze deniers ;
Pour morceau de toile, trois deniers ;
Pour charge ou fardeau de laine, douze deniers ;
Pour pot ou écuellée de beurre, trois deniers ;
Pour cent de suif ou graisse, six deniers ;
Pour douzaine de cuirs ou agneaux, six deniers ;
Pour poële, chauderon ou marmitte, trois deniers ;
Pour faulx, houettes, fossoire ou autre ferrement, trois
	deniers ;
Pour un chapeau, trois deniers ;
Pour une paire de souliers, trois deniers ;
Pour un boisseau ou autre mesure, trois deniers ;
Pour chenevis ou linette, six deniers ;
Pour un rateau, trois deniers ;

Pour chaque vaisselle d'étain, trois deniers ;
Pour somme d'œufs ou volaille, douze deniers ;
Pour somme de vaisselle d'étain, douze deniers ;
Pour autre somme de marchandises, douze deniers :
    Toutes les choses sont doublées aux jours de foire.

S'ensuit ce qui est dû pour les marchandises qui passent la
ville et qui n'ont point été apportées au marché :
Pour cheval ou jument, six deniers ;
Pour asne ou mulet, six deniers ;
Pour autre beste à pié fourchu, trois deniers ;
Pour chartée de bled, vin ou cidre, douze deniers ;
Pour chartée de toile ou autre denrée, douze deniers ;
Pour un pot de beurre, deux deniers ;
Pour un de suif ou graisse, trois deniers ;
Pour somme de draps, six deniers ;
Pour somme de fer, six deniers ;
Pour somme de clouds, six deniers ;
Pour chartée de tuile, essente ou ardoise, douze deniers ;
Pour pacquet de mercerie, trois deniers ;
Pour couette de lit, douze deniers ;
Pour cuir à tanner, trois deniers ;
Pour somme de fromage, un fromage ;
Pour somme de beurre, six deniers :
Pour autre somme passante, six deniers.

Arresté à nostre château du Bailleul, le 3 feuvrier 1689.

Publié le 9 février 1689.   Signé : P. Louis du Bailleul.

De temps immémorial le marché de Gorron a lieu le mercredi. « *Item*, le droit de marché ordinaire qui se « tient le mercredi de chacune septmaine en ma place « publique de ma ville de Gorron »... « où il y a grandes « halles (mes halles) et logettes pour servir au marché « du dit lieu. » (Aveu de 1657).

Quant aux foires, le seigneur de Gorron avait droit d'en faire tenir quatre l'année, « deux au jour Saint- « Martin en juillet et novembre, l'autre au jour Saint- « Laurent et la dernière le mercredy avant le jour des « Rameaux. » (Même aveu).

En 1789, le marché « un peu considérable, fournissait « la nourriture et subsistance d'une grande partie des « habitants du lieu et des paroisses voisines » (Cf. abbé Angot, *Dict.*, II, v° Gorron).

Les vieilles halles de Gorron, plusieurs fois éprouvées soit par la tempête, soit par l'incendie, ont pourtant subsisté jusque vers 1865. Nous tenons de l'obligeance de la famille Le Guillochet la seule reproduction photographique qui existe de cet antique monument, témoin de tant de transactions et réunions aux siècles passés.

Parmi les droits seigneuriaux figuraient encore les *lods*, ventes et issues.

« Les anciens seigneurs (Trouillard, *loc. cit.*) avaient « accordé aux bourgeois de la ville de Gorron des immu- « nités et franchises... C'est ainsi que les bourgeois « payaient d'abord 55 livres, puis ne payaient plus que « 35 livres, en vertu d'une transaction, pour le rachat « des ventes et issues, ou plutôt, pour la réduction de « ces droits au 13ᵉ... Dans la Coutume du Maine, les « lods et ventes étaient des droits de mutations dus au « seigneur pour l'agrément qu'il donnait à l'aliénation « soit du fief servant soit de la tenure censive, et pour « l'approbation du nouveau vassal ou du nouveau censi- « taire. L'acquéreur payait les lods sur la valeur décla- « rée dans le contrat, et non sur la juste valeur. Il était « facile dès lors de réduire indéfiniment le montant du « droit de vente. Le correctif de cet abus se trouvait « dans le retrait féodal. Si le seigneur pensait que la « chose avait été vendue trop bon marché, il était libre « de se substituer à l'acquéreur. Généralement, les lods « étaient du 12ᵉ du prix de vente ; c'était donc un avan- « tage pour les habitants de Gorron de ne payer que « le 13ᵉ. »

Tous ces droits seigneuriaux ne s'exerçaient pas, bien entendu, sans difficultés. Nous trouvons un exemple curieux et frappant des contestations ayant existé entre les barons de Gorron et leurs vassaux dans les longues

HALLES DE GORRON (1865).
(d'après une photographie).

procédures suivies pendant plusieurs siècles entre les premiers et les détenteurs du principal fief de la châtellenie de Gorron, les des Vaux, seigneurs du Boisbrault.

Tout en réservant pour une étude ultérieure et plus complète l'histoire de cette importante seigneurie, nous croyons que les controverses auxquelles nous venons de faire allusion ont leur place indiquée ici, alors que nous nous occupons des droits exercés ou prétendus par les barons de Gorron.

Ces procédures, qui ont eu pour unique objet l'obligation imposée aux seigneurs du Boisbrault de reconnaître qu'ils tenaient leur terre à foi et hommage de la châtellenie de Gorron, sont longuement relatées dans un inventaire des titres du Boisbrault, et dans des documents provenant du chartrier de M. le comte de Carrey de Bellemare [1].

Dès avant 1387, des contestations s'étaient élevées entre suzerain et vassal. Il serait trop long de relater tous les actes énumérés dans l'inventaire susvisé ; ils sont, d'ailleurs, pour la plupart, rappelés dans la transaction de 1769, qui mit définitivement un terme à ces chicanes séculaires ; nous ne mentionnerons que les principaux, en nous aidant pour cela de la susdite transaction.

Il est même curieux d'observer que cette transaction sur des droits honorifiques contestés est intervenue vingt ans seulement avant l'abolition des dits droits, alors que les procès à leur sujet n'avaient pas duré moins de quatre siècles.

Notons encore que là, comme souvent ailleurs en des procès analogues, on soumit aux juges des pièces dont ils ne se défièrent pas et dont l'historien aujourd'hui ne doit tenir aucun compte, car elles sont entièrement controuvées.

---

1. P. Moulard, *Inventaire des titres de Boisbrault (Revue historique et archéologique du Maine*, 1893). — M. Carrey de Bellemare tenait ces pièces de son aïeule. Angélique-Renée-Françoise de Jupilles, mariée, le 5 février 1767, à François-Augustin Carrey de Bellemare.

Disons seulement qu'en 1387 une première transaction serait intervenue entre Jean des Vaux, seigneur de Lévaré et du Boisbrault, et Jean du Merle, seigneur de Gorron, aux termes de laquelle le premier serait demeuré paisible possesseur des droits de « haute futaie » sur sa terre et de pêche dans les étangs de Gorron ; mais réserve aurait été faite sur le chef de l'obéissance et de la féodalité du Boisbrault. C'est là-dessus que la querelle porta depuis lors.

Après des moments d'accalmie, elle se réveilla en 1606 par la prétention de Louise de Blavette qui demandait que le bail judiciaire du Boisbrault, tombé aux mains d'un mineur, fût passé en la sénéchaussée de Gorron et non pas en la barre ducale de Mayenne, comme on demandait qu'il le fût en 1605.

Un siècle plus tard, le 8 février 1715, assignation était donnée à René-Gilbert des Vaux pour s'avouer sujet et vassal de la seigneurie de Gorron, mais il fit défaut et le bureau des finances de Tours intervint pour interdire toute poursuite à la dame de Gorron ; cinq ans plus tard, une sentence provisoire de ce bureau faisait défense aux juges de Gorron, en attendant la décision des contestations pendantes entre Mme du Bailleul et M. de Lévaré, d'exercer aucune juridiction sur les justiciables du Boisbrault.

La décision ne fut prise que le 5 juin 1758 où le bureau des finances de Tours reconnut que la terre du Boisbrault relevait réellement de la châtellenie de Gorron. En vertu de cette sentence, les demoiselles du Bailleul firent sommation, le 12 juillet 1766, à Mme des Vaux de Levaré, de leur rendre, dans les quarante jours, foi et hommage simple et de leur fournir aveu et dénombrement ; mais le dénombrement ne fut pas fourni ; le Boisbrault fut saisi féodalement le 8 avril 1767 ; une nouvelle instance s'ouvrit. Au bout de peu de temps, cependant, Mme des Vaux de Lévaré comprit qu'elle n'avait rien à gagner et, le 20 janvier 1769, elle se faisait décerner acte de son désistement ; mesdemoiselles du Bailleul, qui avaient gain de cause au fond, renoncèrent à poursuivre la saisie et donnèrent main levée pure et simple, par acte du 24 mars 1769.

Après nous être étendus sur les obligations des sujets et vassaux des barons de Gorron envers leurs seigneurs, il nous faut dire un mot des devoirs des dits seigneurs au regard de leur suzerain. Tous les aveux dont nous avons parlé, de 1404 à 1787, démontrent que la baronnie de Gorron était terre de franc-alleu [1]. Le seigneur de Gorron relevait, à foi et hommage simple, du comte du Maine, par la Tour Orbandelle ou de Ribandelle, située en la ville du Mans. Il était franc de devoirs et exempt de services.

À cet hommage, peu onéreux, venaient s'ajouter, à la charge du châtelain de Gorron, certaines redevances dont bénéficiaient des établissements religieux. Nous n'avons point la prétention d'en donner une liste complète ; en voici, toutefois, deux dont nous trouvons trace dans des travaux historiques antérieurs. Les seigneurs de Gorron partageaient avec leurs bourgeois ou vassaux l'honneur de participer au bien-être des abbayes voisines. Ils devaient au prieuré de Montguyon 60 sols, au terme de la Toussaint, sur la prévôté et terre de Gorron, et aux religieux de Fontaine-Daniel certaines redevances, que nous n'avons pu déterminer, à cause du four à ban de Gorron.

Les droits du prieuré de Montguyon sont constatés dans un aveu très intéressant rendu le 30 juin 1660, par le prieur Jean-Louis de Vaudetard, au cardinal de Mazarin, duc de Mayenne.

« Me doit, déclare le prieur de Montguion, en la « paroisse de Goron : *le seigneur de Goron, sur sa* « *provousté et terre de Goron, au terme de la Tous-* « *saint, soixante solz ;* les maisons et jardins appelez

---

1. Cf. Cauvin, *loc. cit.*

« Lierre-Broult, sises en la dicte ville de Goron, about-
« tant à la grande rue de Goron, nommée la rue Per-
« sant, et d'aultre bout à la rivierre de Coulmont, trois
« sols, et pour la dessence que les dits empteurs doib-
« vent chacun an au prieur et à son religieux et à leurs
« chevaux, aultrement dict disner, lequel a esté converti
« à la somme de neuf sols six deniers, pour tout ce douze
« sols six deniers au terme de Toussainct par chacun an,
« rendu au dict prieuré à leurs despens, et, en deffaut de
« payement, ils doibvent payer les despens du messager.
« Deux emplacemens de maisons et courtils *sis* en la
« dicte ville de Goron, appelez Le Perrin, bouttant d'un
« bout au chemin tendant du marché de Goron au pont du
« dit lieu de Goron, doit au dict terme douze deniers [1]. »

Quant aux droits possédés à Gorron par les religieux
de Fontaine-Daniel, nous savons que ces religieux
avaient, dès 1443, « une seigneurie » à Gorron. Plus
tard, vers la fin du XVIIe siècle, par leur domaine et seigneurie de la Briançais, en Hercé, ils tenaient divers
immeubles fieffés dans cette paroisse : le four à ban de
Gorron, détenu par le seigneur du Bailleul ; le fief et
chapelle de la Haye, tenu à foi et hommage, devant
rachat à change de chapelain et 5 sols de rente ; le fief
de la chapelle du Verger, devant 2 sols de rente pour
les clos Toreau, Martel et Bourdais, rachat à change de
chapelain et les deux parts des grosses et menues dimes
du trait du Verger, affermé à 50 # [2].

§ IV. — FIEFS DÉPENDANT DE LA SEIGNEURIE DE GORRON.

Les seigneurs de Gorron, outre les domaines dont ils
avaient la pleine propriété, possédaient sur plusieurs

1. *Bulletin hist. et arch. de la Mayenne*, 1908, p. 216 et suiv.
2. Grosse-Duperon et Gouvrion, *l'Abbaye de Fontaine-Daniel*,
p. 171.

terres vassales des droits de suzeraineté. Les aveux dont
nous avons parlé plus haut et dont les plus importants
sont donnés ci-après aux pièces justificatives, énumèrent,
de 1404 à 1787, les fiefs qui ont jadis dépendu de la
baronnie de Gorron. Nous devons donc, pour compléter
l'histoire de notre châtellenie, étudier ceux de ces fiefs
qui étaient situés dans la paroisse de Gorron.

I. LE BOISBRAULT.

La châtellenie du Boisbrault était le fief le plus important dépendant de la baronnie de Gorron. Nous avons
déjà vu quelles longues difficultés ont existé entre les
seigneurs du Boisbrault et leurs suzerains ; nous allons
maintenant nous occuper tant de la composition de cette
châtellenie que de la famille illustre qui l'a possédée
depuis le xive siècle jusqu'à la Révolution [1].

Les anciens titres mentionnent : La dame du Boys-
Beraust, 1382 ; l'ancien domaine et hébergement du
Boys-Beraut, 1392 ; le franc feu et seigneurie du Boais-
Beraut, 1396 ; la terre du Boisberaut, 1400 ; le franc
fié du lieu du Boys-Berault, 1404 ; le Bois-berost, 1607,
etc...

Le premier seigneur connu de la seigneurie du Boisbrault fut Julien Benoist, prêtre, dont hérita Marie de
Benoist, fille d'Orry de Benoist et de Jeanne de Hercé.

Par son mariage avec Jean des Vaux, en 1374, Marie
de Benoist porta le Boisbrault, ainsi que les terres de
Levaré, de la Cour de Hercé et de Vaudemusson à la
famille des Vaux qui les posséda, le Boisbrault tout au
moins, pendant plus de quatre siècles.

1° Jean des Vaux, écuyer, puis chevalier, seigneur
des Vaux, de Poulay et Montreuil, était fils de Guil-

<hr>

1. A. Angot, *Dictionnaire de la Mayenne*, t. I, p. 294 ; Inven-
taire des titres du Broisbrault ; Notes manuscrites de M. l'abbé
Pointeau et de M. Bernard, déjà cités ; Aveux des seigneurs de
Gorron (pièces justificatives).

laume II des Vaux, chevalier, seigneur du dit lieu, et de Marguerite de Châteaubriant. Il était capitaine du château du Pontmain en 1372, assista au siège d'Orléans, avec Jeanne d'Arc, dans l'host du sire de Laval, et accompagna le roi Charles VII à son sacre dans la cathédrale de Reims. De l'union de Jean des Vaux et de Marie de Benoist naquirent :

A. Samson, qui suit ;

B. Raoul des Vaux, religieux du Mont Saint-Michel ;

C. Marguerite, mariée en 1400 à Raoulet Girard, écuyer, seigneur de Barenton, en Normandie ;

D. Jeanne, qui épousa, en 1406, Raoul de Cordouan, chevalier, seigneur de Langeais et de Mainbay ;

E. Marie, mariée en 1407 à Guillaume de Brée, chevalier, seigneur de Fouilloux, du Rocher, du Plessis, Montchevrier, Astillé, etc...

F. Catherine, mariée en 1408 à Guillaume de Favières, chevalier, seigneur du dit lieu.

Marie de Benoist était veuve en 1392 [1].

Les armes de la famille des Vaux étaient : *coupé d'argent et de sable, au lion passant, armé et lampassé d'or* [2].

2° Samson des Vaux, écuyer, seigneur de Levaré, du Bois-Brault, Hercé, etc..., épousa : 1° en 1404 (ou 1406), Aliénor d'Avaugour, fille de Juhel, seigneur du Parc, dont il eut : A. Guillaume, qui suit. B. Marguerite, qui épousa, en 1428, Guillaume de Mégaudais. C. Jeanne, mariée en 1424 à Robert de Goué. 2° Marguerite de Racapé, dont il n'eut pas d'enfants (Le Paige, *ibid*).

3° Guillaume des Vaux, écuyer, seigneur de Levaré, du Bois-Brault, Hercé, etc..., épousa : 1° en 1423, Mathurine ou Matheline de Montbourcher, dont Olive, mariée en 1455 à Jean Aupaïs, seigneur de Saint-Aignan. 2° en 1446, Jeanne de Falaise, dont : A. Guy, qui suit.

---

1. Notes mss. de M. l'abbé Pointeau, d'après M. de Farcy.
2. *Ibid.*

B. Guillaume, qui fut prêtre. C. Sainte, mariée à Guyon Hogurel, seigneur de la Poterie. D. Louis, tige de la branche des de Vaudemusson. E. Françoise, mariée en 1465 à Pierre de la Bunache, seigneur de Fontenai.

4° Guy ou Guyon des Vaux, seigneur de Levaré, le Bois-Brault, Hercé, etc..., épousa : 1° Louise de Valleaux, dont Jean, qui suit. 2° Marguerite Le Porc, dont : A. René, tige de la branche de la Tour-Émont. B. Jeanne, mariée à Pierre Le Porc, seigneur du Boisbérenger. C. Julienne, qui épousa Eustache Le Ferron, seigneur de la Poupardière.

5° Jean des Vaux, seigneur de Levaré, du Bois-Brault, etc., lieutenant pour le roi en la province du Maine, chevalier de l'Ordre et gentilhomme de la chambre, tué à Pavie en 1525, avait épousé, en 1510, Marie de Couasnon ou de Coaisnon, fille de Bertrand et d'Andrée de Sourche, dont :

A. Jean ;

B. François, tige de la branche du Bois-Brault ;

C. Mathurin, prêtre ;

D. Françoise, mariée en 1521 à Mathurin de Loré, seigneur de Fresnai ;

E. Jeanne, qui épousa N... du Guesclin ;

F. Marquise et Marguerite, religieuses.

Marie de Couasnon vivait en 1530.

6° François des Vaux, second fils de Jean, épousa Urbaine de Quincé, dame de la Malonnière (Gennes), fille d'Urbain, seigneur de Saint-Victor, en Anjou, et de Marguerite Fournier, dont : A. Hercule, qui suit. B. Gui, tige de la branche de Loresse. C. Antoine, dont la branche s'éteignit en Bretagne.

François des Vaux possédait la terre du Bois-Brault par partage à lui donné par Jean, son frère ainé, en 1555. Il vivait catholiquement au Bois-Brault en 1577 et était veuf en 1583. Louis de Bellé fit sur lui le retrait lignager de l'étang de Lesbois en 1588.

7° Hercule des Vaux, seigneur du Bois-Brault, de

Brémorin et du Manoir, épousa, en 1587, Renée de Royers, dame de Sainte-Gemmes-le-Robert, fille du baron de la Brissolière ; il mourut en 1604 et fut enterré dans la chapelle de Lesbois. Sa veuve, douairière du Bois-Brault et y demeurant, était remariée, en 1615, à François de Guerroux, écuyer, seigneur du Chesnay. A cette date (1615) le juge de Mayenne ordonna main-levée de la saisie mise sur le Bois-Brault, à la requête de Catherine de Cissé, dame de Bellée. Renée de Royers mourut et fut enterrée à Sainte-Gemmes-le-Robert en 1625 ; elle avait eu, de son mariage avec Hercule des Vaux :

A. Charles, qui suit ;

B. César, mort jeune ;

C. Mathurin, mort jeune ;

D. François, seigneur de Brémorin, mort sans enfants ;

E. Marguerite, mariée à Guillaume Le Verrier, seigneur des Moulins.

8° Charles des Vaux du Bois-Brault, héritier par sa mère d'une partie de la terre de Sainte-Gemmes-le-Robert, épousa, en 1629, Marie des Nos, fille du seigneur d'Hémenard ; il mourut en 1663 et fut enterré dans l'église de Lesbois. Marie des Nos était décédée en 1635. Ils eurent pour enfants :

A. Gilbert, qui suit ;

B. Gui, son frère jumeau, mort jeune ;

C. Charles, dit le chevalier du Bois-Brault, tué malheureusement par un laquais, dans la cour du château, à l'âge de douze ou treize ans ;

D. Léonore, mariée à César de Vaubourel, seigneur de Longuève ;

E. Françoise, religieuse au Ronceray d'Angers ;

F. Julienne, mariée à Jacques de Chappedelaine, seigneur de la Guiberdière.

9° Gilbert des Vaux, seigneur du Bois-Brault, etc., habitant Le Manoir, épousa, en 1670, Olive-Angélique de Grasménil ; il mourut en 1684, à l'âge de 54 ans, d'une

« goutte remontée ». Sa veuve décéda en 1715, à Levaré, où elle fut enterrée. Son cœur fut porté à Lesbois. Ils eurent onze enfants, morts en bas-âge, et René-Gilbert, qui suit.

10° René prit, en recevant la confirmation, le prénom de Gilbert. Il est connu sous le nom de René-Gilbert, marquis de Bois-Brault. Il devint aîné de la Maison des Vaux à la mort de Bertrand-Léonor des Vaux, d'abord ecclésiastique, puis marquis de Levaré, arrivée en 1707. Bertrand était fils de Jean-Baptiste des Vaux et de Suzanne de Nagonne. La terre de Levaré fut mise en direction ; le marquis de Saint-Remi, qui en avait hérité, la vendit à Mme la comtesse de Broc (Suzanne de Nagonne, veuve en premières noces de J.-B. des Vaux), sur laquelle René-Gilbert la retira en 1713 pour en prendre le nom. Il eut aussi la terre des Vaux, en vertu de sa substitution. René-Gilbert mourut au Manoir en 1728. Il avait épousé en 1697 Marie-Thérèse Caille, dont :

A. Pierre-René-Gilbert, qui suit ;

B. Honorée-Thérèse-Olive, née en 1698, morte à Levaré en 1769, ayant été mariée, en 1714, à Jacques Doisnel, marquis de Montécot, seigneur du Husson, Montigné, Bouleil, etc...

René-Gilbert eut en outre cinq autres enfants :

C. Bon-Léonor-Gilbert, dit l'abbé de Levaré, mort à Paris en 1720, à l'âge de 18 ans ;

D. Bonne-Angélique, mariée, en 1726, à Alexandre-Éléonor de Jupilles, seigneur du dit lieu, Oisseau, Allonnes, le Champ-de-la-Louve, etc., mort en 1742, laissant trois filles, dont l'aînée épousa son cousin N... de Jupilles ;

E. Marie-Louise-Henriette, morte en 1712 ;

F. François-Gilbert, chevalier de Malte, mort à l'âge de 16 ans ;

G. Michel-Gilbert, mort au berceau.

11° Pierre-René Gilbert des Vaux, marquis de Levaré, mort à Levaré en 1747, avait épousé Françoise, fille du marquis de Courvaudan, président à mortier au parlement de Normandie, dont :

A. Un fils, mort à l'âge de deux ans ;

B. Françoise-Marie-Renée, morte en 1746, âgée de 20 ans, sans alliance ;

C. Pierre-Gilbert-Honoré, qui suit ;

D. Catherine-Léonore, morte en 1753, à 18 ans, sans alliance ;

E. Jacques-François-Gilbert, chevalier de Malte, mort page de la grande écurie du roi, en 1752, âgé de 17 ans ;

F. Une fille morte en naissant.

12° Pierre-Gilbert-Honoré des Vaux, marquis de Levaré, né en 1734, mort à Levaré, en 1754, d'une maladie contagieuse qui venait d'emporter sa mère et Catherine-Léonore, sa dernière sœur survivante.

Avec lui s'éteignit la famille des Vaux.

Il eut pour héritières ses tantes, Honorée-Thérèse-Olive des Vaux, marquise de Montécot, et Bonne-Angélique des Vaux, douairière de Jupilles, sœurs de son père. La terre de Levaré et dépendances échut à Mme de Montécot, et celles des Vaux et du Bois-Brault à Mme de Jupilles, la substitution n'ayant point été renouvelée par les trois successeurs [1].

Quelle était la composition et l'étendue de la seigneurie du Boisbrault ? Nous les trouvons détaillées dans un projet d'aveu, sans date précise, mais qui est sûrement la reproduction d'un aveu de 1766, auquel il fait du reste allusion, et qui a dû être rédigé pour remplir la promesse que nous avons vu Mme de Jupilles faire aux demoiselles du Bailleul, lors de la transaction de 1769.

---

1. Le Paige, *Dictionnaire du Maine*, t. I, p. 512. — La terre du Boisbrault passa, par héritage, à Angélique-Renée-Françoise de Jupilles, qui épousa François-Augustin Carrey de Bellemarre. Leur fils, Augustin-Pierre-René Carrey de Bellemarre, la mit en adjudication, le 6 mai 1812, en l'étude de Me Jean-René-François Péan, notaire à Gorron. L'acquéreur fut M. Jean-François Ledauphin des Tesnières, propriétaire à Désertines, au prix de 25.500 francs.

Il a été publié *in extenso* par M. Moulard [1] et nous croyons inutile de le reproduire ici. Disons seulement que la seigneurie du Boisbrault comprenait la métairie de ce nom et la moitié de la prairie du Manoir, la métairie de la Corderie, celle des Loges, la métairie et le moulin de Méreau, avec l'étang du Boisbrault et celui du Moulin-Forest, la closerie du Manoir, la Turpinière, Vilfeu et la Pommeraie.

En relevaient les fiefs de la Paillardière et aux Maigneux, les fiefs Gervais de Romaton, Ozanne, de Coursonnais, du moulin de Mereau [2], de la Moulinière, des Mezerais, de la Chorie, de Romaton, de la Pommeraie [3],

1. *Revue hist. du Maine*, t. XXXIV, p. 207.

2. Moulard (*op. cit.*) donne ces renseignements très intéressants sur Mereau : « Dans le principe, le moulin de Mereau portait le « nom de Mérel. En 1351, il y eut accord entre Hamard le jeune et « Julien Benoist, seigneur du Boisbrault et de Levaré, au sujet du « moulin de Merel. Hamard s'obligeait à tenir en état la chaussée... « moyennant 8 sols de rente. Le 3 décembre 1408, Samson des « Vaux baille le moulin Merel à Michel Berault pour la somme « de 40 s. Le 11 de novembre 1455, a lieu échange en forme de « transaction entre messire Guillaume des Vaux, seigneur de Levaré, « et Jean Moulinière, qui lui cède quelques portions de terre pour « faire une chaussée pour la conservation de l'eau du moulin Merel « et droit de passage pour la servitude du dit moulin. En contre-« échange, le seigneur de Levaré baille au dit Moulinière d'autres « immeubles d'une importance plus grande et, pour ce, il s'oblige « à payer 10 s. de rente féodale au dit seigneur. 26 septembre 1511, « baillée à rente du moulin Merel par noble homme Guy des Vaulx, « écuyer, à André Chardon, pour le prix de 8 # en argent et 2 livres « de gingembre de rente.. etc. »

Le moulin Mereau était « arrenté » 22 # en 1535 (Cf. A. Angot, *Dictionnaire de la Mayenne*, t. III, p. 24).

3. Le fief de la Pommeraie mouvait de la seigneurie du Boisbrault. En 1528, Mathurin Turpin, bourgeois de Gorron, en est sieur. En 1772, Pierre Grangeré, sieur de la Touche, marchand à Gorron, laisse la Pommeraie-Jarry et la Pommeraie-du-Manoir à Jean Grangeré, marchand, René Grangeré, notaire, Guillaume Lhuissier, marchand, et François Pottier, médecin, époux de Marie Lhuissier (Cf. *Dict. de la Mayenne*, par M. l'abbé Angot. V° La Pommeraie, t. III et IV).

M. Lefizelier, dans ses notes manuscrites, parle d'une pierre sur laquelle se rendait la justice du Boisbrault : cette pierre, en granit, est située à l'angle aigu d'un champ en forme de triangle,

de la Mercerie, de la Féaudière, de la Brosse, du Rousseau, de la Goderie, de la Corderie, de la Touche, de la Duranderie, de la Vallée, de la Tiérilais, de la Bertraie, des Gaillardières, du Pré dessous la Chaussée, de la Vallée de Couveloup, et du Cloux Gaubert.

Suivant le questionnaire de 1788, les fonds produisaient environ 2.400 livres de revenu annuel et étaient imposés au rôle de la paroisse de Lesbois où était situé le château du Manoir.

Tous les aveux, de 1404 à la Révolution, sauf celui de 1787, comptent le Boisbrault au nombre des fiefs dépendant de la châtellenie de Gorron, à foi et hommage simple. Nous avons vu quelles contestations longues et tenaces les seigneurs du Boisbrault soulevèrent à ce sujet. Ils finirent, du reste, par reconnaître le bien fondé des prétentions de leurs suzerains, mais après quatre siècles de luttes pour des droits purement honorifiques.

Bien que son nom ne figure pas au projet d'aveu et de dénombrement de la châtellenie du Boisbrault, il est certain que la Vairie, ferme de la commune de Gorron, était un fief vassal du Boisbrault. Nous possédons sur ce domaine des renseignements intéressants et qui méritent de retenir l'attention.

Son nom est orthographié : la Voirie, 1407 (Tit. du Boisbrault) ; la Verrerie, h. (Jaillot) ; la Vairie (Cassini et recens...).

Seigneurs : Gillette de Hallay, morte avant 1407. — Henri de Fontenay, usufruitier, et Jean de la Beunaiche, héritier, 1407, 1409. — Noble homme Guillaume, seigneur de la Vairie, 1501 (Cart. de Fontaine-Daniel, p. 292). — Antoine Le Porc, catholique, 1577. — Guillaume Maillard, seigneur de Loraille, vers 1595. — Jean Maillard, 1609. — Marin Le Picard. — Jacques Le Picard, curé de Gorron, 1723, dont hérite Jean-Jacques

appelé le friche de l'audience. — D'après le même auteur, on a trouvé au fond d'un puits comblé, à la Pommeraie, une cruche en terre de ger et plusieurs autres de différentes formes.

Galesne, aussi curé de Gorron, 1727, 1740. — René-François Fleury, notaire, mari de Jeanne Galesne, 1748. — Vendue par Michel-R. Briand, écuyer, gendarme du roi, à Renée de Bazogers, en 1756 [1].

M. J. Lefizelier signale (notes mss. Bibl. de Laval), à la Vairie, les armoiries suivantes sur un des côtés de la cheminée de la maison : « *2 verrats et 1 léopard grimpant à la queue ornée de pointes.* »

La métairie de la Vairie appartenait, en 1609, à M⁰ Jehan Maillard, écuyer. Il en rendit l'aveu qui suit [2] :

« S'ensuit la déclaration que mestre Jehan Maillard, escuier, rend et baille par devers vous, Messieurs les commissaires députés par le roy nostre syre sur le faict des francz fiefs et nouveaulx acquestz au ressort du Parlement de Paris, des terres nobles que je tiens au conté du Maine et en exécution de vostre mandement expédié en la chambre des francz fiefs establie au trésor à Paris le unziesme jour de juillet dernier passé et autres subséquens :

« Premier, le lieu et mestairie de la Vairie, située en la paroisse de Goron, au conté du Maine, composé de maison manable, grange et estables, courtz, estraiges, jardins, vergers, une petite touche de boys de haulte fustaye, le tout en ung enclos contenant ensemble cinq journeaulx de terre ou environ avec lesquelles choses joignent quinze pièces de terre tant en pré que terres labourables, landes et brières, l'une nommée le champ de Porte contenant cinq journeaulx de terre ou environ, deulx nommées les petitz champs contenant ensemble deulx journeaulx de terre ou environ, unne autre nommée le Cloux aux Connins contenant troyx journeaulx ou environ, unne autre pièce nommée la grande Lande, contenant quatorze journeaulx ou environ, unne autre pièce nommée le champ de la Croix contenant quatre journeaulx de terre ou environ, unne autre nommée le champ de la Pierre, contenant cinq journeaulx ou environ, unne autre nommée le champ des Rottes, contenant quatre journeaulx de terre ou environ, et deulx autres nommées les

---

1. Abbé Angot, *Dict. de la Mayenne*, t. III et IV.
2. Arch. nat., P. 773¹⁰. Pièce originale sur papier.

champs de la Garenne, contenant ensemble neuf journeaulx ou environ.

« *Item*, le pré du dit lieu de la Vairie, contenant dix journeaulx ou environ, ung freische nommé les Prioustes, contenant cinq journeaulx ou environ, unne autre pièce nommée le Closet des Marres, contenant ung quart de journeau ou environ et unne autre nommée le Freische contenant troyx journeaulx ou environ, et encore unne autre nommée le champ des Boys, contenant deulx journeaulx ou environ. Toutes les dictes choses avec leurs apartenances et dependances, hayes, boys, eaus communes, franchises et libertés, le tout joignant d'une part aus terres du doumaine du Bois Berault et du lieu de Roumalon, d'autre part à la rue du Mainne, tenant du grand chemin de Goron à Vaucé, au grand chemin tenant du dit Goron à Lesboys, et d'autre part aus terres de la Corderie et la Touche, tous lesquelz immeubles me sont succédés et escheus de la succession de deffunct Guillaume Maillard, mon père, vivant seigneur de Loraille, et lesquelz immeubles dessus ditz je tiens à foy et hommage simple du seigneur du Bois Berault que l'on dict les tenir du seigneur baron de Goron qui relève la ditte baronnie du roy nostre sire, à cause de son comté du Meinne, et lesquelles choses vallent au plus la somme de centz livres de revenu annuel; et pour raison de ce je doibs foy et hommage à la dicte seigneurie de Bois Berault avec rachaptz et déportz de minorité, les cas s'offrans, et autres obéissances coustumières avec unne pere de gandz de debvoyrs annuel et féodal et est tout ce que je tiens de terres [à] hommages soubz les ditz contés et seigneurie du Meinne avec leurs vrays valleurs et revenu annuel. En tesmoing de quoy j'ay signé les présentes de mon sing manuel et faict signer à ma requeste à mestre Pierre Ruault, tabellion de la viconté de Domfront, le 11ᵉ jour d'octobre 1609, lesquelz immeubles j'ay accoustumé bailler à ung mestaier à moitié de tous fruictz et revenus. Signé : J. Maillard et P. Ruault, tabel... »

II. Le Rocher.

Le Rocher, f., commune de Gorron, donne son nom à un ruisseau affluent de la Colmont, long. : 4.400 m. —

Ancienne maison seigneuriale : écusson effacé sur un bel encadrement en pierre de taille.

Cette terre passa, successivement, entre les mains de diverses familles :

1404, Henri de Fontenai ; — 1491, Guillaume de la Bunache, sieur du Rocher, a un procès avec Guyon des Vaux, seigneur du Boisbrault, au sujet d'un banc dans l'église de Gorron ; — 1573, Pierre de la Bunaiche ; le même, qualifié noble homme, seigneur du Rocher, y demeurant, vit catholiquement en 1577 (Enquête sur la religion des nobles) ; — 1629, Noble René de Villedon, escuyer, demeurait en la maison seigneuriale du Rocher. La famille de Villedon y résidait encore au xviiie siècle.

En 1741, l'étang existant alors au Rocher fut loué par l'abbé du Bailleul au sieur Le Boullenger, sieur des Champs, pour neuf années, moyennant 25 # par an et à charge de le peupler [1].

Une note sans date donne la composition de la seigneurie du Rocher, avec les devoirs des détenteurs des fiefs en dépendant :

Le fief de la Bouverie ou Bounerie, 23 sols ; le fief de la Brunerie, 19 sols ; le fief Herbée, 13 sols 6 deniers ; le fief Chaussé, 25 sols 6 deniers ; le fief Durand, 6 sols 6 deniers ; le fief des vingt-cinq journaux, 3 sols 3 d. ; le fief des Merceries, 9 sols 6 deniers, 2 poules ; le fief Roullet, 4 sols ; le fief Haut Surgan, à foi et hommage simple, 10 deniers ; le fief Bas Surgan, 9 sols 6 deniers ; le fief de la Potterie, 4 sols ; le fief de la Brunerie, 8 sols ; le fief champ du Fresne, 2 chapons.

D'après l'aveu rendu au roi, le 2 juillet 1657, par Odet de Riantz, baron de Gorron, la terre, fief et seigneurie du Rocher, autrefois tenue à foi et hommage simple par les seigneurs de Gorron, avait été acquise par Louise de Blavette, dame de Gorron, à la fin du xvie siècle ou au commencement du xviie.

---

1. Il avait déjà été affermé, notamment en 1656, dans des conditions indiquées plus haut.

La description du manoir et de ses dépendances : chapelle, métairie, moulin, étang, garenne, etc... est donnée dans l'aveu de 1657 auquel il n'y a qu'à se reporter pour se rendre compte de l'importance du domaine il y a trois siècles.

Cependant les seigneurs de Gorron, bien que devenus propriétaires du Rocher, le donnèrent à bail, notamment aux de Villedon qui y résidaient en 1629 et même au xviiie siècle.

Cette terre cessa définitivement d'appartenir aux du Bailleul en 1771, par la vente dont nous avons déjà parlé et qui en fut faite à Me Jean-Ambroise Péan, notaire à Gorron, à la suite de l'acceptation bénéficiaire de la succession de l'abbé du Bailleul par ses nièces, dames de Gorron. Toutefois, les demoiselles du Bailleul continuèrent à se dire dames des terres, fiefs, etc..., du Rocher. Il arriva d'ailleurs fréquemment que des propriétaires continuèrent à se titrer des terres qu'ils ne possédaient plus.

Dans un partage entre les enfants de Me Péan (an XII) il est fait mention du pré de l'Étang, autrefois en étang, et du jardin de la chapelle, clos de murs [1].

III. Le Pré-Coesmes et Lucé.

Il faut, semble-t-il, distinguer le moulin du Pré d'avec le fief et métairie du même nom.

Les aveux font mention du moulin : en 1404, il appartient à Colin Deleboys, qui doit au seigneur de Gorron 5 sols par an, au terme de l'Angevine.

En 1505, même redevance due par Colin de Lesbois.

En 1657, le sieur La Pallue, propriétaire de ce moulin, « est tenu faire (à Odet de Ryantz) foy et hommage « simple et vingt (sols) tournois de rente. »

---

1. Cf. Léon Maître, *Dict. top. du dép. de la Mayenne* ; A. Angot, *Dict.*, t. III ; Notes mss. de M. Bernard ; Ch. Trouillard, *Notice sur Gorron* ; Notes de M. J. Lefizelier.

Quand les archidiaconés furent créés en 1230, Gorron fut rattaché à celui de Passais ; la cure était la plus importante du doyenné du Passais [1].

Elle était à la présentation et à la collation de l'évêque du Mans [2].

L'église avait pour patrons la sainte Vierge et saint Martin. Nous avons vu précédemment qu'elle était déjà, en 1082, sous le vocable de l'illustre évêque de Tours.

La présente notice se bornant à la période antérieure à 1789, nous ne nous occuperons pas, pour le moment, de la nouvelle église, ouverte au culte en 1877, et qui ne connaîtra pas, cela n'est que trop certain, la durée de celle qu'elle a remplacée.

Des Gorronnais, dont le nombre, hélas ! va chaque jour diminuant, ont vu le vieil édifice dont nous allons nous efforcer de retracer l'histoire.

Vers 1160, le prêtre qui dessert l'église de Gorron est qualifié chapelain [3], et M. l'abbé Angot estime que

bien des champs de notre région, et elle n'attirerait pas spécialement l'attention sans la légende qui la représente comme ayant, jadis, servi de siège au saint ermite de la forêt du Passais, pour son repos et ses oraisons, ainsi qu'en témoignent trois cavités, lesquelles seraient les empreintes de la tête et des genoux de saint Guillaume. Pendant de longs siècles, les pèlerins y affluèrent :ils venaient y prier pour obtenir guérison de la fièvre et des maux de tête. Dans la cavité creusée par la tête du saint, on voit encore aujourd'hui un vieux morceau de bois, long de cinquante centimètres environ. Les fidèles l'enlevaient, nettoyaient le trou avec un balai de genêts, y déposaient une aumône et remettaient à sa place le morceau de bois. — A un kilomètre de la pierre Saint-Guillaume, dans la commune de Saint-Siméon, est une fontaine placée sous le vocable du même saint et ayant, dit-on, pour les personnes qui y vont faire leurs ablutions, les mêmes vertus curatives. — Notre pierre Saint-Guillaume ne voit plus guère de pèlerins. La mode en est passée, nous faisait mélancoliquement remarquer notre cicérone, lorsque nous la visitâmes.

1. Léon Maître, *Dictionnaire topographique du département de la Mayenne* ; Cauvin, *Géographie ancienne du diocèse du Mans* ; Bellée et Duchemin, *Cahiers des doléances des paroisses de la province du Maine.*
2. L'évêché de Laval ne date que de 1855.
3. Capellanus de Gorron, 1154-1185 (Cart. de Savigny).

A la Révolution, le moulin du Pré était en ruine... Il fut sequestré, en 1794, sur M. Gasté de la Pallu.

La terre du Pré dépendait, dès le xive siècle, et depuis une époque non déterminée, d'un fief dit de Couesmes et de Lucé, qui passa, successivement, de la maison de Couesmes aux sires de la Ferrière, puis aux de Logé, seigneurs du Bois-Thibault. Il relevait, à foi et hommage simple, de la baronnie de Gorron, suivant les aveux de 1404 et de 1505. En 1505, le fief de Lucé était tenu par Jehan de Bellay, « à cause de sa femme seigneur de Bois-Thibault. »

En 1657, la métairie du Pré, ses circonstances et dépendances, ensemble le fief et seigneurie de Couesmes et Lucé, appartenaient, par suite d'acquisition, au seigneur du Bailleul, après avoir, pendant un certain temps, été en possession de la famille Cornilleau et de Saint-Melaine (aveu de 1657). Le seigneur du Bailleul le tenait alors à foi et hommage simple d'Odet de Ryantz et le réunit à la baronnie de Gorron, quand il acquit cette seigneurie en 1659.

Dans l'aveu de 1787, les demoiselles du Bailleul prennent la qualité de dames de... Coesme et Lucé... Alors que l'aînée était appelée communément Mademoiselle du Bailleul, la plus jeune était désignée sous le nom de Mademoiselle de Lucé ; elle mourut en prison, sous la Terreur, ainsi que nous l'avons vu plus haut.

Le fief dit de Couesmes et Lucé aurait été distrait, avant 1405, de la seigneurie paroissiale de Couesmes.

IV. Fiefs de Charbonnière et d'Essenlay.

Bien que ces fiefs ne soient pas situés dans le territoire de Gorron, nous les mentionnons cependant ici, parce qu'il en est question dans tous les aveux qui nous ont fait connaître la composition de la baronnie de Gorron. On les y voit de 1404 à 1657.

Le fief de Charbonnière, sis commune de Brecé, et

dont relevaient La Pilonnière et le *moulin du Pré*, appartenait, en 1404, à Bertault de Lesbois, qui devait au seigneur de Gorron 20 sols par chacun an au terme de l'Angevine. En 1505, Colin de Lesbois a les mêmes obligations qui sont passées, en 1540, à ses héritiers. En 1602, c'est le sieur de la Pallu qui détient le fief de Charbonnière. De même en 1607, 1635 et 1657. Il fut vendu, en 1751, par la famille de Montmorency, à Siméon-René Gasté, de Mayenne [1].

Le fief Essenlay, commune de Couesmes, relevait de la seigneurie de Gorron, à foi et hommage simple sans devoirs féodaux. Il fut possédé par les familles Seigneur (1404), Le Monnier (1469), Girard (1505), de la Ferrière (1635, 1657).

1. Cf. A. Angot, *Dict. de la Mayenne*, v° Charbonnière et v° La Palu.

LA PAROISSE DE GOR

CHAPITRE Ier

L'ancienne église.

Le premier document authentique qui
de l'église de Gorron date de 1082. C'
lequel Robert de Mortain, réalisant les
tions de sa belle-sœur, la reine Mathilde,
giale de Saint-Evroult et lui attribua, p
biens qui devaient assurer sa fondation
revenus de Saint-Martin de Gorron, a
tonlieu, des cens, du forage et du
château. La prébende, érigée ainsi
collégiale, continua à porter à travers
de notre pays, et peut-être les chan
eurent-ils à l'origine, à Gorron mêm
sentant qui fit la perception des rever
faisaient-ils eux-mêmes par quelqu'un
ce qui expliquerait la présence de de
selin et Hubert, qui, apprenant la ma
Firmat, partirent en grande hâte de C
à sa mort à Mantilly [1].

1. Le souvenir du pieux solitaire n'est p
Il existe, dans le nord de la commune de
de Coursonnais, une pierre dite : Pierre
se différencie pas sensiblement des nom
qui émergent du sol, sous forme plus

Gorron n'eut, probablement, de ressort paroissial qu'à une époque relativement moderne [1].

D'après Trouillard, l'église dont nous allons étudier les réfections et réparations successives, offrait des caractères manifestes d'antiquité : « Ses murs, en « *opus spicatum*, ses fenêtres, sont des indices cer- « tains qui permettent d'en assigner approximativement « la date. Elle rappelle, par son clocher polygonal à la « base et terminé par une pyramide, les églises de « l'époque romane ».

Lors de sa démolition, il y a une cinquantaine d'années, on trouva un trésor assez considérable de pièces de monnaie des rois Henri III, Jean sans Terre, Richard Cœur de Lion d'Angleterre et Guillaume d'Ecosse, qui vivaient aux XIIe et XIIIe siècles. — Ne faut-il pas voir dans cette découverte une nouvelle preuve de l'antiquité de notre église [2] ?

« Elle avait, dit M. l'abbé Angot [3], des traces d'appa- « reil en feuilles de fougères et quelques petites fenê- « tres romanes. Orientée un peu S.-E. dans la place « du transept actuel, elle avait 60 mètres de long, un « chœur étroit et rectangulaire avec chapelles latérales ; « deux autres chapelles accostant l'intertransept. On y « remarquait de nombreux autels... »

---

1. « Gorron, avec son agglomération considérable et son terri- « toire restreint, dut, comme Couptrain, Villaines, Montsûrs, « Ernée, etc..., son origine à son château, et n'eut, probablement, « de ressort paroissial qu'à une époque relativement moderne. La « plupart des bourgs ainsi formés restèrent même sous la juridic- « tion d'une église souvent éloignée. Le petit territoire attribué à « Gorron peut bien avoir été pris sur les paroisses de Brecé, « Hercé, Lesbois, dont les bourgs sont tout voisins. Le prêtre « desservant l'église, vers 1160, est qualifié seulement chapelain « de Gorron » (A. Angot, *Dict. Hist. de la Mayenne*, t. II, v° Gorron, p. 311.)

2. Trouillard, *Notice sur Gorron*. Il est intéressant de noter que M. Trouillard écrivait avant la démolition de notre ancienne église.

3. A. Angot, *loc. cit.*, t. II, v° Gorron.

Il ne reste, malheureusement, aujourd'hui, aucun vestige, aucune description authentique de notre ancienne église. C'est donc uniquement à des souvenirs personnels et à des renseignements recueillis auprès de vieux gorronnais que nous avons dû faire appel pour en retracer l'aspect et les dispositions intérieures. Quant à l'extérieur, on peut s'en faire une idée grâce à un dessin dû au crayon d'anciens élèves de l'école des garçons, alors dirigée par M. Frixon et située en face du cimetière et de l'église.

On sait qu'elle était bâtie à peu près sur le même emplacement que l'église actuelle, dominant la ville qui s'étage jusqu'à la Colmont, au flanc du coteau. Du cimetière qui l'entourait, la vue embrassait Gorron, ainsi que la campagne verte et boisée qui s'étend du côté de Hercé, de Colombiers et de Brecé, jusqu'à Châtillon-sur-Colmont.

Son orientation n'était pas la même qu'aujourd'hui ; la grande porte ouvrait au N.-O.

Le chœur, de style roman, étroit et rectangulaire, était garni des stalles que l'on voit encore actuellement meubler, sinon orner, notre nouvelle église. Le maître-autel, dont la reconstruction, au début du xviii° siècle, donna lieu à des difficultés que nous relaterons plus loin, était primitivement adossé à une cloison ; il fut reporté au fond du chœur, contre le pignon oriental. Les travaux durèrent de 1708 à 1725. Il était surmonté d'une effigie du « Père Eternel ». De chaque côté du maître-autel, une porte donnait accès à la sacristie, construite au chevet de l'église. Deux arcs en plein-cintre, supportés par un pilier central, faisaient communiquer le chœur avec les deux chapelles latérales, dédiées, celle de droite, au Sacré-Cœur, et celle de gauche, à la sainte Vierge. L'autel du Sacré-Cœur était décoré des statues de saint Laurent et de saint Roch. Cette dernière a été transportée dans la chapelle de Notre-Dame du Bignon. Les statues de la sainte Vierge et de sainte Anne étaient aux deux côtés de l'autel de la Vierge. Dans le transept, séparé du chœur et des chapelles par un épais mur de refend, percé de trois baies, on remarquait, à gauche, une tribune où les écoliers assistaient aux offices, et à laquelle on montait par un escalier logé dans une tourelle accolée extérieurement à l'église, et donnant également accès au clocher.

Le clocher, carré à la base et terminé par une flèche couverte en ardoises, s'élevait sur le milieu du transept. Il renfermait trois cloches, que l'on faisait sonner à l'aide de cordes pendant jusqu'au sol de l'église.

Deux portes ouvraient sur le transept : l'une auprès de l'escalier extérieur ci-dessus décrit ; l'autre du côté opposé : cette dernière, toutefois, ne fut percée qu'à une époque récente, peu après 1837.

Une arcade en plein-cintre, appuyée sur deux gros murs, donnait passage du transept à la nef. Au côté gauche de cette baie était accolée la chaire. Face à la grande porte, adossés aux murs qui soutenaient l'arcade, étaient deux autels. Sur celui de droite, dédié à sainte Barbe, on voyait, l'une au-dessus de l'autre, les statues de sainte Barbe et de saint Jean. Celui de gauche, l'autel Saint-Pierre, était décoré des statues de saint Pierre et de sainte Marguerite, disposées de même.

Sur le côté droit de la nef, une porte, pourvue, à l'extérieur, d'un chapitreau couvert, donnait accès sur le cimetière. Au-dessus de la grande porte était une tribune, sous laquelle, à gauche, se trouvaient les fonts baptismaux. Des bancs garnissaient l'église.

Lors de la démolition du vieil édifice, une partie des matériaux a été vendue : c'est ainsi qu'on peut voir l'escalier du clocher à la Haie, les vantaux de la grande porte à la Maison-Neuve, et un bénitier à la Roche-Aubert, commune de Gorron.

Une partie des bancs, les stalles du chœur, les statues de saint Martin et de saint Julien, qui encadraient le maître autel de l'ancienne église, et le baptistère, ont trouvé place dans l'église moderne. Il en est de même de la table de communion, des grilles des autels, et de l'autel de la Vierge, mis provisoirement derrière le chœur actuel, une chapelle spéciale n'ayant pu être édifiée, faute de fonds.

Plusieurs vieilles statues ont trouvé asile chez des particuliers ; c'est ainsi qu'on peut voir la statue de saint Pierre maison Normandière, rue du Bignon ; celle de sainte Anne, chez M. le docteur Bouessée, et celle de saint Laurent, rue de Bretagne, maison Deniau.

Aucun changement important n'avait été apporté à l'état extérieur de notre église ou à sa disposition intérieure, depuis la Révolution jusqu'à sa démolition.

Il n'en avait pas été de même au cours des siècles précédents [1].

Dès 1680, le bas de l'édifice était dans un tel état de dégradation qu'il dut être reconstruit. L'intérieur tout entier fut aussi réparé en 1696 ; certaines chapelles furent supprimées. Ces modifications auraient été ordonnées par l'archidiacre de Passais, lors d'une visite faite par lui à Gorron [2].

En 1734, le pignon et la croisée « du côté du devant « du cimetière » furent « refaits et entrepris » par Pierre Lambert, maître maçon, à la diligence de François Gobard, procureur de la fabrique [3]. La croisée « d'à « costé de l'autel de la sainte Vierge » fut également refaite, en 1739, par le même ouvrier, à la diligence de Mᵉ Julien Gobbé, alors procureur de la fabrique [4].

---

1. Les renseignements qui suivent ont été puisés, pour la plupart, dans les papiers de la cure de Gorron, le *Dictionnaire historique de la Mayenne* (vᵉ Gorron), et le manuscrit de Mᵉ Mathieu Le Boullenger.

2. D'après une note manuscrite de M. l'abbé Angot, la visite de l'archidiacre de Passais aurait eu lieu en 1698. Les travaux seraient, dans ce cas, postérieurs d'au moins deux ans à 1696.

3. Manuscrit Le Boullenger.

4. Manuscrit Le Boullenger.

Un important travail, le pavage de l'église, fut entrepris en 1697.

Après avoir obtenu des notables de Gorron l'autorisation d'employer à cet ouvrage les deniers des confréries du Rosaire et du Saint-Sacrement, M. le curé Le Picard songea à se procurer les matériaux nécessaires ; dans ce but, il s'adressa au propriétaire d'une ferme de sa paroisse : « Plaise à M. le marquis de Nonant, disait-« il, de permettre au curé de Gorron, très humblement « suppliant, de faire enlever, de dessus la métairie de la « Haie, la pierre qui est nécessaire pour paver l'église « dudit Gorron. Il l'obligera, avec tous ses paroissiens, « de prier Dieu pour sa conservation. »

L'autorisation fut accordée le 6 novembre 1697, et le travail fut exécuté, en 1698, par Claude Danjou, maître tailleur de pierres de Vire, qui reçut en paiement, le 10 mars 1699, la somme de 920 livres. Ce prix représentait, en outre, le transport de la pierre, la démolition et la reconstruction d'autels [1], la maçonnerie des portes et la façon des fonts baptismaux.

En 1638, grâce aux libéralités de Julien Largerie, lieutenant du bailli de Gorron, et de Renée Triguel, sa femme, on refit « la tour et vis en bois pour exploiter le clocher. » Particulièrement exposés au vent et aux intempéries, le clocher, ainsi que la toiture, exigèrent des réparations dont quelques-unes sont notées dans les documents que nous avons consultés.

La fabrique paya deux charpentiers pour avoir « rebroché » sur toute l'église, après le grand vent du mois de décembre 1725.

Le clocher, dont la couverture et la « plombure » avaient été refaites en 1735, eut, dès l'année suivante, sa pointe et sa plomberie emportées par un ouragan.

Les cloches, nous l'avons dit, étaient au nombre de trois.

---

1. Notamment un autel en la chapelle du Rosaire (Note manuscrite de M. l'abbé Angot).

En 1714, « la grosse cloche de cette église de Gorron,
« a esté refondue par le sieur Guillausme, maître fon-
« deur de Vildieu, et nommée par Mre Gilbert-Pierre-
« Anne du Bailleul, baron de Gorron, et dame Olive-
« Thérèse Françoise Devault, femme de M. le marquis
« de Montécot, qui ont esté choisis pour parrain et mar-
« raine... »

Une nouvelle refonte devint nécessaire en 1787. Un
accord intervint, les 21 et 28 août de cette année, entre
M. Gonnet, curé, et les habitants de la paroisse, d'une
part, et Joseph Dubosq, de la paroisse de Guibou,
proche Saint-Lô, maître fondeur de cloches, d'autre
part. Aux termes de cette convention, Dubosq s'engageait « à prendre les trois cloches dans le clocher de
« Gorron, à les descendre, à les conduire au fourneau
« et à les faire remonter et placer dans le clocher de
« manière qu'on puisse les sonner, et dont l'essai sera
« fait en présence des habitants et qu'ils agréeront. » —
Le fondeur s'obligeait, aussi, « à faire les trois cloches
« sur les notes pleines *la*, *sol*, *fa,* de manière que l'ac-
« cord fût parfait entre elles, et à dire d'experts. » Il lui
avait été remis 3.626 livres de métal, provenant de la
fonte des anciennes cloches. — Le travail fut rapidement exécuté et, le 12 octobre 1787, Dubosq donnait
quittance au sieur Rousseau, procureur de la fabrique,
de la somme de 180 livres, prix convenu.

Une seule mention nous est parvenue, relativement
aux vitraux, ou plutôt aux vitrages de l'église : en 1681,
il fallut les réparer, « le vent les ayant poussés dedans
« et dehors et mis en désordre. »

La chaire « servant à annoncer l'évangille et parolle
« de Dieu » fut faite, en 1706, par André Le Poittevin, le
sieur de Lhonoré, maître sculpteur et menuisier, à Gorron. Cette chaire a été la dernière de notre ancienne
église.

En 1726, François Le Poittevin, sieur de Lhonoré,
fut chargé par Jean Landelle, procureur de la fabrique,

de la réfection des tambours « de dessus la grande porte
« et de celle du *chapitrau*. »

Il fit, la même année, les tabourets du chœur, et, en
1727, les bancs et bancelles de l'église, ce dernier ouvrage à la diligence de Me Mathieu Le Boullenger, procureur de la fabrique.

Nous allons maintenant aborder l'étude des travaux
des autels, aujourd'hui disparus, que nos ancêtres
avaient eu à cœur de construire et d'entretenir, comme
l'écrivait le marquis du Bailleul, « pour l'utilité du public
et la plus grande gloire de Dieu. »

Maître-autel. — Jusqu'aux premières années du
XVIIIe siècle, le maître-autel était adossé à une cloison,
distante de quatre pieds du fond du chœur. En 1708, le
curé et les paroissiens décidèrent de le réédifier. Ils
passèrent, le 24 juin de cette année, avec le sieur
Brasnu, maître-menuisier sculpteur, bourgeois de Caen,
« de présent dans l'enclos de l'abbaye de Savigny »,
un traité sous seings privés, aux termes duquel ledit
Brasnu s'engageait à construire l'autel, conformément
aux plan et dessin déposés aux mains du curé, à fournir
les matériaux et à livrer un travail correct « accompa-
« gné d'une sculpture bien fouillée et recherchée en
« sorte qu'il n'y ait rien de grossier ni de confus dans
« ledit ouvrage ». Le prix convenu était de 1.050 livres,
avec un louis de pot-de-vin. L'autel devait être placé et
érigé dans le délai d'un an. On trouve le motif de cette
dernière clause dans une lettre adressée au curé de
Gorron, la veille de la signature du contrat : « Il faut
« mettre le tems pour placer l'autel, le plus court qu'on
« poura, mais cependant raisonnable, car Brasnu est
« vieux, la mort certeine et l'heure très incertaine. »

Le rédacteur de la lettre [1] indique en outre qu'il a lui-
même conclu le marché avec le sieur Brasnu, et s'en-
gage à donner « ce qu'il a promis. »

---

1. Le marquis du Bailleul.

L'avenir ne tarda pas à prouver que les craintes du baron de Gorron étaient fondées, car, cinq ans après le traité, le vieux maître était mort. et c'est à peine si quelques matériaux destinés aux travaux avaient été transportés dans l'église.

Persistant dans leur projet, le curé Le Picard et les principaux habitants de Gorron s'adressèrent. pour sa réalisation, à André Le Poittevin, sieur de Lhonoré, maître-sculpteur à Gorron ; le contrat fut signé le 2 mars 1713.

Il était rédigé avec un soin extrême et un souci marqué de prévoir et aplanir toutes difficultés ; on y voit l'ouvrier s'engager à faire des chapitaux d'ordre corinthien, sans placage, des cadres et corniches tous d'assemblage, une sculpture nette et sans confusion, des colonnes cannelées, des figures dans les niches et, au-dessus de la corniche, une balustrade « façon de marbre »... : « Je m'oblige, ajoutait André Le Poittevin, « commencer ledit ouvrage lundi prochain et y mettre « de bons ouvriers, dont je serai responsable,... et con-« tinuer sans aucune discontinuation jusqu'au parfait « accomplissement dudit ouvrage que je m'oblige ren-« dre prêt et placé en état d'être reçu d'huy en un an. » Pour l'ensemble du travail, il devait lui être versé 900 livres plus 10 livres de pot de vin.

Toutes les précautions prises pour éviter des contestations entre les contractants, furent inutiles. L'autel que Brasnu devait édifier en 1709 et qu'André Le Poittevin s'était engagé à terminer en 1714, n'était pas encore achevé en 1718.

Un procès fut intenté à André Le Poittevin, par Mᵉ Mathieu Le Boullenger, procureur fabricier. Le 26 janvier 1718, sommation était faite par le ministère de Guillaume Roze, sergent au bailliage de Gorron, concluant à ce que le maître sculpteur, faute d'avoir fait recevoir sans délai l'autel par lui entrepris et de payer les dommages-intérêts prévus au traité du 2 mars 1713, pour le retard apporté dans l'exécution de son travail, fût condamné à voir l'ouvrage terminé à ses frais.

Le Poittevin ne comparut pas, et, le 30 mars, François Le Boullenger des Champs, licencié ès-droits, « exer- « çant l'office de judicature en la baronnie de Gorron, « attendu la vacance de là charge de bailli civil et cri- « minel », condamna l'entrepreneur à « rendre parfait « et accompli l'ouvrage du grand autel dans (*sic*) mardi « prochain, en conformité de son offre ; faute de quoi il « était permis au procureur fabricier d'y faire travailler « dans la huitaine, et de faire parachever et accomplir « l'ouvrage aux propres coûts et dépens dudit Le « Poittevin... »

Cette sentence fut signifiée à André Le Poittevin, le 25 octobre 1718. Il en forma appel le 2 novembre suivant, au présidial du Mans, puis se désista de son appel et revint, sur opposition, devant le juge du bailliage de Gorron.

Que décida le magistrat ? Nous n'en avons pas trouvé trace, mais il faut croire que l'ère des procès fut close et que le maître-autel fut enfin édifié à la satisfaction des Gorronnais.

Les choses, toutefois, ne paraissent pas avoir encore marché très vite, puisque, en 1725 seulement, la fabrique confia à Julien Mignot, maître-doreur et peintre, demeurant à Mayenne, le soin de décorer l'autel. Le traité, en date du 1er juillet, fixait les détails du prix convenu pour peinture, dorure et etoffure : pignon de derrière le grand autel, 150 livres ; corps de l'autel, 150 livres ; première frise et chérubins, 25 livres ; Père Eternel et deux anges, 50 livres ; fronton et Saint-Esprit, 20 livres ; seconde frise du tour de l'au-tel, 120 livres ; chapiteaux et moulures des colonnes, 60 livres ; tabernacle et gradins, 70 livres ; en tout, 645 livres. Au cours du travail, quelques suppléments furent ajoutés et la dépense totale s'éleva à 705 livres, dont quittance fut donnée le 26 décembre 1725. C'est ainsi qu'après bien des vicissitudes fut parachevée l'œuvre du grand autel ; elle avait duré dix-sept ans ! — Depuis lors, cet autel semble n'avoir pas été retouché.

Autel de la Sainte-Vierge. — Il existait avant 1696 et fut conservé [1] lors des modifications apportées, à cette époque (1696 ou 1698), dans la disposition des divers autels de notre église. Mais il ne tarda pas à avoir besoin de réparations. A la suite d'une requête présentée par le curé et les habitants de Gorron, l'évêque du Mans commit M⁰ Julien Godard, curé de Saint-Denis-de-Gastines, pour constater l'état dans lequel était cet autel. Le procès-verbal dressé est du 10 mai 1735 :

« Nous sommes entrés dans l'église paroissiale de
« Gorron et avons été conduits dans une chapelle située
« à côté du chœur, côté de l'évangile ;... sur une espèce
« de soubassement est une statue de la sainte Vierge,
« mutilée de plusieurs parties, entre autres du bras
« droit, et qui d'ailleurs ne nous a pas paru avoir jamais
« été d'une forme convenable.... et avons encore vu une
« figure assez belle de saint Joseph, de hauteur d'envi-
« ron quatre pieds, et de l'autre côté, une figure passable
« de sainte Anne. »

L'enquêteur approuva les réfections projetées, et les travaux, entrepris sans retard, furent exécutés par un maître sculpteur de la ville du Mans. Les dépenses furent en partie couvertes par les dons de deux généreuses bienfaitrices : Suzanne de la Sygogne, veuve de Marin Le Picard, avait offert, à cette intention, dès le 24 avril 1735, 150 livres à la fabrique de Gorron, et Jacquine Gobbé, veuve de Michel Després, paya la « figure » de la Sainte Vierge.

L'ornementation de l'autel fut complétée, en 1739, par un tableau de l'Annonciation, qui fut l'œuvre « du « sieur Coëffeteau, maître peintre de la ville du Mans,

---

1. Avec chapelle du Rosaire.

« qui a fait les deux figures de la Sainte Vierge et de
« saint Michel » [1].

L'autel, ainsi restauré, fut bénit, le 10 août 1739, par
M. le doyen de Mayenne, curé de Saint-Georges-
Buttavent.

Autel Saint-Roch. — Placé dans la chapelle attenant
au chœur, côté de l'épître, cet autel fut de ceux que l'on
conserva lors des changements effectués dans l'église
en 1696-1698. Il fut refait en 1719 ; René Hamon, prêtre
habitué, donna 100 livres pour sa reconstruction. En
1736, Jacquine Gobbé, veuve de Michel Després, dont
nous avons déjà vu la libéralité pour l'autel de la Sainte
Vierge, fit don « de la figure de saint Michel de l'autel
« Saint-Roch » [2]. L'auteur de cette figure fut le peintre
(ou sculpteur) Coëffeteau. On voyait encore sur cet autel la statue de saint Roch, la même, sans doute, que
possède aujourd'hui la chapelle de Notre-Dame du Bignon. L'autel Saint-Roch fut mis, depuis, sous le vocable du Sacré-Cœur.

Autel Saint-Michel. — Il fut supprimé à la fin du
XVIIe siècle. La statue de l'archange orna ensuite,
comme nous venons de le voir, l'autel Saint-Roch.

Autel Saint-Nicolas. — Nous ne le connaissons que
par la date à laquelle il cessa d'exister, en 1696.

Autel Saint-Charles. — Conservé en 1696 ; nous n'en
avons trouvé aucune autre trace dans les documents que
nous avons pu consulter.

Autel Sainte-Marguerite et Saint-Pierre. — Il est
fait mention de l'autel Sainte-Marguerite dès 1426 ; des
réparations y furent effectuées en 1677. L'abbé Angot [3]
le place au nombre de ceux qui furent supprimés en 1696,

---

1. Mss. Le Boullenger.— D'après l'abbé Angot (*Dictionnaire de
la Mayenne*, t. II, p. 308, v° Gorron), Joseph Coëffeteau était sculpteur et aurait orné la chapelle de la Vierge d'un bas-relief et non
d'un tableau.

2. Mss. Le Boullenger.

3. Abbé Angot, *loc. cit.*, v° Gorron.

et, cependant, nous lisons, écrit de la main de notre vieux chroniqueur gorronnais : « L'an 1722, l'autel de Sainte- « Marguerite a été fait et entrepris par André Le Poit- « tevin fils, maître menuisier » [1]. En tous cas, il n'existait plus, sous ce vocable, au xix° siècle, et la statue de la sainte décorait, dans les derniers temps de l'ancienne église, l'autel Saint-Pierre.

A quelle époque ces deux autels furent-ils réunis ? Nous l'ignorons [2]. Ce qu'il y a de certain, c'est que l'autel Saint-Pierre avait été conservé en 1696 et que M° Pierre Berrier, prêtre, le fit rebâtir à ses frais, en 1700, par Lhonoré, le maître sculpteur que nous connaissons. L'identification des autels Sainte-Marguerite et Saint-Pierre est attestée par la présence des statues de leurs saints patrons, placées, l'une au-dessus de l'autre, sur l'autel dédié, en dernier lieu, à saint Pierre.

Autel Sainte-Barbe. — Il en est question dès 1696, date à laquelle il fut « conservé » et il existait encore lors de la démolition de notre vieille église. Il était orné des statues de sainte Barbe et de saint Jean.

CHAPITRE II

Cimetière.

L'ancien cimetière de Gorron était attenant à l'église. et s'étendait principalement à l'ouest, du côté du presbytère. On y voyait, à quelques mètres de la porte latérale de la nef, un très vieil if, creusé par le temps, de 2 mètres 50 environ de diamètre. Cet arbre vénérable, qui existait encore en 1850, devait compter, d'après les couches ligneuses, six cents à sept cents ans d'âge.

1. Mss. Le Boullenger.
2. L'autel Sainte-Marguerite est encore mentionné en 1718.

Dès 1542 les assemblées de paroisse se tenaient à la porte mortuaire.

La croix, dite croix buisée, était primitivement érigée près du mur de la chapelle Saint-Roch, proche l'entrée du cimetière. Le constat effectué, en 1735, par le curé de Saint-Denis-de-Gastines, délégué, ainsi que nous l'avons dit plus haut, par l'évêque du Mans pour apprécier le bien-fondé de la requête des habitants de Gorron au sujet des réparations à entreprendre dans leur église, porta également sur la croix du cimetière qui fut jugée trop petite et mal située [1]. Aussi, en 1736, en éleva-t-on une autre [2], qui a été, de nos jours, transportée dans le nouveau cimetière.

Le culte des morts s'est toujours manifesté dans les monuments élevés à leur mémoire. A Gorron, où l'industrie de l'extraction et du taillage du granit a été florissante pendant des siècles, ces monuments étaient nombreux ; malheureusement, au moment de la démolition de l'église et du transfèrement du cimetière dans l'emplacement actuel, on ne prit aucun soin des pierres tombales ; bien plus, le vieux champ de repos fut bouleversé ; les ossements de nos ancêtres furent entassés pêle-mêle et, finalement, enfouis dans une fosse commune, dont on chercherait en vain trace aujourd'hui. Aussi triste fut le sort des monuments funéraires. « Les « tombes ont été dispersées. Employées, après la sup- « pression de l'ancien cimetière, dans le piédestal du

---

1. « .... Et avons sorti ensuite dans le cimetière et avons vu la « grande croix communément appelée la croix buisée qui est de « pierre ; nous a paru très petite et n'avoir pas plus de six pieds « de haut y compris le pied et les marches, et qui nous a paru être « trop près de la principale entrée du cimetière. » (Procès-verbal du 10 mai 1735.)

2. « L'an 1736, a esté aussy entreprise la croix de pierre de taille « du cimetière de cette église de Gorron, par le sieur Desjardins, « maître piqueur de pierre et entrepreneur, en faveur de laquelle « Jacquine Gobbé donna la somme de 100 livres, laquelle a été « bénite par M. le doyen de Mayenne, curé de Saint-Georges-But- « tavent. » (Mss. Le Boullenger).

« calvaire, elles ont été, depuis, vendues à des particu-
« liers. La plupart ont pris le chemin de Mayenne, où
« je les ai trouvées, écrit M. l'abbé Angot, dans la cour
« d'une maison joignant le champ de manœuvre. D'au-
« tres sont à Gorron, Hercé, Contest » [1].

Dans son remarquable ouvrage sur l'épigraphie de la Mayenne, l'abbé Angot a publié des reconstitutions aussi exactes qu'artistiques des pierres tumulaires qu'il a recherchées et su découvrir. Nous n'entreprendrons pas de reproduire ces dessins, qui donnent l'aspect original, les inscriptions et les dimensions des vieux tombeaux gorronnais. Nos lecteurs pourront s'y reporter, en consultant l'œuvre de l'éminent historien et archéologue.

Voici la liste de ces tombes :

1° celle de Julien Lebrun, curé de Gorron, 1677 [2] ;

2° de François Buchard, 1699 [3] ;

3° de Michel Gobbé, 1703 [4] ;

4° de Jean de Grangeré et de Claude Lemonnier, son épouse, 1719 [3] ;

5° de Pierre Poirier, 1729 [3] ;

6° de Michel Lhuissier et M. Gobbé, sa mère, 1734, 1736 [3] ;

7° de François Le Boullenger, procureur fiscal, et Jeanne Gouger, son épouse [5] ;

8° de Julien Gobbé, procureur fiscal et notaire royal, décédé le 6 décembre 1772 [5] ;

9° de François Renard, prêtre, décédé le 8 mai 1780 [5] ;

10° de Jeanne Galloin, décédée le ... juillet 1781 [6].

L'entretien du cimetière était assuré par la fabrique

---

1. Abbé A. Angot. *Epigraphie de la Mayenne*, t. I. p. 351 et suivantes. (Laval, Vve A. Goupil, éditeur, 1907.)
2. Transportée à Nancé, commune de Brecé.
3. A Mayenne.
4. A Gorron, dans un escalier de la cave de la maison Ménage.
5. A Mayenne.
6. A Gorron. Sert de seuil à la porte de la cour du presbytère.

et aussi par les largesses des habitants de Gorron, dont la générosité se manifestait par des dons et legs. L'acquittement des rentes était assuré par des droits réels concédés sur des immeubles. C'est ainsi qu'il existait une « seigneurie du cimetière », dont suit un relevé. Nous le donnons tel quel, bien que nous ne l'ayons trouvé qu'en copie sans date et évidemment incomplète. Malgré ses lacunes, ce document offre un réel intérêt.

Relevé de la seigneurie du cimetière de Gorron.

Julien Buen, marchand, rend une maison manable, composée d'une salle basse, d'une chambre et grenier dessus, haut et bas fond et superficie couverte de tuile et essante, les étrages au-devant, une cour au derrière et un jardin, le tout tenant d'un côté l'écurie et le jardin de Me Julien Gobbé, notaire, d'autre côté la maison et jardin de François Danuel, preneur à rente des ecclésiastiques de Gorron, les dits jardins boutans sur le chemin tendant du lieu du Bignon à l'église de Gorron ;

Item, une autre maison, située au tenement, composée d'une salle basse, d'une chambre et grenier dessus, située sur le chemin de Gorron à Lesbois, avec une petite cour derrière et une portion de jardin boutant sur le chemin du dit lieu du Bignon à l'église de Gorron, enclavée entre la maison et le jardin du dit Danuel, ci-dessus confrontée, et celle de Guillaume Houssaye, ci-après déclarée ;

François Danuel, marchand, rend une maison composée d'une chambre, d'un grenier dessus, cave dessous avec un escalier par dehors, un jardin derrière, boutant sur le chemin qui conduit du dit lieu du Bignon à l'église, le tout enclavé entre les maisons et jardins dudit Buen, ci-dessus ;

Guillaume Houssaye rend pour lui et ses frères et sœurs, une maison composée d'une salle basse et un grenier dessus, les étrages au-devant, sur le chemin de Gorron à Lesbois, une petite cour derrière et un emplacement d'appenti clos de muraille, côtoyant d'un côté la maison du dit Buen ci-dessus, d'autre côté la rue d'entre le dit jardin et la maison de la Barrière, appartenant au sieur Deschamps, et boutte le dit jardin d'un bout au chemin qui conduit du lieu

du Bignon à l'église, au devoir de 9 sols 5 deniers, au jour
de Toussaint, dont Buen paye pour sa part 4 sols 9 deniers,
Danuel 2 sols 4 deniers et Houssaye 2 sols 4 deniers, solidairement.

Autre tenement : les champs de Court de Forges, 15 sols.
— Marie Gebert, veuve Pierre Flipot, rend deux pièces
de terre nommées les Vallées, côtoyant la prairie du seigneur de Gorron d'un côté, de l'autre le champ de François
Danuel, et boutte d'un bout la rue des Besnardières ;

François Danuel, marchand, rend une pièce de terre nommée le champ de Courteforges, côtoyant d'un côté la pièce
de terre ci-dessus, d'autre côté, le friche dépendant de la
cure, et boutte d'un bout la rue des Besnardières, les dits
trois champs contenant trois journaux et demi, au devoir de
5 sols à la Toussaint et 10 sols à Pâques.

Autre tenement : le lieu de dessous l'église, 13 sols 4 deniers. — Julien Gobbé rend un emplacement de maison,
avec deux friches ou jardins, côtoyant d'un côté le chemin
tendant de l'église à Colombiers, boutte d'un bout la rue
des prés de Forge, d'autre côté et d'un bout les terres de
Pierre Vieuville, tenant trois quarts de terre ;

Pierre Vieuville et Marie Le Hérissé, son épouse, rendent
une pièce de terre, nommée le Rocher, avec un petit friche,
côtoyant d'un côté la pièce de terre de la cure, d'autre
côté le friche ci-dessus, appartenant au sieur Gobbé ;

Françoise Danvel et Jean Le Bossé..., rendent deux pièces
de terre labourables, nommées les Besnardières, se joignant,
côtoyant d'un côté le cimetière de Gorron, et d'autre une
pièce de terre de la cure, et bouttent d'un bout la rue des
Besnardières, au devoir de 13 sols 4 deniers, au jour de la
Toussaint.

Autre : De Guillaume Rouaut, 11 sols, 3 deniers...

CHAPITRE III

Fabrique de l'église.

REVENUS, DONS, LEGS. — INVENTAIRE DE 1718.
PROCUREURS FABRICIERS.

« L'église de Gorron était riche de nombreuses fon-
« dations. Autrefois, les grands et les petits veillaient
« scrupuleusement à ce que, après la mort, des prières
« et des messes fussent dites pour le repos de leur âme.
« De là, ce grand nombre de parchemins portant qu'un
« tel a légué une rente sur sa métairie de . . . à la con-
« frérie des Trépassés ; qu'un tel a légué une rente pour
« la fondation d'une chapelle, pour le vin des prêtres à
« leur messe, pour le pain des communiants aux gran-
« des fêtes de Notre-Dame, aux messes de minuit... On
« donnait beaucoup à l'église ; on lui demandait beau-
« coup aussi [1]. »

On ne saurait mieux expliquer l'abondance des documents, témoins de la générosité publique envers la fabrique et autres institutions pieuses, que nous allons exa-
miner aussi brièvement que possible.

Dans les archives de la cure de Gorron est conservée
une pièce particulièrement intéressante ; c'est l'inventaire dressé, en 1718, par Mᶜ Mathieu Le Boullenger,
sieur de la Coursonnais, procureur fabricier, des « titres
« et papiers concernant la propriété et possession des
« fonds qui dépendent de la fabrique de l'église Saint-
« Martin de Gorron. »

Nous le reproduisons, en prenant soin de classer les
titres analysés par ordre chronologique et en ajoutant
les documents relatifs aux dons et legs faits aux chapel-

____
1. Trouillard, *Notice sur Gorron.*

les et confréries et qui n'ont pas été portés à cet inventaire.

1436. Fondation de la chapelle du Verger [1].

1496, 2 mai. Testament de Jeanne de Moré, veuve de Bertrand Perret ; legs à la fabrique : un boisseau de froment chaque année, pour le pain à célébrer les messes et faire faire la communion le jour de Pâques ; une chopine de vin, chaque dimanche, pour dire les messes ; une pinte à Noël, une chopine au premier jour de l'an, à l'Épiphanie, à l'Ascension et au Sacre. Les dites rentes hypothéquées sur le clos Hubert et le friche de la Courbe, pièces de terre contenant neuf journaux et faisant partie du lieu de la Pierre-Pichard, paroisse de Gorron.

1536, 26 avril. Testament de Jean Galesne : 13 sols 4 deniers pour le vin de la communion pascale des laïcs.

1557, 16 octobre. Testament de Jean de la Roche : 5 sols de rente pour les « chandelles » de la messe.

1605, 19 juillet. Testament de Pierre Jardin et de Guillemine Le Crosnier, sa femme : 10 sols aux Trépassés, 6 sols au curé ou vicaire pour le vin de la messe du jeudi saint, 10 sols pour la réparation de l'église, 40 sols pour être distribués aux pauvres de la paroisse le jeudi absolu. Au service de ces rentes est affectée une petite maison dite Maison-aux-Sarrazins.

1620, 19 juin. Testament de François Chardon : 15 sols de rente.

1625, 4 septembre. Testament de M° Jean Bahyer (ou Bahier), prêtre. Legs de 10 livres de rente pour la réparation et décoration de l'église Saint-Martin de Gorron, 4 livres de rente à la chapelle Saint-Laurent, 4 livres de rente à la chapelle Saint-Jacques du Bignon, aux mêmes fins. En plus six vingt livres une fois payées pour réédifier la dite chapelle Saint-Jacques, « rui-

---

1. Voir ci-après notre étude sur cette chapelle. L'inventaire de M° Le Boullenger indique à tort 1451 comme date de la fondation.

« née par les Anglais en 1591 et qui avait été bâtie par
« défunt M⁰ Michel Manceau, prêtre [1]. »

1629. Fondation de la confrérie du Saint-Sacrement.
« La fondation de la confrérie du Saint-Sacrement de
« l'autel, érigée en cette église Saint-Martin de Gor-
« ron par Urbain VIII, pape, l'an de grâce 1629, dottée
« par M⁰ Ernier Gorge, prêtre, suivant acte du 2 mai
« 1642, de la somme de 45 livres de rente, au rapport de
« Hébert, notaire, annuellement payable entre les mains
« du procureur fabricier de la dite église, qui en doit
« retenir 5 livres pour fournir d'ornements et luminaire,
« à la charge de faire dire et célébrer une messe chantée
« tous les jeudis, à diacre et sous-diacre, avec la recom-
« mandation du dit sieur Gorge, fondateur, et amis tré-
« passés, la dite rente payable le 2 may de chaque année,
« affectée et hypothéquée sur certains immeubles situés
« ville et paroisse du Teilleul, en Normandie, laquelle
« rente a été amortie et constituée, et ramortie pour la
« dernière fois par M⁰ Guy Fleury, procureur du roy à
« Mortain, en billets de banque [2]. »

1635, 8 septembre. Testament de Nicolas Garnier,
sieur du Bignon : 10 sols de rente pour les réparations
de l'église.

1639, 24 février. Testament de Jeanne Langlois, veuve
de Pierre Lhuissier : 10 sols de rente.

1640, 5 janvier. Testament de M⁰ Julien Largerie et
de Renée Triguel, sa femme : 13 livres 10 sols de rente
foncière à l'église et à la confrérie du Saint-Rosaire, à
charge d'une messe chantée à l'autel du Rosaire, chaque
premier dimanche du mois et aux fêtes de la Vierge,
entre la première et la grand'messe [3].

---

1. Cf. *infrà* : Art. chapelles Saint-Laurent et du Bignon.

2. La dite fondation ne subsiste plus [en 1718] que par l'aumône
et entretien annuel de chacun des frères et sœurs de la dite confrérie, qui est de 2 sols 6 deniers chacun.

3. Un autre testament, des mêmes, en date de 1635, sera reproduit à l'art. Prestimonie du château.

1642, 26 septembre. Testament de Pierre Lemonnier : 13 sols de rente.

1642, 15 décembre. Testament de Robert de Nancé, prêtre : 20 sols de rente à la confrérie du Saint-Sacrement et autant à celle du Rosaire.

1644, 13 juin. Testament de François de Berthereau : 10 sols.

1645, 12 juin. Testament de François de la Roche : 30 sols pour une torche de cire servant à accompagner le Saint-Sacrement pendant la procession, et porté aux malades pendant l'octave.

1648, 8 mars. Testament de Julien Garnier et de Renée Le Crosnier, sa femme : 10 sols de rente pour la réparation de l'église ; mêmes rentes pour les confréries du Saint-Sacrement et du Rosaire.

1650, 8 août. Testament de M° François Salut, prêtre, bachelier en droit canon de la Faculté de Paris : 2 livres de rente.

1658, 5 août. Testament de M° Jean Garnier, prêtre : 17 livres de rente [1].

M° Guillaume Le Roux, curé de Gorron, donne 20 sols de rente à distribuer aux pauvres de sa paroisse le jeudi absolu. M° Le Roux fut résignataire en 1658.

1659, 26 janvier. Testament de Jean Perret et de Marie Ruault, sa femme : 9 sols de rente pour une torche le jour de la Fête-Dieu.

1662, 19 juin. Testament de Julien Garnier, sieur de la Passonnais : 10 sols pour la réparation de l'église ; 10 sols à la confrérie du Saint-Sacrement ; 10 sols pour le droit de son banc.

1672, 9 septembre. Suivant acte à cette date, Jean Le Gourdellier donne 50 sols de rente sur son lieu de la Basse-Mennerie.

1676, 15 août. Testament de Guillaume Landais,

---

1. Une note, sans date, de l'inventaire mentionne que les héritiers de M° Jean Garnier doivent une rente de 3 livres pour l'huile de la lampe du sanctuaire.

prêtre : une maison au pont de Hercé. Cette maison fut baillée à rente pour 50 sols à François Largerye, par acte du 5 octobre 1683.

1681, 13 juin. Testament de René de Gasnier, sieur de Cerizier, substitut du subdélégué de l'élection de Mayenne : deux maisons sises à Gorron, l'une proche les logettes de cette ville, l'autre proche le carrefour des Rosiers ; la première est louée 20 livres, l'autre 8 livres, par baux à rente. Charges : messes et service évalués 28 livres par an.

1686, 4 janvier. Testament de François Aubert : « Une « maison au bout des Halles, pour 1 sol de pain à bénir « tous les dimanches à la première messe. »

1699, 2 janvier. Testament de Claude Gouger, sieur de la Renardière, maître chirurgien à Gorron, reçu par M⁰ Julien Gobbé, notaire royal au Maine, demeurant dite ville : Claude Gouger lègue, « à toujours mais à « perpétuité, à l'église de Gorron une portion du champ « nommé le champ du Porche (ou des Portes), situé « proche la ville, costoyant d'un côté le champ de Fon- « taine, appartenant à M⁰ René Hamon, prêtre, et d'au- « tre côté les champs appartenant à François Gesbert, « relevant censivement de la seigneurie de Coesme et « Lucé ; laquelle portion de champ vaut 6 livres de « revenu annuel ; laquelle somme de 6 livres le testa- « teur veut et désire être employée savoir : 4 livres pour « l'entretien de l'huile de la lampe de devant le très « saint Sacrement et les 40 sols restant en deux messes « chantées, une le jour saint Pierre et l'autre le jour « saint Cosme. »

En 1718, cette portion de champ est louée 7 livres 15 sols.

Citons encore le testament, sans date, de M⁰ Michel Gobbé : 60 livres, une fois payées, soit 3 livres de rente, pour l'entretien de la lampe.

Dans une note placée à la fin de son inventaire, M⁰ Mathieu Le Boullenger fait remarquer que les titres et testaments par lui mentionnés « sont presque tous « communs avec les titres des Trépassés et ne font que « la même chose. » Les revenus de la confrérie des Trépassés, dont le dernier procureur connu est François Danvel, en fonctions en 1705, se sont donc confondus, avant 1718, avec ceux de la Fabrique. Une nouvelle preuve de cette réunion se rencontre dans deux actes des 18 mai 1742 et 16 juillet 1748, aux termes desquels les rentes dues à la confrérie des Trépassés sont stipulées payables à « messire Julien-Jean de Vallois, écuyer, « curé de Gorron, et à ses successeurs à ladite cure. »

Nous avons, en dépouillant les archives de la cure de Gorron, trouvé de nombreux titres constatant des dons ou legs spécialement faits à cette confrérie et dont il n'a pas été question à l'inventaire de 1718.

Voici le relevé de ces rentes :

16 mars 1500 : legs par Julien Garnier   15 s.
    au jour des Rameaux.

17 novembre 1510 : legs Jean Laigre   15 s.

20 octobre 1519 : legs Guillaume Friteau   8 s.

1532 : legs Guillaume Frapin   4 s.

1534 : legs François Duval   12 s.

26 avril 1536 : legs Jean Galesne   2 l.

23 avril 1537 : donation veuve Geoffroy
    Sallé   13 d.

18 mai 1557 : donation François Brodin   2 l. 10 s.

14 juillet 1558 : ratification du testament
    de Nicolas Garnier   4 s.

23 mars 1559 : donation Gilles Perier   4 s.

9 mars 1562 : legs Julien Jourdan et
    Jeanne Garnier, sa femme : rente sur
    la pièce de terre du Verger et le champ
    de la Fontaine, à la Chauvinière   1 l.

29 juin 1563 : legs Michel Péret, prêtre   15 s.

1566 : legs Guillaume Jarry (ratifié le
    28 avril 1571)   7 s. 6 d.

Mai 1568 : donation Jean Dufresne   10 l.

9 juin 1568 : cession d'une rente sur le
  Plessis, en Colombiers   14 l.
1570 : donation Michel Guesdon   6 s.
1570 : legs Guillaume Goyet, prêtre   10 s.
1571 : rente sur Grappay   2 s.
1571 : constitution de rente   2 l.
9 juillet 1571 : vente d'immeubles près
  le pont de Hercé, avec charge d'une
  rente de   1 l.
  (legs de Jeanne de la Roche).
20 octobre 1571 : donation Jeanne Jary,
  demeurant à la Pierre-Pichard   1 l.
1574 : rente due sur le lieu de la Maladrie-Saint-Étienne   4 l.
28 avril 1574 : legs Jean Manceau   13 s.
18 avril 1577 : legs Guionne Guerrier   15 s.
22 octobre 1577 : donation Marin Charlot   4 l.   2 s.   6 d.
21 juin 1578 : legs Michel Le Meunier   3 s.
4 septembre 1584 : legs époux François
  Garnier, sur une maison et le jardin
  des Fossés, comme l'on va à la chapelle Saint-Martin [1]   1 l.   5 d.
1584 : legs Perrine Duval   18 s.
Février 1584 : reconnaissance de dette par
  Nicolle Perret   1 l. 14 s.
26 juin 1584 : legs Jean Guerrier, prêtre   10 s.
24 août 1585 : donation Guillaume de la
  Roche   5 s.
18 septembre 1585 : legs Guillaume Perier   6 s.
26 août 1592 : legs Gilles Perier   7 s.   6 d.
11 septembre 1600 : legs Jean Cornuau   1 l. 10 s.
5 décembre 1611 : legs Marie Garnier,
  femme de Lancelot Hamon   1 l.   5 s.
15 mai 1614 : legs François Garnier   4 d.

---

1. C'est l'unique allusion que nous ayons rencontrée à l'existence d'une chapelle Saint-Martin ; seule, la fontaine Saint-Martin
était connue.

16 février 1617 : legs Jean Leray 1 l.
11 août 1617 : legs Julien de Rousseau 2 l.
12 décembre 1630 : legs Denis Coupeau 5 s.
17 avril 1645 : legs Mathurin Foucault 5 s.
26 janvier 1646 : reconnaissance d'une
rente donnée par Jean Maillard, prêtre 10 l.

Le total de ces rentes s'élève environ à 70 livres ; or, le 12 octobre 1704, les revenus de la confrérie des Trépassés étaient de beaucoup supérieurs ; car, à cette date, MM. Le Picard, curé de Gorron, Jean Héron, vicaire, Noël Jourdain et René Hamon, prêtres habitués, remettaient à François Lecour, marchand, demeurant à Lesbois, en le nommant procureur de cette confrérie, le mémoire des rentes qu'elle possédait et qui se montait à 264 livres 9 sols 6 deniers. C'est donc qu'un nombre considérable de titres étaient, comme nous l'avons déjà dit, devenus communs avec ceux de la fabrique.

Une pièce, sans date, conservée aux archives de la cure, évalue les revenus de la confrérie des Trépassés à « 453 livres 1 sol, plus le produit de quatre pièces de « terre, outre ce qu'on ne connaît pas et le casuel. »

Parmi ces immeubles appartenant à la confrérie était le champ Artois, à elle légué par Marie Beucher, à une époque que nous ne connaissons pas. Ce champ, situé près du Bignon, fut loué 100 sols à Jean Garnier le 22 avril 1666. Le prix de la location était de 6 livres en 1708 (27 janvier). Dans la suite, le curé l'exploita lui-même.

De la même confrérie dépendait une maison avec jardin nommée le Château, laquelle fut donnée à rente, le 19 février 1755, par Julien de Vallois, curé de Gorron, moyennant 15 livres, à François-Clément Fleury, avocat. Celui-ci céda son acquisition, aux mêmes conditions, à Jean Champaing, en 1761.

A la suite de la nomenclature des titres de la fabrique, Mᵉ Le Boullenger donne la liste des droits perçus pour la location des bancs de l'église paroissiale. Certains, non contents de payer annuellement cette redevance, léguaient des rentes destinées à acquitter leur droit de banc, pour eux-mêmes et leurs héritiers.

Le seigneur de Gorron, nous l'avons dit, avait son banc dans le chœur [1].

Les officiers de justice de Gorron avaient également leur banc derrière celui du curé. Le banc d'œuvre était gratuit. On voit dans les papiers de la cure que les questions de préséance à l'église engendrèrent parfois des contestations. Parmi les officiers de justice qui revendiquèrent leurs prérogatives, on cite Nicolas Rousseau, sieur de Montfranc, procureur du roi au grenier à sel de Gorron [2]. En 1491, il y avait eu procès, au sujet d'un banc, entre les seigneurs de Boisbrault et du Rocher.

L'église de Gorron exerça jadis le droit de franchise et immunité ; en voici une preuve : Pierre Guerrier, jeune compagnon de vingt ans, condamné pour meurtre et pillage à être pendu, en 1491, trouva moyen de s'évader et de se retirer en la « franchise et immunisté de l'église » de Gorron, où il resta jusqu'au mois de novembre 1492 et fut grâcié par le roi [3]. Après cette digression, qui nous paraît avoir eu sa place, au moment où nous traitons des droits perçus à l'occasion de l'occupation des places dans l'église, terminons, en peu de mots, l'examen de l'œuvre de M⁰ Mathieu Le Boullenger.

Notre procureur fabricier n'a garde d'oublier, dans son inventaire, une des sources de revenus de la fabrique : le tronc de l'église.

« Le tronc de cette église, dit-il, est une petite boette « (*sic*) fermant à deux clefs, dont la première appartient

---

1. Il faut ajouter aux divers droits dont il jouissait celui d'être inhumé dans l'église : il en fut ainsi pour Pierre-Louis du Bailleul, en 1714, et Pierre-Gilbert-Anne du Bailleul, en 1737. Leurs cœurs furent déposés dans l'église de Hercé (Mss. Le Boullenger). Nous voyons aussi un curé de Gorron enterré dans son église : J.-J. Galesne, en 1740.

2. Trouillard, *Notice sur Gorron*.

3. A. Angot, *Dict. de la Mayenne*, t. I, p. 309.

« à Monsieur le curé et la seconde au procureur fabri-
« cier, dans laquelle on met les aumônes et les quêtes
« qui sont faites par les procureurs en la dite église tous
« les dimanches et fêtes de l'année, tant à la première
« que grande messe, laquelle s'ouvre quatre fois l'an ou
« suivant les besoins que l'on peut en avoir. »

Les papiers de la cure contiennent quelques recon-
naissances de rentes postérieures à 1718, notamment :
d'une rente de 1 livre 5 sols par Jean et Guillaume Lefizelier, laboureurs, le 6 juillet 1727 ; d'une rente de
1 livre 10 sols, par Marguerite Oger, le 23 novembre 1743,
et d'une rente de 5 livres par Michel Favrie de Launay,
le 4 juillet 1769.

Consignons, en terminant notre étude sur les biens
de la fabrique, divers dons qui lui furent faits d'ornements ou d'objets destinés à la célébration du culte.

Mme la marquise du Bailleul donne, en 1728, deux
chapes et le devant du grand autel, en damas vert à
fleurs.

En 1730, M. le curé Le Picard « a donné deux cha-
« subles de petit damas, l'une blanche et l'autre rouge,
« pour et en reconnaissance de s'être servi de celles de
« la paroisse pour messes votives et particulières. »

Une chasuble en damas vert est donnée, en 1732, par
Julien Gobbé, notaire royal à Gorron, et Pierre Lhuissier, sieur de la Mennerie.

L'an 1741, Mlle du Bailleul fait don à l'église de Gorron d'un calice d'argent « qui a coûté 222 livres 16 sols. »
En 1743, elle fait cadeau à la même église de « deux
« petits chandeliers d'argent et d'une niche pour le Saint-
« Sacrement [1]. »

Parmi les charges de la fabrique figurait une redevance de 20 sols due à l'archidiacre du Passais pour son
droit de visite de l'église de Gorron [2].

---

1. Mss. Le Boullenger.
2. Trouillard, *Notice sur Gorron.*

Il faut aussi mentionner des frais de blanchissage payés aux sœurs maîtresses d'école [1].

Une note sans date, mais se référant certainement à l'époque où M. U. Gonnet était curé de Gorron, évalue les revenus de la fabrique à 400 livres, « y compris les bancs. »

Nous publions ci-dessous une liste des procureurs de fabrique de l'église de Gorron ; mais elle est fort incomplète, car beaucoup des documents qui auraient pu servir à l'établir sont aujourd'hui égarés ou détruits.

1636 : Charles Garnier-Pichardière.

1677 à 1684 : Michel Gobbé, sieur de Logeris.

1689 : Poittevin.

1693-1694 : Jean Douyet.

. . . . André Le Poittevin.

1702 à 1708 : Jean Berrier.

1708 à 1713 : Julien Gobbé, notaire royal.

1717 à 1719 : Mathieu Le Boullenger.

1719 à 1723, 1736 : Jean Landelle.

1723 à 1725, 1727 à 1729 : Mathieu Le Boullenger.

1729 : J. Gobbé.

1734, 1736 : François Gobard.

1735, 1737 à 1742 : Julien Gobbé le jeune.

1742 à 1745 : Antoine Le Boullenger, sieur des Champs.

1745 à 1747 : Galouin.

1747 à 1751, 1765 à 1769 : François-Clément Fleury.

1751 à 1757 : Jean-Ambroise Péan.

1762 à 1765 : Jean Grangeré.

1770 : Pierre Rotureau.

1775 : François Desprès.

1784 : Guillaume Lhuissier.

1789 : Jean-René-François Péan.

---

1. Papiers de la cure : « Je soussignée reconnais avoir reçu de « M⁶ Guillaume Lhuissier, procureur de la fabrique de l'église de « Saint-Martin de Gorron, la somme de 23 livres 10 sols, laquelle « somme est pour avoir blanchi le linge de la fabrique de l'église « du dit Gorron. A Gorron, le 28 juin 1784. *(Signé)* : Sœur Élisa- « beth Le Royer. »

CHAPITRE IV

Curés, Vicaires, Prêtres habitués.

I. — CURÉS [1].

1° *Jean*, chapelain de Gorron, 1147, 1185. Capellanus de Gorran (Cart. de Savigny).

2° *Jean Lebigre*, 1465. Il cède, à cette date, au seigneur du Boisbrault, une rente de 4 sols sur la Moulinière.

3° *Jean Noël* ou *Nouail*. Présente, en 1561, la chapelle du Verger. Résigne en 1567 : « sexagenarius et « qui ex altero crurium vehementer claudicat. »

4° Noble et discret M° *Pierre de la Vairye*, fils de noble Christophe de la Vairye et de Guillelmine Richomme, paroissiens de Désertines, avait reçu la tonsure au Mans, le 20 décembre 1567. Pourvu de la cure de Gorron, vacante par la résignation de M° Jean Noël, il en prit possession, le 31 janvier 1568, devant M° Jean du Fresne, prêtre, notaire apostolique, demeurant à Gorron, *in pago Goronnii*, en présence de M°ˢ Richard Besnard, Jean Guyard et Noël Bourdais, prêtres ; Jean Lemosnier, sieur de la Touche, et autres paroissiens. Cet acte, publié au prône de la grand'messe le 1ᵉʳ février 1568, par M° Richard Besnard, vicaire, en présence de M°ˢ Noël Bourdais et Mathurin Goyet, qualifie *clerc* le nouveau curé. Bien peu de temps, il est vrai, s'était écoulé entre le jour où il avait reçu la tonsure et celui où il avait été pourvu de sa cure. Il n'en

---

1. Cf. A. Angot, *loc. cit.* et notes mss. ; notes de M. Bernard (Bibl. de Laval) ; Trouillard, *Notice sur Gorron* ; mss. Le Boullenger

jouit, du reste, pas longtemps, et résigna dès 1569 [1] ou 1570 [2], probablement pour raison de santé : « valetudinarius. »

5° *Vincent Guérin*, résignataire de Pierre de la Vayrie, prit possession de la cure de Gorron, le 2 mai 1569 [3], devant M° Jean Godeau, prêtre, notaire apostolique, demeurant à la Girardière, paroisse de Saint-Berthevin, et M° François Doré, notaire royal à Gorron, en présence de noble homme Christophe de la Vayrie, curé de Désertines, M° Noël Bourdais, prêtre, et honneste homme Julian Chauvyn, sieur de la Fontaine, tous deux de Gorron. Comme son prédécesseur, il résigna après un court exercice.

6° *François Chauvyn*, prêtre, curé de Vieuvy, résignataire de Vincent Guérin, prit possession le 1er juin 1573, devant M° Jean Gesbert, prêtre, demeurant à Gorron, en présence de M°⁹ Richard Besnard, Mathurin Goyet, Guillaume Goyet, Jean Guerrier, Guillaume Quinton, Jullian Paillard, Ambroise Moulinière et Jean Piau, prêtres, demeurant à Gorron ; noble homme Pierre de la Bunaiche, sieur du Rocher ; Michel Mesnard, licencié ès droits ; Guillaume Manceau, notaire royal ; Julien Galesne, Julien Le Crosnier et Guillaume Largerye.

En juin 1573, François Chauvyn donne, devant Julien Moyré, notaire royal au Mans, une procuration à l'effet de requérir l'insinuation de pièces relatives à la cure de Gorron, en présence de Christophe Gouault, prieur de la Fustaye, en la paroisse de Saint-Mars, et de François Aubert, sieur de la Morelière, demeurant au même prieuré.

Il assiste, le vendredi 23 avril 1574, à la prise de possession de la cure de Saint-Berthevin par M° Gueret, prêtre.

1. Notes de M. Bernard (Bibl. de Laval).
2. A. Angot, *Dict. de la Mayenne*, v° Gorron.
3. Notes de M. Bernard (Bibl. de Laval).

En 1577, une enquête sur la religion des nobles fut faite par ordre de l'évêque du Mans ; elle révéla :

A Gorron : noble homme Pierre de la Bunaiche, sieur du Rocher, y demeurant, catholique, et noble homme Anthoine Le Porc, sieur de la Vairye, y demeurant, catholique.

A Hercé : noble homme Pierre du Bailleul, seigneur du Bailleul, y demeurant, catholique.

A Lesbois : noble homme François des Vaux, seigneur du Boisbrault, y demeurant, catholique [1].

Me François Chauvyn mourut en 1596. Il semble avoir résidé à Gorron ; cependant, à raison sans doute de son état de santé, la paroisse était administrée par le vicaire Jean Maillard [2].

7° *Jean Mariette*, prêtre, licencié ès droits, conseiller clerc au présidial du Mans, prend possession, le 19 mai 1596, de la cure de Gorron, devant Pierre Le Bigot, notaire royal au Mans, paroisse de Gourdaine, en présence de Me Jean Maillard, vicaire de Gorron, de Noël Le Bourdais et Antoine Lemoulnier, prêtres au dit lieu, de Jean Garnier, notaire royal à Gorron, et de Me Pierre Chartier, notaire au Mans.

Le 4 août suivant, il confia la direction de la paroisse à François Le Sellier. Il résigna en 1599, en faveur de :

8° *Ernier Feillet*, de Ceaulcé, qui prit possession, le 19 avril 1599, devant Thomas Boulleux, notaire royal à Ceaulcé, en présence de René Harpye, curé de Ceaulcé ; Pierre Berthereau, Anthoine Lemeusnier [3] et Ernier Gallet, prêtres ; Michel Garnier, sieur des Portes, notaire royal, et Michel Serizier, sieur de la Serardière, tous de Ceaulcé et Gorron.

---

1. Cf. Abbé Pointeau, *Certificats de l'état religieux de la noblesse du Bas-Maine* (*Revue de la Comm. hist. et arch. de la Mayenne*, t. IV, 1884-1885).

2. A. Angot, *loc. cit.*

3. Le nom de ce prêtre est orthographié, dans les actes, de différentes façons : Lemoulnier, Lemeusnier.

Les registres de l'état civil nous apprennent que M. le curé Feillet fut « fort malade de pleurésie » en avril 1613, et qu'il fut parrain, à Gorron, le 8 mars 1615.

Il rédigea son testament le 6 mai 1618. Dans cet acte il est dit prêtre curé de Gorron, demeurant au presbytère de cette ville.

Les registres paroissiaux racontent une scène qui avait jeté le trouble, du temps du curé Feillet, dans l'exercice des cérémonies du culte. « A un baptême fait par le curé, plusieurs femmes de la ville de Gorron, contre les statuts et ordonnances de notre sainte Église et contre l'ordonnance du S. Concile de Trente, entre lesquelles estoit une appelée Jehanne Viau, laquelle nous a fait plusieurs injures nous appelant yvrongne, séditieux et mutin, et nous a tant importuné d'autres injures que nous a contrains faire entrer le parrain et la marraine avec l'enfant en l'église pour faire les exorcismes... » la dite Viau frappe ensuite la porte à coups de pied. Le lendemain, à un autre baptême, la dite Viau revient faire le même scandale, affirmant qu'elle assistera à tous les baptêmes faits par le curé. Celui-ci la menace d'excommunication. Il est probable que cette menace eut un effet salutaire, car on ne voit plus dans les registres d'allusions à de nouveaux exploits de Jeanne Viau.

9° *François de Coisnon*, frère du seigneur de la Roche-Coisnon, est en possession de la cure de Gorron, où il réside, le 13 janvier 1623 [1]. En 1651, il est prieur de Villaines-la-Juhel. Quand avait-il résigné la cure de Gorron ? Nous l'ignorons, mais ce fut certainement avant 1636.

Dans la liste des curés de Gorron donnée par l'abbé Angot [2], François de Coisnon est cité immédiatement après Ernier Feillet. Cependant, l'examen des registres de l'état civil, classés aux archives de la mairie de Gor-

---

1. A. Angot, *loc. cit.* ; Cf. *Revue du Maine*, 1881, t. IV, p. 208.
2. *Dict. hist. de la Mayenne*, t. II, p. 309.

ron, et les notes de M. Bernard, révèlent les noms de deux curés de Gorron, Émile Sudillot, en 1601, et Ernier Forveille, en 1611. Il est certain, d'autre part, qu'Ernier Feillet exerçait en personne son ministère et résidait à Gorron en 1613, 1615 et 1618. Comment concilier ces apparentes contradictions ? Il faut, selon nous, en chercher l'explication dans cette circonstance que, très fréquemment, les titulaires des cures ne résidaient pas et confiaient l'administration de leur paroisse à des congruistes ou à des vicaires. Il est donc vraisemblable que M° Émile Sudillot et M° Ernier Forveille ont géré la cure de Gorron sans en être bénéficiaires, et que le curé Feillet ne résida que dans les dernières années de son exercice.

10° *Guillaume Leroux* était curé de Gorron en 1636 ; la preuve en est dans le testament Largerie [1]. On le voit aussi paraître, en cette qualité, dans un acte au rapport de Robert Geré, notaire à Ambrières [2]. Il inaugura, le lundi 2 septembre 1648, l'autel privilégié de l'église paroissiale [3].

Le curé Leroux eut à supporter de pénibles épreuves. Une première fois, on lui imputa les crimes les plus graves « quod sui status et salutis immemor, homicidia in quasdam personas... ac nonnulla alia crimina commisit. » Il paraît qu'à la suite de ces inculpations, J. Largerie, prêtre, curé de Dompierre, se fit attribuer la cure de Gorron et en prit même possession le 30 mars 1650 ; cependant Guillaume Leroux put se laver des accusations portées contre lui, car il fut maintenu dans sa cure, non pas en 1649, ainsi que le rapporte M. Bernard, mais en 1650.

J. Largerie ne fut pas son seul compétiteur. P. Le Gendre, prêtre à Gorron, se vanta d'avoir obtenu de sa part une résignation et prit possession le 7 janvier 1658.

---

1. Voir *infrà* : Prestimonie du château.
2. Notes de M. Bernard.
3. A. Angot, notes mss.

Guillaume Leroux protesta et signifia son opposition : il expliquait, dans sa protestation, qu'étant allé, quelque temps auparavant, chez le prêtre Le Gendre et son frère André Le Gendre-Buschardière, sous prétexte de les « recorder, » on lui aurait fait signer quelques pièces, et que, depuis, il avait appris que le dit Le Gendre se vantait qu'il avait résigné en sa faveur. Il obtint, cette fois encore, gain de cause, mais ne conserva pas plus longtemps la cure de Gorron, qu'il résigna, moins de deux mois après, à Ch. de Beauregard.

11° *Charles de Beauregard de Champagne*, prêtre, représenté par Guillaume Gaultier, curé de Hambers, prend possession, le 15 mars 1658, de la cure de Gorron, suivant acte devant Jean de Launay, notaire royal à Mayenne. Il avait été absous « defectu natalium, ex « conjugato et soluta genitus [1]. » Il est qualifié conseiller et aumônier du roi dans l'acte de sépulture de Jean Garnier, prêtre, le 23 novembre 1663 [2].

Au cours de son exercice, l'évêque du Mans fit une visite à Gorron le 29 juillet 1658 : « il y fut trois jours. » Il y eut un jubilé en septembre 1661 [3].

Charles de Beauregard permuta, au Mans, en 1664.

12° *Julien Le Brun*, curé du Pré, au Mans, bachelier en droit et en théologie de l'Université de Paris, représenté par M⁰ Carré, curé de Couesmes, son procureur spécial, prend possession de la cure de Gorron, le 6 février 1664, en présence de Guillaume Landais l'aîné et Noël Jourdain, vicaires ; Pierre Berthereau, prêtre, à Gorron ; Pierre Filliastre, sieur de la Roche ; Michel Brodin, sieur de la Boullardière ; Pierre Garnier, sieur des Portes ; Julien Le Crosnier, sieur de la Julliannière ; Guillaume Picquet, praticien ; François Gudin ; Julien Manceau ; François Le Brun, sieur des Roches ; et René

---

1. A. Angot, *loc. cit.*, v° Gorron.
2. Arch. de la mairie. Ét. civ.
3. A. Angot, notes mss.

Cheminault, sieur de la Croix, paroissiens de Couesmes et de Saint-Denis-de-Gastines.

En 1674, une mission fut donnée à Gorron.

M⁰ Le Brun décéda à Gorron le 6 septembre 1677.

13° *Michel Le Plat*, prêtre du diocèse du Mans, demeurant à Paris, rue Saint-Dominique, représenté par M⁰ Pierre Mahot, docteur en Sorbonne, curé de Désertines, son procureur spécial, prend possession, en octobre 1677, de la cure de Gorron, vacante par le décès de Julien Le Brun, en présence de Jean Brodin, curé de Brecé ; Noël Jourdain, vicaire de Gorron, et Michel Garnier, sieur de la Pichardière, marchand au dit Gorron [1].

A Michel Le Plat succéda Michel Froger, en 1684 ; mais ce dernier, ayant permuté avant d'avoir pris possession, ne peut être considéré comme ayant été curé de Gorron [2].

14° *François de Pennard*, ci-devant curé de Couterne, y demeurant encore, prend possession, le 20 août 1684, suivant acte au rapport de Guillaume Picquet, notaire royal à Gorron, en présence de René Bonneau, curé de Vieuvy ; Pierre Durocher, prêtre, curé de . . . . ; Noël Jourdain, vicaire à Gorron ; Guillaume Landais, René Hamon, Jean Briman, Pierre Berrier et Guillaume Largerye, prêtres au dit Gorron ; René de la Touche, écuyer, et Jean-Baptiste Filliastre, sieur de la Haye, paroissiens du dit lieu.

C'est François de Pennard qui fut le chef de la croisade gorronnaise de 1688 [3].

Il mourut le 1ᵉʳ mai 1692.

15° *Jacques Le Picard*, originaire de Normandie, prê

----

1. Un Michel Le Plat, prêtre du diocèse du Mans, demeurant à Paris, fut nommé, en décembre 1682, curé de Pringé, archidiaconé de Sablé, d'où il passa, en 1689, à la cure de Jublains (Notes de M. Bernard).

2. A. Angot, *loc. cit.*, v° Gorron.

3. Cf. La châtellenie de Gorron.

tre du diocèse du Mans, précédemment curé de Mont-
sort, près d'Alençon, fut pourvu de la cure de Gorron
le 14 mai 1692. Il en prit possession le 12 juin, suivant procès-verbal d'André Fourmond, commis par
Sa Majesté pour remplir les fonctions de notaire apostolique, demeurant à Mayenne, en présence de : M° René
Hamon, prêtre habitué de l'église de Gorron ; Guillaume Gouault, sous-diacre ; François Gasté, licencié
ès droits, avocat, et Pierre Garnier, sieur des Portes.

Les armes de Le Picard étaient : *de gueules à une
croix ancrée d'argent, cantonnée des quatre lettres
M J L P de même* (*Annuaire de la Sarthe*, 1863).

Il avait reçu les ordres mineurs en 1675 et avait été
ordonné prêtre le 23 septembre 1679 [1].

Pendant son long exercice, M° Le Picard présida aux
réparations et restaurations de l'église, ainsi que nous
l'avons vu plus haut. Il organisa aussi l'école des filles.
Il a écrit, en 1699, sur le registre de l'état civil de sa
paroisse : « Le deuxielme feuvrier, Dieu m'a fait la grâce
« d'instituer la lampe ardente devant le très Saint-
« Sacrement. » En 1692, des capucins de Mayenne prê-
chèrent le carême à Gorron [2].

Le 4 octobre 1727, par devant François Croissant,
notaire royal et apostolique demeurant à Laval, Le
Picard consent procuration à l'effet de résigner sa cure

---

1. Voici un titre clérical où se trouvent indiqués le pays d'origine
et la filiation de notre curé :

« Franciscus de Nesmond, Dei et Sanctæ Sedis Apostolicæ gra-
« tia, Bajocensis episcopus, universis præsentes inspecturis salu-
« tem in Domino. Notum facimus quod die et anno infra scriptis,
« missam privatam in sacello seminarii nostri Cadomensis cele-
« brantes, dilecto nobis Jacobo Le Picard, filio Marini et Olivariæ
« Osmont, conjugum, parochiæ de Cheux, diœcesis nostræ capaci
« idoneoque reperto, tonsuram clericalem minoresque ordines ad
« onus deserviendi suæ ecclesiæ, ritè et canonice consulimus. Datum
« Cadomi, in palatio episcopali, die lunæ nono, festivo conceptionis
« Beatæ Virginis, anno salutis millesimo sexcentesimo septuage-
« simo quinto. *(Signé)* : Franciscus, E. Bajocensis. »

2. A. Angot, notes mss.

en faveur de son neveu, Jean-Baptiste Galesne, sieur de la Grange, prêtre du diocèse du Mans, en présence de : François Le Boullenger, sieur des Champs, avocat fiscal au siège de Gorron ; Pierre Vannier et François Lecourt, marchands au dit Gorron.

16° *Jean-Baptiste-Jacques Galesne, sieur de la Grange*, prêtre, résignataire de M° Le Picard, s'étant vu éconduit par la cour de Rome pour la délivrance de ses provisions, s'adressa au Parlement de Paris et en obtint un arrêt favorable le 10 mars 1728. En conséquence de quoi, il prit possession de la cure de Gorron le 31 du même mois, devant le notaire Croissant, en présence d'Henri Le Royer, prêtre, et de François Le Boullenger, avocat fiscal, demeurant à Gorron. Le 16 juillet 1728, sur la collation de Charles-Louis de Froullay, évêque du Mans, déterminée par l'arrêt du Parlement de Paris, sus-énoncé, Jean-Jacques Galesne, sieur de la Grange, maître ès arts de la faculté de Paris, licencié en droit, prend itérative possession de la cure de Saint-Martin de Gorron suivant procès-verbal dressé par M° Joseph Gourdier, notaire apostolique et royal, résidant à Mayenne, en la présence de : Henri Le Royer, prêtre vicaire, demeurant à Gorron ; Louis-Henry Giffard de la Porte, conseiller du roi et son procureur au grenier à sel de Mayenne, y demeurant ; François Le Boullenger, sieur des Champs, avocat fiscal au siège de Gorron.

La cour de Rome avait sans doute de bonnes raisons pour éconduire le curé Galesne. Nous trouvons, en effet, dans dom Piolin [1], certains renseignements peu édifiants sur son compte. A Mayenne et aux environs, la secte Janséniste comptait, pour adhérents principaux, dans le clergé, de 1735 à 1738, Bouessay, curé de Notre-Dame de Mayenne ; Michel Davoisne, qui avait remplacé le diacre Anjubault, comme principal du collège de cette

---

1. *Hist. de l'Église du Mans,* t. VI, p. 468 ; Cf. A. Angot, *loc. cit.,* v° Gorron.

ville ; René Coullon des Rochers, Pierre Hardy de la Fosse, Marc Lemasson, Jean-Baptiste Guyard de la Fosse, l'historien des seigneurs de Mayenne, dont la mère était Marguerite Lemasson, tous de la ville de Mayenne ; et Jean-Baptiste Galesne, curé de Gorron, qui fut enfermé au séminaire du Mans durant quelque temps, par lettres de cachet, pour mauvaises mœurs.

Le 19 septembre 1740, devant Joseph Gourdier, notaire à Mayenne, J.-J. Galesne, « retenu au lit par une maladie corporelle, » consent procuration pour résigner sa cure en faveur de Mᵉ Anthoine Lemarchand, prêtre, vicaire de la commune de Brecé Cette résignation ne fut pas suivie d'effet. « Défunct sieur Galesne avait « résigné sa cure de Gorron un peu auparavant sa mort « à F.-Antoine Le Marchand, vicaire de la paroisse de « Brecé, laquelle n'a été admise en cour de Rome en « temps compétant [1]. »

J.-J. Galesne mourut à Gorron le 7 octobre 1740, à l'âge de quarante ans. Il fut inhumé, le lendemain, dans le chœur de l'église, en présence de Mᵉˢ Cartier, curé de Hercé ; Charlot, curé de Vieuvy ; Hairie, curé de Lesbois, et Fizellier, curé de Levaré.

Pierre Piednoir, prêtre du diocèse du Mans, maître ès-arts de Caen, aurait été pourvu, le 8 octobre 1740, de la cure de Gorron, vacante seulement depuis la veille. Sa nomination daterait donc du jour même de la sépulture de son prédécesseur. Il ne prit d'ailleurs pas possession de sa cure, car, le 15 du même mois, il permuta, devant Étienne-Louis Dubois, notaire royal et apostolique au Mans, avec Julien-Jean de Valloys, curé de Vautorte.

17° *Julien-Jean de Valloys*. Par acte en date du 29 septembre 1716, passé devant Jean Pottier, notaire royal à Ernée, et Urbain-François Le Baron, notaire à Saint-Denis-de-Gastines, Mᵉ Jean de Valloys, clerc tonsuré et minoré, demeurant au séminaire du Mans, avait reçu

1. Mss. Le Boullenger.

de Jeanne et Charlotte de Valloys de la Lardière, filles majeures de vingt-cinq ans, demeurant à la Lardière, en la Pellerine, héritières de défunt Mre Henry de Valloys, seigneur de Louzeraie, leur père, sœurs du dit Me Jean de Valloys, son titre sacerdotal sur le lieu de la Lardière, paroisse de la Pellerine.

Il prit possession, le 19 octobre 1740, de la cure et église paroissiale de Gorron, suivant procès-verbal signé par Joseph Gourdier, notaire royal et apostolique à Mayenne, en présence de : Michel Bougrain, curé de Couesmes, Louis Hairie, curé de Lesbois, Pierre Piednoir, curé nouvellement promu de Vautorte, Fleury, curé de Lépinay-le-Comte, Renard, vicaire de Gorron, et René Lhuissier, vicaire de Brecé, et sieurs Le Boullenger, Gobard, Gobé, Bignon, Louis de Pannard, Fleury, Laigre, Vannier, paroissiens de Gorron.

Me de Valloys fut quinze ans curé de Gorron ; nous ne savons pas s'il donna tout son temps et son zèle à l'administration de sa paroisse et à l'édification des fidèles gorronnais. Il est même permis d'en douter quand on le voit cumuler trois bénéfices : il était, en effet, tout à la fois, doyen rural de Sablé, curé de Martigné [1] et curé de Gorron, ainsi qu'il résulte d'un acte en date du 20 septembre 1755, par devant René-François Fleury, notaire royal à Gorron, où il donne pouvoir à Me Nicolas-Jean Mabilleau, prêtre vicaire de Saint-Vincent de la ville du Mans, pour se démettre de la cure de Gorron.

Le 10 octobre suivant, devant les notaires royaux et apostoliques de la ville du Mans, Me Mabilleau déclare, au nom de son mandant, se démettre de la cure de Gorron [2].

---

1. Me de Valloys avait pris possession, le 14 octobre 1754, de la cure de Martigné, vacante par la démission de Me Joseph-Philippe Le Royer des Forges (Cf. Abbé Angot, *Dictionnaire* ; Mss. Le Boullenger).

2. Les documents contemporains fournissent quelques renseignements sur les événements religieux de ce temps.

En 1740, permission fut donnée de manger de la viande, pendant

18° *Gilles Richard de la Cuisnière*, prêtre, ci-devant curé de Saint-Mars-du-Désert, prend possession, le 22 octobre 1755, devant Gourdier, notaire à Mayenne, en présence de : Jacques Darenne, marchand, demeurant au bourg du Pas ; René Fouilleul, marchand, au bourg de Saint-Aubin-Fosse-Louvain ; François Guesdon, marchand de vins à Ambrières ; François Renard, François Lochu et René Lhuissier, prêtres à Gorron, et autres habitants de Gorron.

Gilles Richard était né à Ernée, le 6 mars 1713, de M⁰ Gilles Richard, sieur de la Cuisnière, conseiller du roi, commissaire des guerres en la ville d'Ernée, et de dame Marie Thamiot, son épouse.

Tonsuré par l'évêque du Mans le 4 septembre 1735, il prit possession, en 1739, de la chapelle du Jarriel, desservie dans l'église de l'Hôtel-Dieu de la ville d'Ernée. Maître ès-arts à Caen en 1745, il devint, en 1748, curé de Saint-Mars-du-Désert, d'où il passa, en 1755, à la cure de Gorron.

Il fut le bienfaiteur des pauvres [1] de Gorron, auxquels il légua 3.500 livres et son mobilier, dont la vente devait produire somme destinée à les vêtir.

Le 11 juin 1768, devant M⁰ Pierre Leray, notaire royal et apostolique à Mayenne, exprès transporté en la ville d'Ernée, il consentit, alors malade, résignation « en « la maison de Mʳᵉ François-René Picot de Pont-Aubray,

le carême, quatre jours par semaine, une seule fois par jour (Mss. Le Boullenger).

L'an 1745, le 4 juillet, a commencé un jubilé qui a duré quinze jours. Les stations étaient les mercredi, vendredi et samedi d'une des semaines, au grand autel de l'église, à l'autel de la Vierge et à la chapelle du Bignon. On jeûnait les trois mêmes jours. Les stations consistaient à dire cinq fois le *Pater* et l'*Ave* à chacun des autels ; ceux qui savaient lire récitaient les litanies du saint nom de Jésus et de la Sainte Vierge aux mêmes autels (*Ibid.*).

La station du carême fut prêchée, en 1750, par le P. Jean Damascène, de Paimpont (A. Angot, note mss.).

1. Cf. A. Angot, *loc. cit.*, v⁰ Gorron.

« escuyer, son beau-frère, sise ville d'Ernée, » en faveur de M⁰ Urbain Gonnet du Boisroger [1].

Le presbytère, affecté encore de nos jours au logement du clergé, fut construit, en 1763, par l'architecte Louis Jamot. Pendant la Révolution, il servit de caserne de gendarmerie, puis fut loué, par portions, à divers occupants.

19° *Urbain Gonnet du Boisroger*. Né à Ambrières en 1740, du mariage de Pierre Gonnet, sieur de Maubray, et de Marie Germont Crinais, gradué de l'Université d'Angers, il avait reçu de son père, le 31 août 1761, son titre sacerdotal sur la terre de Bouchevereau, près la ville d'Ambrières. Il fut vicaire à Gorron et devint curé de cette paroisse, après résignation de M⁰ Gilles Richard. Sa prise de possession eut lieu le 10 septembre 1768 devant Pierre Leray, notaire à Mayenne, en présence de : M⁰ Jean-Louis Caquier, curé de Cigné ; M⁰ François Garnier, prêtre habitué à Gorron ; M⁰ Jean-Baptiste de la Haye, vicaire à Gorron ; M⁰ Charles Pottier, avocat au Parlement et au siège d'Ambrières, demeurant au bourg du Pas ; M⁰ Julien Gobbé, procureur fiscal de la baronnie de Gorron ; M⁰ François-Clément Fleury, avocat au siège de cette baronnie ; M⁰ˢ Jean-Ambroise Péan, François-Ambroise Péan et Jacques-René Gauquelin, avocats au même siège ; M⁰ Pierre Rotureau, greffier ; François Lemonnier, Jean Bignon, Joseph Rousseau père et fils, marchands au dit Gorron.

M. Gonnet fut activement mêlé aux événements qui marquèrent le début de la Révolution. Nous allons voir les vicissitudes de sa vie publique, tragiquement terminée. Bien que sa mort soit postérieure à la date que nous nous sommes assignée comme terme de notre étude actuelle, nous la relaterons cependant, afin de ne pas laisser en suspens notre notice sur ce digne prêtre.

Possesseur d'une assez grande fortune, qu'il dépen-

---

1. Notes de M. Bernard.

sait en aumônes, M. Gonnet, suivant une note de l'évêché, de 1778, « avait de l'esprit et grand soin de sa paroisse. » Cette paroisse, ajoute la note, était instruite et facile à conduire. Il assista à l'assemblée du Mans de 1789, et signa le cahier du clergé de la sénéchaussée du Maine pour les États généraux.

Lors de la formation des municipalités, la confiance et l'estime de ses paroissiens lui attribua les fonctions de maire, dans lesquelles il fut maintenu le 22 février 1790. Rien, dans les archives de la mairie de Gorron, ne laisse supposer que le curé-maire ait éprouvé des difficultés jusqu'aux derniers mois de 1790. Le 14 juillet de cette année, il reçoit le serment de la milice bourgeoise d'être fidèle à la Nation, à la Loi et au Roi, et prononce, à cette occasion, une harangue où il expose sa satisfaction « pour le zèle et la fidélité de cette milice à se conformer « aux décrets de l'Assemblée nationale. »

Cependant, la municipalité de Gorron cessa d'être en bons termes avec l'administration du district d'Ernée. On en trouve, vraisemblablemènt, la cause dans une délibération du 3 octobre 1790, par laquelle les officiers municipaux, les notables et les principaux habitants de Gorron demandaient que le nombre des districts et tribunaux de la Mayenne fût réduit de sept à trois : une telle mesure aurait supprimé le district d'Ernée. Aussi, le 29 octobre suivant, au cours d'une entrevue, à Ernée, avec le bureau de ce district, le maire de Gorron eut à subir de violents reproches de la part du procureur-syndic Jeudry, « disant, entre autres choses [1], que nous, « maire, avions fait un personnage indigne, que nous « avions été à Colombiers engager les habitants à voter « la suppression de leur district…., qu'il ne voulait dans « son district que des frères et amis, ne nous regardant « pas comme tels… et autres propos qui nous annon- « cent qu'il est prévenu contre notre municipalité. »

____

1. Procès-verbal de la municipalité, rédigé et signé par M. Gonnet, 5 novembre 1790 (Arch. de la Mairie).

M. Gonnet demeura pourtant en fonctions. Le 29 novembre, il fut nommé, par acclamation, président d'une réunion des citoyens actifs du canton de Gorron, et il donna encore, le 24 décembre 1790, une signature en qualité de maire. Ce fut son dernier acte d'administration.

Le 30 décembre, dans la soirée, son corps était retiré de la rivière la Colmont, et transporté au presbytère, d'où il avait disparu nuitamment plusieurs jours auparavant. Procès-verbal[1] de l'événement fut dressé par Jean-François Le Marchant, officier municipal, et Joseph Rousseau, procureur de la commune, et transmis, avec les constatations des chirurgiens, « à Messieurs les officiers du district. »

A quoi attribuer la fatale détermination de M. Gonnet ? En voici l'explication, telle qu'elle est donnée par l'abbé Angot et M. Bernard : « Au milieu de l'avent 1790, « quatre soldats de la maréchaussée enlevèrent violem- « ment le curé de Gorron de son presbytère et le traî- « nèrent devant l'administration départementale, à « Laval, où il fut abreuvé d'outrages et de mauvais « traitements. Rentré quelques jours avant Noël, l'es- « prit profondément troublé et donnant des signes évi- « dents de folie, M. Gonnet se déroba à la garde de ses « vicaires, dans la nuit du 27 décembre, et alla se jeter « dans la Colmont, près du pont de Hercé[2]. »

L'acte du décès de M. Gonnet fut dressé dès le 30 décembre.

On ne peut que saluer respectueusement la mémoire de cet homme de bien, en qui s'incarnent véritablement les sentiments des premiers acteurs de notre grand drame révolutionnaire, dont il eut tous les enthousiasmes et, aussi, les désillusions.

---

1. Pièces justificatives, XVII.

2. Cf. A. Angot, *Dict. de la Mayenne*, t. II, p. 309 ; notes de M. Bernard (Bibl. de Laval) ; Dom Piolin, *Hist. de l'Église du Mans*, t. VII, p. 453 ; D. Piolin, *Mémoires de l'abbé Fleury*, p. 70-73.

II. — VICAIRES.

Nous donnons ci-après la liste des vicaires de Gorron dont les noms nous ont été révélés par les archives et documents que nous avons pu consulter :

1° *Richard Besnard*, 1568, 1ᵉʳ février, publie l'acte de prise de possession de la cure de Gorron par P. de la Vairye ; 1573, 1ᵉʳ juin, témoin de la prise de possession de la même cure par F. Chauvyn.

2° *Jehan Maillard*, 1596, 19 mars, témoin du curé Jehan Mariette, lors de sa prise de possession ; (il desservait alors la cure) ; lègue 10 *ℓℓ* de rente à la confrérie des Trépassés (dette reconnue le 26 janvier 1646).

3° *Jean Quentin*, 1606, 1607, 1612, † 1616.

4° *Pierre Berthereau*, « simple prêtre » en 1618 ; en 1664, est témoin avec les suivants :

5° *Guillaume Landais* l'aîné, 1664, 6 février, témoin de la prise de possession de la cure de Gorron.

6° *Noël Jourdain*, 1664, témoin du même acte ; 1677, témoin de Michel Le Plat ; 1684, de F. de Pennard, lors de leurs prises de possession de la cure ; 1704, procureur de la confrérie des Trépassés ; † 4 janvier 1707, à quatre-vingt-quatre ans.

7° *Jean Hérou*, 1704, 1705.

8° *Henri Le Royer*, 1728, 16 juillet, assiste comme témoin à l'itérative prise de possession de la cure par J.-B.-J. Galesne.

9° *Renard,* 1740, 19 octobre, est témoin de la même formalité pour J.-J. de Valloys.

10° *J.-P. Lochu,* 1755, 20 septembre, témoin de la démission du curé J.-J. de Valloys.

11° *Urbain Gonnet de Boisroger,* devenu curé en 1768.

12° *J.-B. de la Haie,* 1768, 10 septembre, témoin de la prise de possession par le curé Gonnet.

13° *Michel-François Leduc,* 1775.

14° *Jean-Baptiste-Georges-René Leteinturier*, 1775, 1786.

15° *Dauguy*, 1786.

16° *Hamon*, 1791.

17° *Chedeville*, 1791.

III. — PRÊTRES HABITUÉS.

De même que la nomenclature des vicaires, celle des prêtres habitués résidant dans la paroisse de Gorron est sans doute incomplète. On remarquera, pourtant, combien ces derniers étaient nombreux aux XVI°, XVII° et XVIII° siècles.

1° *Michel du Verger* l'aîné,

2° *Michel du Verger* le jeune, fondateurs de la chapelle du Verger (voir *infrà*).

3° *Michel Manceau* fait bâtir la chapelle du Bignon *(Id.)* [1].

4° *Hardouin Mulot* fonde la chapelle Saint-Michel, 1533.

5° *Michel Beret*, testament du 29 juin 1563, 10 sols de rente à l'église.

6° *Jehan Guyard*, 1568, témoin de la prise de possession de la cure de Gorron par P. de la Vairye.

7° *Jehan du Fresne*, notaire apostolique, rédacteur de l'acte ci-dessus, 31 janvier 1568.

8° *Jean Maillard*, procureur de la confrérie des Trépassés, 1582, 1583, 1584, 1585, plus tard vicaire.

9° *Jean Dubreil*, 1573, 1582, chapelain de la chapelle des Perrets.

10° *Michel Mulot*, 1583, 1593, chapelain de la chapelle Saint-Michel.

11° *Guillaume Goyet*, 1573, témoin de la prise de

---

1. On voit aussi, en 1510, Fabien Fiault, « recteur des écoles, » et, en 1526, Jean Périer.

possession de la cure de Gorron par F. Chauvyn ; il avait, dès 1570, légué par testament 10 sols de rente à la confrérie des Trépassés.

12° *Jehan Gesbert*, rédacteur de l'acte ci-dessus, du 1er juin 1573 ; procureur de la confrérie des Trépassés, en 1586.

13° *Mathurin Goyet*.

14° *Guillaume Quinton*.

15° *Julien Paillard*, † 1615.

16° *Jehan Piau*, ces quatre derniers témoins du même acte de 1573.

17° *Jean Guerrier*, 1573, également témoin du dit acte ; 1584, lègue 10 sols de rente à l'église.

18° *Noël Bourdais*, 1568, 1569, 1596, témoin de la prise de possession de la cure de Gorron par P. de la Vairye, V. Guérin et Jean Mariette.

19° *Antoine Lemoulnier*, 1596, témoin du curé Jean Mariette.

20° Noble *Pierre de la Busnaiche*, 1600, membre de la confrérie de Notre-Dame du Mont-Serrat.

21° *Bertrand Garnier*, sous-diacre en 1600 ; procureur de la confrérie des Trépassés en 1647.

22° *Gervais Charlot*, † septembre 1611.

23° *Julien Roze*, † novembre 1613.

24° *Léon Brault*, † juin 1614.

25° *Michel Salut*, 1605, chapelain de la chapelle des Perrets.

26° *François Salut*, bachelier en droit canon de la Faculté de Paris. Son testament est en date du 8 août 1650.

27° *Siméon Bellaguer*, 1612, 1630, chapelain de la chapelle Saint-Michel.

28° *Jean Garnier*, 1617, 1619, procureur de la confrérie des Trépassés ; par testament du 5 août 1658, il lègue 17 # de rente à la fabrique ; inhumé le 23 novembre 1663.

29° *Robert de Nancé*, 1606, 1619, 1630, 1633, procureur de la confrérie des Trépassés. Lègue, le 15 décembre 1642, 20 sols de rente à chacune des confréries du Saint-Sacrement et du Rosaire.

30° *Nicolas Perret*, 1640, chapelain de la chapelle des Perrets.

31° *André Mulot*, 1653, chapelain de la chapelle Saint-Michel.

32° *Guillaume Landais*, † 17 février 1674.

33° *Pierre Turpin* lègue à la fabrique de l'église de Gorron 80 #, pour le revenu être employé à faire célébrer un service solennel à perpétuité. Sa sépulture est en date du 6 mai 1662.

34° *René Hamon* est parrain, 27 janvier 1680 ; 20 août 1684, 12 juin 1693, témoin de la prise de possession de la cure de Gorron par F. de Pennard et J. Le Picard ; 1695, procureur de la confrérie des Trépassés ; 1704, élit un procureur de cette confrérie ; † 30 juin 1718, à quatre-vingt-quatre ans.

35° *Guillaume Largerye*, témoin du curé F. de Pennard, lors de sa prise de possession, 20 août 1684.

36° *François Le Boullenger* se démet des fonctions de chapelain de la chapelle Saint-Michel en 1710.

37° *Pierre Berrier*, 1684. — « L'an 1703, M⁰ Pierre « Berrier est mort et inhumé au cimetière de cette église « et paroisse de Gorron, qui, en son vivant, demeurait « au lieu du Saudrais, en cette paroisse, où il tenait et « montrait les écoles publiques qui ont procuré plusieurs « bons sujets à l'Église, à son imitation, ayant toujours « mené une vie fort édifiante en bon et simple prêtre « habitué à cette église de Gorron [1]. »

---

1. Mss. Le Boullenger. — Une modeste croix de granit, érigée dans le cimetière actuel, abrite les restes mortels de quatre prêtres, d'abord inhumés dans le vieux cimetière, puis transportés dans le nouveau. « Ici, dit l'inscription, à l'ombre de la croix, qua- « tre bons prêtres attendent la résurrection. » Leurs noms et les dates de leurs décès sont gravés sur les quatre faces du piédestal : M. Pierre Berrier, 1703 ; M. Le Crosnier, bienfaiteur de l'hôpital, 1818 ; M. L. Laigre Filliàtrais, curé de Gorron, 1816 ; M. L. Lurois, curé de Gorron, chanoine, 1856.

38° *François Renard*, 1739, sous-diacre, chapelain de la chapelle du Verger ; présenté le 17 janvier, obtient provision le 21 et est installé le 25 ; 22 octobre 1755, 10 septembre 1768, témoin de la prise de possession de Gilles Richard et U. Gonnet, curés.

39° *François Lochu*, 1755.

40° *René Lhuissier*, 1755 [1].

41° *François Garnier*, 1768.

IV. — REVENUS DE LA CURE, TEMPOREL, DÎMES.

Les revenus de la cure consistaient, outre le casuel, dans les produits de la dîme et le rendement de quelques pièces de terre.

Les renseignements à ce sujet sont rares. Voici ceux que nous avons pu découvrir dans les archives.

En 1577, le curé vend pour 80 # une portion du temporel de la cure, afin d'acquitter une taxe sur le clergé.

Les produits de la dîme, en 1704, furent : 130 boisseaux de seigle, 1 boisseau et quart de froment, 291 boisseaux de sarrazin, 176 boisseaux d'avoine.

Le 14 février 1705, le curé Le Picard afferma pour cinq ans à Julien Gobbé, notaire royal, et à Madeleine Chauvin, sa femme, ses droits de dîmes, « sauf la dîme « de Jean Galesne, les choses qui proviendront sur les « propres qu'il fait valoir, et celle de son temporel, « affermée à Jean Berrier. » Les époux Gobbé devaient « délivrer chaque année au sieur curé 50 boisseaux de « blé-seigle, 50 boisseaux de carabin, 50 boisseaux « d'avoine, le tiers de grosse, le tiers de menue et le tiers « de noire, mesure de Gorron, et lui payer la somme de « 950 #, dont 200 # à la Toussaint, 150 # à Noël et le « surplus à la Saint-Jean-Baptiste suivante. Ils pou- « vaient disposer de la grange du sieur curé pour y met- « tre leurs grains et pailles. »

1. Il est qualifié vicaire en 1736 (Mss. Le Boullenger).

La dîme rapporta au curé, en 1761 : 153 boisseaux de *bled*, 79 d'avoine et 320 de *carabin* ; en 1762, 250 boisseaux de *bled* et 216 de *carabin* [1].

En 1777, les revenus de la cure sont estimés à 1.600 livres [2].

En 1788, « le temporel de la cure contenait environ « huit journaux et un petit pré où recueillir une charre- « tée de foin. Les fonds de propriété contenaient environ « trois journaux sans aucune imposition de taille... »

Enfin, dans le cahier des doléances de 1789, il est observé que le curé ne peut, malgré son cœur bienfai- sant, avec le modique revenu de son bénéfice, subvenir à tous les besoins des pauvres. Il n'était pas le seul, du reste, à profiter du « modeste » produit de la dîme. « Il « y a plusieurs bénéficiaires qui perçoivent dîmes, ne « paient aucun impôt et sont onéreux et à charge aux « autres propriétaires et habitants... et n'ont jamais « donné un sol d'aumône. »

Dans une note conservée aux papiers de la cure, les *rentes* du vicaire sont évaluées à 106 # 18 s. vers 1705.

CHAPITRE V

Écoles.

Il convient, nous semble-t-il, de comprendre dans notre étude sur la paroisse de Gorron celle des œuvres scolaires et charitables de notre cité, telles que nous les ont révélées les documents, d'ailleurs peu nombreux, que nous avons pu découvrir. Cela nous paraît d'autant plus

1. Papiers de la cure.
2. Le Paige, *Dict. de la Province du Maine.*

justifié que l'on verra le clergé tenir toujours, avant 1789, une place prépondérante dans l'enseignement et la distribution de secours aux indigents.

Écoles de garçons [1]. — En 1494, Guillaume, Jean et Robert de Grangeré, paroissiens de Gorron, donnent à M° Fabien Fiault, bourgeois de Gorron et « recteur des « escolles du dit lieu, à ses hoirs et à ceux qui auront « cause de luy... la somme de quatre livres tournois « d'annuelle et perpétuelle rente. »

M° Fabien Fiault était prêtre en 1510.

Jean Périer, prêtre, fait, en 1526, un don à ses petits-neveux « qui vont à l'escolle. »

Par leur testament, dont nous avons déjà parlé à plusieurs reprises, Julien Largerie et Renée Triguel, sa femme, lèguent « 1 sol et 6 deniers à chacun des sept « plus pauvres *écoliers* qui diront les sept psaumes de « la pénitence et répondront le *Libera* et le *De pro-* « *fundis* » aux trente messes qui devront être célébrées dans le mois de leur décès.

Nous avons cité plus haut, en donnant la liste des prêtres habitués, le bon maître d'école du Saudrais, M° Pierre Berrier, mort en 1703.

Siméon Brodin est maître écrivain à Gorron en 1766. Il bénéficie, en cette qualité, du legs Julien Brault, dont il sera question tout à l'heure, et il est encore en fonctions en 1792.

Un autre maître d'école, René Brodin, exerçait dans le même temps.

L'État du clergé de 1778 mentionne l'existence à Gorron d'une école où vingt enfants pauvres étaient reçus gratuitement.

La vingt-sixième réponse au questionnaire de 1788 nous renseigne sur la fondation Julien Brault : « Un des

---

1. Cf. Papiers de la cure ; Archives de la Mairie ; Mss. Le Boullenger ; A. Angot, *Dict. de la Mayenne*, t. II et IV, v° Gorron ; *L'instruction populaire dans le département de la Mayenne avant 1790*, p. 130.

« maîtres d'école, y lit-on, ne jouit d'autre fonds ou
« revenu que d'une maison et jardin à la Renardière, et
« qui a été léguée par M. Julien Brault [1], prêtre, pour
« un maître d'école. Les habitants l'ont déchargé de
« l'impôt de taille, vu la modicité de la fondation, pour
« l'attacher à la paroisse. A ce moyen, il instruit vingt
« enfants des pauvres. Il subsiste, par ailleurs, par les
« petites rétributions qui lui sont payées par les autres
« enfants. L'autre maître d'école ne jouit d'aucune fon-
« dation. »

École des filles. — Le 24 mars 1697, dans une
assemblée des habitants, réunis à cet effet, M. Le
Picard, curé, fit une double proposition pour l'établissement d'une maîtresse d'école ; il fut décidé « d'avoir
une maîtresse d'école avec une compagne pour lui aider,
et ont prié (les dits habitants) leur curé d'en trouver et
d'en choisir une et, pour luy assurer et à sa compagne
au moins du pain pour leur subsistance, ont réglé entre
eux que la glane qui a coustume d'estre resserrée par
les sacristains de l'église tous les ans au mois d'août,
doresnavant seroit partagée entre les dits sacristains et
la dite maîtresse d'école et sa compagne ; et que même
dès la prochaine récolte, en cas qu'il en soit venu une
ou qu'elle vienne tost après, la dite glane sera partagée
comme dessus, c'est-à-dire que les sacristains divise-
ront la paroisse en deux, feront deux billets pour ce
sujet et que le sieur curé et ses successeurs, au nom et
pour la dite maîtresse d'écolle et sa compagne, en tirera
un et que la glane qui écherra dans le canton de son
billet sera ramassée pour elle à la diligence du dit sieur
curé, et ainsi à l'advenir tous les ans. A quoi ils se sont
obligés et consentis et même par le présent ont arresté
entre eux que la dite maîtresse d'écolle ne seroit ni directement ni indirectement comprise, non plus que sa compagne, dans les rooles de sel et de la taille, non plus

---

1. Le 28 juillet 1640 (Note mss. de l'abbé Angot).

que d'autre taxe de quelque nature qu'elle puisse arriver. »

Par acte au rapport de M° Gobbé, notaire à Gorron, du 17 août 1726, la marquise du Bailleul donna 52 # de rente pour l'entretien des maîtresses d'école à Gorron et à Brecé. En 1743, Mademoiselle du Bailleul assure une nouvelle rente pour l'installation de religieuses comme maîtresses d'école à Gorron. Ces deux rentes s'élevaient, au total, à 85 # par an.

C'est en 1744 que les sœurs de la Chapelle-au-Riboul s'installèrent dans une maison dépendante des legs et fondations faites à l'église et que les habitants, d'après l'agrément et le consentement de l'évêque du Mans, leur donnèrent pour logement. « Elles subsistent, par ailleurs, dit-on, de leur petit travail ou bénéfice que leur procurent les petites pensionnaires qu'elles élèvent et instruisent chez elles. »

En 1744, il y avait trois sœurs [1] ; le questionnaire de 1788 en mentionne deux.

Voici, du reste, un document qui relate l'histoire très complète de l'école des filles de Gorron [2].

« Déclaration que présente et dépose à MM. les officiers municipaux de Gorron, le sieur Urbain Gonnet de Boisroger, prêtre, curé du dit Gorron, et en cette qualité bienveillant et protégeant les fondations utiles et avantageuses établies dans sa paroisse pour l'éducation et instruction de la jeunesse, le soin et soulagement des pauvres malades.

« 1° Il y a un établissement pour l'instruction des jeunes filles. Ce sont les dames de charité de la société de Sillé-le-Guillaume, connues sous le nom des sœurs de charité de la communauté de la Chapelle-au-Riboul ; elles sont ordinairement trois : ce sont elles qui sont chargées de veiller au soin et soulagement des pauvres malades.

1. Abbé Angot, *loc. cit.*
2. Arch. de la Fabrique.

« 2° Fonds et rentes dont elles jouissent :

« Elles jouissent et occupent une maison composée d'une chambre, cave dessous, un grenier sur la chambre, laquelle avait été léguée à l'église par François Ruault et Jeanne de Briel, avec un petit jardin ; plus une autre petite maison basse composée d'une salle et grenier dessus : cette dernière maison sert de classe pour y tenir les écoles ; elle avait été léguée à l'église de Gorron par Julien Garnier.

« Vu la petitesse de cet appartement, qui ne pouvait contenir ensemble les jeunes filles à instruire, il y a environ douze ans que le curé, la dame de la paroisse et le général des habitants se cotisèrent pour faire construire une nouvelle salle adjacente à la première maison servant de logement aux sœurs. Cette salle fut construite sous les yeux et de la connaissance du contrôleur des actes qui, sur l'emplacement, passa un acte comme notaire pour régler avec le voisin la forme, grandeur et étendue, et droits respectifs de jours sur son jardin. Il ne dit pas un mot des règlements qu'on ignorait et qui assujettissaient à se pourvoir devant M. l'Intendant de la Généralité de Tours pour agréer et autoriser la construction et bâtisse de cette nouvelle salle, si nécessaire pour l'éducation de la jeunesse ; on laissa à peu près six ans les sœurs tranquilles et qui jouirent paisiblement de cette salle. Lors du passage et domicile à Gorron du sieur Tillet, contrôleur ambulant, il fit assigner au tribunal de l'intendance les sœurs maîtresses d'école de Gorron pour y être condamnées à payer 200 livres d'amende pour avoir fait bâtir cette salle sans l'autorisation de M. l'intendant. Le curé lui adressa, par la voie de son subdélégué de Mayenne, une requête expositive et justificative en faveur du bien public et avantage des enfants de la paroisse, qui ne pouvaient être réunies dans l'ancienne classe, et de la nécessité, vu le grand nombre d'élèves dans la paroisse, de les partager en deux salles, et de la bonne foi avec laquelle on ignorait ce règlement, et de l'impossibilité morale où l'on était d'en être instruit, d'après le silence du contrôleur de Gorron, qui n'en donna aucun avertissement lorsqu'avant la construction il passa l'acte d'arrangement avec le voisin des sœurs pour les jours de leur salle sur son jardin. Malgré nos représentations et suppliques, M. l'intendant condamna les sœurs à 24 livres d'amende et aux frais. Ce fait s'est passé il y a environ cinq ans. Les représentants de la nation le prendront en considération, s'ils le jugent à propos. Il sera facile de juger de la dureté de la poursuite et amende par la grande modicité du revenu dont elles jouissent et qu'on eut soin d'exposer dans la requête adressée à M. l'intendant. Les deux maisons de l'autre part dénommées ont été destinées pour le logement des sœurs de l'agrément de M. l'évêque du Mans, après un procès-verbal de *commodo* et sur la demande du curé et général des habitants, il y a environ quarante-cinq ans.

« Outre les deux maisons qu'elles occupent, elles jouissent de deux rentes, l'une de 60 livres et l'autre de 25 livres ; ce sont les dames du Bailleul, dames de la paroisse, qui leur ont fait cette dot. Elles n'ont point d'autres revenus ; elles ne pourraient vivre dans cette fondation avec cette modique rente, mais le curé leur donne tous les ans une provision de blé pour leur nourriture et elles pourvoient au surplus à leurs besoins par leur travail et le petit bénéfice qu'elles font avec leurs pensionnaires et élèves en état de payer. — Je, curé de Gorron et doyen du Passais au Maine, certifie la présente déclaration sincère et véritable. En foi de quoi je l'ai signée ce 1er mars 1790. — Signé : Gonnet, curé de Gorron, doyen. »

Les religieuses dont les noms ont été conservés sont : Pellouard (1764) ; Renée Lemestivier (1766-1768) ; Antoinette Gallais (1769) ; Élisabeth-Françoise Leroyer (1768-1784).

Outre les avantages ou bénéfices que nous connaissons par la lecture du mémoire du curé Gonnet, les sœurs tiraient encore quelques profits de petits travaux accessoires. Elles touchaient, par exemple, 25 livres par an pour le blanchissage du linge de la fabrique.

En plus de l'instruction primaire, on ne négligeait pas, à Gorron, de faciliter certaines autres études, dans un but d'utilité générale. En 1778, la paroisse envoya au Mans une élève sage-femme, pour y suivre les cours d'obstétrique de Mme du Coudray.

CHAPITRE VI

Œuvres charitables.

Une léproserie ou maladrie avait jadis existé à Gorron. Elle possédait une chapelle placée sous le vocable de saint Étienne et était située, sans doute possible, non loin de la Pierre-Pichard, sur le chemin de Gorron à Mayenne. Nous renvoyons nos lecteurs, pour les détails concernant la chapelle, à l'étude que nous lui consacrerons ci-après. Ce sur quoi nous tenons à insister, c'est la certitude de l'existence de cette maladrie ; elle est attestée par divers auteurs [1], et une pièce de terre voisine de son emplacement présumé porte encore le nom de « La Malabrie, » par corruption évidente de « la Maladrie » [2].

Ajoutons que le quartier voisin était, naguère encore,

---

1. Dom Piolin, *Hist. de l'église du Mans*, t. IV, p. 141 ; A. Angot, *Dict. hist. de la Mayenne*, t. II, v° Gorron, t. III, v° Saint-Étienne ; Papiers de la cure.

2. N° 648, section A du plan cadastral. — En 1574, il existait un lieu dit La Maladrie-Saint-Étienne. Voir *suprà* : rentes dues à la confrérie des trépassés.

couramment désigné sous le nom de quartier du Grand-Couvent. Il convient aussi de noter que Gorron était déjà une localité importante au temps des Croisades, époque à laquelle remonte la fondation de cette sorte d'établissements, et que le souvenir de ces fameuses expéditions se retrouve encore dans le nom d'une des voies de notre ville : la rue des Sarrazins.

De la maladrie ou léproserie de Sainte-Anne, et même de la vieille chapelle Saint-Étienne qui lui avait survécu, il ne reste aucun vestige.

Avec elle disparut l'unique établissement hospitalier dont Gorron ait été doté jusqu'à la Révolution. Ni hospice ni hôpital n'y fut construit. Cependant les pauvres et les malades n'étaient pas complètement abandonnés. Mais jusqu'au legs du curé Gilles Richard, bien modestes furent les dons qui furent faits aux indigents.

En 1605, les époux Pierre Jardin lèguent à la fabrique 40 sols de rente pour être distribués en aumônes le jeudi absolu [1]. Julien Largerie et sa femme donnent, par leur testament de 1636 [2], 2 sols et un pain de la valeur d'un sol à chacun des pauvres qui assisteront à leur enterrement.

Tous les dimanches, on faisait, à l'église, une quête au profit des indigents. Un tronc y était destiné à recevoir les *offrandes* pour les pauvres malades [3].

Les malheureux eurent, nous l'avons vu, un généreux bienfaiteur dans la personne du curé Richard, mort en 1768. Il leur légua outre son mobilier, dont le prix de vente fut employé à les vêtir, une somme de 3.500 livres placée à rente.

En 1788, on comptait à Gorron 78 ménages pauvres, composant 220 personnes.

1. L'usage d'une distribution aux pauvres le jeudi « absolu » était ancien et existait encore en 1748 (A. Angot, *loc. cit.*).

2. Le texte complet de ce testament sera donné aux pièces justificatives, n° VIII.

3. Il portait l'inscription suivante : Tronc pour les pauvres malades de la confrérie de charité de cette paroisse.

CHAPITRE VII

Fondations pieuses. — Chapelles et Prestimonies.

I. — CHAPELLE DU VERGER.

Elle fut fondée par Michel du Verger le vieux et Michel du Verger le jeune, prêtres, seigneurs temporels du domaine du Verger, en Gorron. L'acte de fondation, dont nous n'avons pu trouver la date précise, est, au plus tard, de 1436, car, le 14 avril de cette année, l'évêque du Mans, Adam Châtelain, conféra le bénéfice à Guillaume Dieu, présenté par les fondateurs eux-mêmes.

Cet acte de fondation, dont nous donnons le texte complet aux pièces justificatives [1], est relaté dans un procès verbal de comparution, devant l'Official du Mans, de Michel Le Moulnier et d'Ambroise de la Bunaische, prêtres, lesquels, en 1451, demandaient tous les deux à être nommés chapelains [2]. L'acte n'indique du reste pas celui qui obtint gain de cause. La nomenclature ci-après des titulaires de la chapellenie, du moins de quelques-uns d'entre eux, nous édifiera sur les fréquentes compétitions qui se sont produites à l'occasion de ce bénéfice, pourtant bien modeste.

Michel du Verger *senior* et Michel du Verger *junior* fondèrent leur chapelle à l'intention de leur propre salut, du salut de leurs parents et bienfaiteurs, et du rachat

---

1. Pièces justificatives, V.

2. Papiers de la cure. On trouve dans ce document de curieux détails sur la topographie de Gorron au milieu du xv⁰ siècle. « Une rue conduisait de l'église au lieu du Verger, longeant les murs du « castrum » ; une autre rue allait aussi de l'église au grand carrefour de la ville ; une autre faisait communiquer le « forum » au moulin. La cité était entourée d'un mur d'enceinte « muros clausuræ dictæ villæ de Gorronio. »

de leurs péchés, à la charge de deux messes par semaine
à l'autel Sainte-Marguerite de l'église de Gorron. Ils s'en
réservaient la présentation, qui devait appartenir, après
leur décès, au curé et au procureur de la fabrique,
« communiter. » Ils affectaient à l'entretien de leur fondation 15 livres de rente annuelle et perpétuelle, au
service de laquelle ils hypothéquaient leur domaine du
Verger, un four banal et deux jardins. Le titulaire devait
être choisi parmi les prêtres ou clercs de la paroisse de
Gorron. L'évêque du Mans était le collateur.

Cette fondation, suivant une note de l'écriture de
M. Bruneau, curé de Gorron, recopiée, *ne pereat*, par
M. l'abbé Prodhomme, son successeur médiat, se per-
pétua jusqu'à la Révolution [1].

Titulaires.

1436. Guillaume Dieu [2].

1449. Pierre Garnier [3]. L'acte que nous donnons en
note nous apprend que les fondateurs de la chapelle du
Verger étaient morts avant 1449.

1. Papiers de la cure.
2. Voici un extrait de l'acte de sa collation : « Universis... Nos,
decanus de Passayo,... die XIV octobris 1444, coram nobis in judi-
cio sedentibus fuerunt ex parte venerabilis viri Guillelmi Dieu,
presbyteri, capellani capellanie du Vergier in ecclesia beati Martini
de Goronnio,... litteras fundationis presentante, quarum tenor talis
est : Universis... litteras inspecturis Adam, Cenomanencis episcopus. Cum venerabilis viri M. de Virgulto senior et Michael de
Virgulto junior, domini temporales du Vergier, siti in parochia de
Goronnio,... proposuissent fundare unam capellaniam de duobus
missis ad altare beate Margarite, post ipsos ad presentationem
rectoris et fabrice,... dederunt dictum domanium du Vergier et
furnum ad bannum dicte ville... Approbamus et pro hac vice Guil-
lelmo Dieu presbytero nobis presentato conferimus... Datum
Cenom...die XIV aprilis post Pascha, 1436... » (*Lib. Fund.*, t. I,
fol. 52).
3. Le Verger était un fief dépendant de la commanderie de Quit-
tay. Des difficultés ne tardèrent pas à surgir entre le seigneur de
fief et le chapelain. La preuve en est dans l'acte d'accord ci-après, du
28 mai 1449. « Decretum super concordia et pacificatione factis
« inter dominum Petrum Garnier, presbyterum, capellanum capel-
« lanie per defunctos M. du Vergier... fundata et religiosum virum

1451. Compétition entre Michel Le Moulnier et Ambroise de la Bunaische [1].

1538. M° Nicolle Perret, prêtre.

1555. Noble maître Mathurin des Vaux, prêtre.

1561. Noël de la Roche, prêtre, demeurant à Gorron, pourvu du bénéfice après présentation faite de sa personne par M° Jean Noël, curé de Gorron, en prend possession, le 22 février 1561, devant M° Jean Dufresne, notaire apostolique, demeurant à Gorron, « in oppido Goronnii, » en présence de M° Goyet, prêtre, Bertrand Fillastre, avocat, Pierre Hamon et Jean Le Bertereau.

Noël de la Roche ne manqua pas de compétiteurs ; nous en connaissons deux : Jean Gesbert et Michel Tullard.

Dès le 26 février 1561, Jean Gesbert, clerc tonsuré, « segretain de l'église parochiale de Monsieur Saint Martin de Gorron, » assisté de M° Jean Perret, notaire juré sous les sceaux des cours royales du Mans et du Bourgnouvel, demeurant à la Martinaie, paroisse de Brecé, appréhende en personne M° Jean Noël, curé de Gorron, et le requiert de le présenter à Mgr du Mans pour la chapelle du Verger, vacante par le trépas de noble Mathurin des Vaux, annonçant le dit Gesbert l'intention de se faire pourvoir aux saints ordres de prêtrise. Le curé ayant répondu ne pouvoir accéder au vœu du requérant, attendu qu'il avait déjà présenté une autre personne idoine et capable, Jean Gesbert adressa la même requête à Jean Manceau, procureur de la fabrique ; il en reçut pareille réponse.

Les témoins de ces requêtes étaient M° Julien Doesneau, curé de Saint-Mars-sur-Colmont, doyen rural du

« fratrem Guillermum Bailly commendatorem perceptorie de Qui-« tay, super nonnullis altercationibus et processibus inter ipsos « habitis ad causam domanii du Vergier... » (*Lib. Fund.*, t. I, fol. 107). La paix fut rétablie par l'évêque du Mans.

1. L'abbé Angot mentionne Ambroise de la Bunaische comme chapelain en 1513.

Passais, et M⁰ Cenery Couppel, curé de Saint-Aubin-Fosse-Louvain.

Une nouvelle tentative de prise de possession de la chapelle du Verger par M⁰ Jean Perret, au nom sans doute de Jean Gesbert, eut lieu le 13 novembre 1562 [1].

En cette même année, M⁰ Michel Tullard, prêtre, écolier, étudiant en l'Université d'Angers, pourvu de la cure de Saint-Ouen-des-Toits et de Saint-Martin de Mayenne, et se qualifiant chapelain du Verger, donne pouvoir à ses « chiers et bons amys » Jean Garnier, Nicolas Tullard et Geoffroy Jobbin, ses procureurs spéciaux, de prendre en son nom possession des cures et chapelles susdites [2].

1565. Les chapelains du Verger, quelque disputé que fût ce bénéfice, ne semblent pas, du moins à cette époque, avoir tenu longtemps en place. En 1565, en effet, un nouveau titulaire, César des Vaux, clerc, étudiant en l'Université de Paris, prend possession par P. Pidault, son procureur.

1598. Robert de Nancé, prêtre, prend possession le 9 août.

1614. Guy du Bailleul prend possession le 2 mai, mais, comme il n'a pas l'âge requis et n'est pas de la paroisse de Gorron, Pierre de la Bunaische, sous-diacre, est pourvu à sa place le 18 août 1614.

1626. Cependant, Guy du Bailleul ayant atteint l'âge canonique, devint chapelain du Verger, bien que n'étant pas de la paroisse de Gorron et ne remplissant pas, par conséquent, une des conditions spécifiées par les fondateurs. Dans une procuration qu'il donna, le 9 juillet 1626, pour se démettre de son bénéfice, il se qualifie clerc, écuyer, demeurant en la maison seigneuriale de Belleplante, en Charné.

---

1. Cf. Trouillard, *Notice sur Gorron* ; Notes de M. Bernard.

2. Michel Tullard, compétiteur à la cure de Saint-Martin de Mayenne, non installé, aurait été chapelain du Verger en 1559 (Grosse-Duperou, *L'Église Saint-Martin de Mayenne*, p. 6).

1627. Collation par Mgr Charles de Beaumanoir, évêque du Mans, « pour cause de négligence des patrons, »
à J. Largerie, sous-diacre, licencié *in utroque jure*,
natif de Gorron.

1655. Mathieu Guesdon.

1700. Pierre Durocher ; il décède dans les premiers
jours du mois de mai.

1700. Le 18 mai, par acte au rapport de René Davoynes, notaire royal et apostolique à Mayenne, Jean-Baptiste Fillastre, procureur fabricier de l'église paroissiale
de la ville de Gorron, y demeurant, présenta à l'évêque
du Mans, pour la chapelle du Verger, François Lemarchand, prêtre, docteur en Sorbonne (licencié en théologie de la Faculté de Paris, d'après l'acte de sa prise de
possession). Le procureur de la fabrique déclarait agir
seul « vu que le sieur curé de Gorron, co-présentateur,
« était absent depuis quinze jours, sans qu'on sût posi-
« tivement le lieu où il était, » mais après avoir pris
l'avis des principaux habitants de Gorron, savoir :
Pierre-Louis du Bailleul, chevalier, « seigneur fonda-
« teur de la ville de Gorron » ; M⁰ François Le Boullenger, procureur fiscal ; François Brimand, procureur
syndic ; Joseph Oger, maître chirurgien ; Jean Doyen et
Gabriel Lesaulnier, marchands ; Julien Dufour, hôte.

M⁰ Jacques Le Picard, curé de Gorron, apprit, quelques jours plus tard, au Mans, où il était « de présent, »
la démarche du procureur fabricier. Il s'y associa, le
26 mai, par acte passé devant Charles Honoré, notaire
royal et apostolique en cette ville, et, le 4 juin, François
Lemarchand prit possession de la chapelle du Verger
par son mandataire spécial, M⁰ Antoine Lemarchand,
prêtre, curé-doyen de Brecé, en présence de Claude du
Hardas, seigneur de Houssemaigne, demeurant à
Mayenne ; de M⁰ Gabriel Collin, chirurgien à Gorron,
et de M⁰ François Le Boullenger, procureur fiscal au
même lieu (acte au rapport de M⁰ René Davoynes).

M⁰ François Lemarchand, qualifié aumônier de Mgr

l'évêque du Mans dans une « montrée » de la chapelle du Verger dressée, le 16 janvier 1702, par Mᵉ Ambroise Géré, notaire royal à Ambrières, en exécution d'une sentence du siège de la baronnie de Fontaine-Daniel du 4 mai 1701, succéda à son oncle Antoine Lemarchand, dans la cure de Brecé. Il mourut le 13 janvier 1739, encore chapelain de Sainte-Marguerite du Verger.

1739. Notre chapelle ne demeura pas longtemps sans titulaire. Présenté le 17 janvier par Jean-Jacques Galesne, curé de Gorron, et Mᵉ Julien Gobbé le jeune, procureur de la fabrique, Mᵉ François Renard, sous-diacre, « enfant de cette paroisse, » fut nommé, le 21 du même mois, par Mgr Charles-Louis de Froullay, évêque du Mans, et prit possession, le 25, devant Mᵉ Joseph Gourdier, notaire royal et apostolique à Gorron. Comme son prédécesseur, Mᵉ Renard conserva son bénéfice pendant de longues années et jusqu'à sa mort, survenue le 8 mai 1780.

·1780. Dès le 9 mai, lendemain du décès de Mᵉ Renard, Mᵉ Urbain Gonnet de Boisroger, curé de Gorron, et François-Ambroise Péan, procureur marguillier, présentent Louis-Jacques-Joseph Péan, sous-diacre, à S. M. ; le roi possédait alors le droit dit de régale et était devenu collateur du bénéfice.

Le 16 août suivant, Louis-Jacques-Joseph Péan [1] prend possession de la chapelle du Verger, devant Louis Leray, notaire royal et apostolique à Mayenne, en présence de : Mᵉ René-François Garnier, curé de Hercé ; Mᵉ Augustin Sénéchal, prêtre, demeurant à Saint-Fraimbault-de-Prières ; Mᵉ François Pottier, docteur en médecine à Gorron ; Joseph Le Faux, commis aux aides à Gorron ; Mᵉ François-Jean-René Lemestayer, notaire royal au même lieu ; Mathurin-François Lhuissier, huissier royal à Gorron ; et Urbain Rouzière et Guillaume Guihéry, marchands au même lieu.

---

1. Curé constitutionnel de Gorron, prend possession le 1ᵉʳ avril 1792 ; il cesse ses « fonctions ecclésiastiques » le 16 pluviôse an II.

Il fut le dernier bénéficiaire de la chapelle, dont il jouit jusqu'à sa suppression, au début de la Révolution.

II. — CHAPELLE DES PERRETS.

Cette chapelle était desservie à l'autel Saint-Pierre, en l'église de Gorron.

Bertrand Perret, sieur du Boullay, la fonda par disposition testamentaire en date de 1493, dont confirmation se lit dans le testament de Julien Lecrosnier et de Perrine Perret, sa femme, du 24 juin 1610.

La nomination des chapelains appartenait aux héritiers de Bertrand Perret.

Au nombre des titulaires de cette chapelle nous avons relevé :

1573, 1582, M° Jean Dubreil ; 1604, Nicolas Perret ; 1605, Michel Salut, nommé le 15 septembre 1605 par Claude Perret, arrière-petit-fils du fondateur [1].

III. — CHAPELLE DE LA HAIE.

Les circonstances de la fondation de la chapelle de la Haie sont relatées dans un acte d'approbation et de confirmation de l'évêque du Mans, donné à Laval le 29 mars 1444 (n. st.).

« Universis.... Johannes, Cenomanensis episcopus. Ex
« parte nobilis viri Radulphi Girard, scutiferi, domini de
« Barenton, sunt presentatæ litteræ quarum tenor est talis :
« A tous.... Michel Roussin, garde des sceaulx des con-
« trats de la Cour du Mans, savoir faisons... que noble
« homme Raoul Girard, écuyer, seigneur de Barenton,...
« en l'honneur de la sainte Trinité, de la sainte Vierge,
« consolatrice des désolés, fontaine de miséricorde et de
« toute consolation, et de saint Jean-Baptiste, a disposé de
« fonder une chapellenie de trois messes, en l'église de

1. Papiers de la cure de Gorron.

« Gorron, jusqu'à ce que le dit Raoul Girard ou ses héri-
« tiers aient fait faire ou édifier chapelle ou oratoire hon-
« nête en aucun des lieux ou maisons du dit Raoul, l'une
« (messe) du Saint-Esprit, l'autre de Notre-Dame, la troi-
« sième des Trépassés,… en faisant, après les messes qui
« ne seraient pas des Trépassés, l'office de *Requiem* avec
« les collectes qui y appartiennent… Et donne pour l'usage
« du chapelain XXV *#* de rente sur son domaine de la
« Haie, en la paroisse de Gorron, fief des religieux de Fon-
« taine-Daniel, et sa neuvième partie en la *dixmerie* appe-
« lée la Censive de Saint-Denis-de-Gastines « ès traiz du
« Boisberanger, de Fremaigne et Montflaut. » — Le chape-
« lain qui serait simple clerc devrait se faire promouvoir
« aux saints ordres des prêtres dedans un an… Approba-
« mus et confirmamus… Datum apud Lavallum Guidonis,
« nobis diocesim nostram visitantibus… XXIX martis 1443,
« ante Pascha. »

Le service provisoire de la chapelle de la Haie dans
l'église de Gorron, jusqu'à la construction d'un oratoire
par la famille Girard, est mentionné dans le Pouillé du
chapitre, xvie siècle [1].

Jusqu'en 1620, les trois messes par semaine furent
célébrées par les chapelains de la Haie à l'autel Sainte-
Barbe, en l'église de Gorron ; puis dans la chapelle du
Plessis-Châtillon (en Châtillon-sur-Colmont) [2], et, au
xviiie siècle, dans celle de l'Écluse, en Brecé.

Les présentateurs étaient les héritiers du fondateur,
Raoul Girard ; l'évêque du Mans était collateur. Les
revenus, pris sur le domaine de la Haie (25 livres) et la
neuvième partie des dimes de la censive de Saint-Denis-

----

1. « Capellania per nobilem virum Radulphum Girard in ecclesia
« de Gorronnio fundata, quousque per se vel heredes suos orato-
« rium fuerit in aliquibus maneriorum suorum ædificatum… Domi-
« nus temporalis loci in quo oratorium ædificabitur… erit patro-
« nus. »

2. Les seigneurs du Plessis-Châtillon, héritiers de Girard de
Barenton, étaient aussi seigneurs de l'Écluse (Cf. A. Angot, *Dict.*,
t. III, p. 296).

de-Gastines, sont évalués à 280 livres dans une note de M. le curé Bruneau [1].

Titulaires connus.

J. Tripier, clerc, étudiant en théologie à Paris, prend possession, par procuration, le 28 janvier 1600.

Le 19 avril de la même année, F. Moreau prend, lui aussi, possession de la chapelle de la Haie, en présence du curé de Gorron, Ernier Feillet, et ce, après présentation du seigneur d'Hermet et collation par l'archevêque de Tours, au refus de l'évêque du Mans. La décision de l'archevêque de Tours prévalut, car nous voyons J. Duboys, diacre, licencié *in utroque jure*, succéder à F. Moreau et prendre possession en 1606.

Le 25 juillet 1610, P. de Launay, clerc, présenté par P. de Launay, chevalier, seigneur d'Hermet, Colombiers, etc., prend possession par procuration. Toutefois son jeune âge, quinze ans, ne lui permit pas de conserver le bénéfice.

Louis de Chappedelaine, pourvu de la cure de Brecé, prit, le 7 mai 1611, possession de la chapelle de la Haie, devant M° Jean Garnier, notaire royal à Gorron, en présence de : M° Ernier Feillet, curé de Gorron ; M° Julien Fanneau, prêtre, demeurant à la Cocherie, paroisse de Brecé, et Nicolas de Mongodin, chirurgien à Gorron.

Louis de Chappedelaine, fils de noble Joachim de Chappedelaine et de demoiselle Guyonne . . . . . , son épouse, paroissiens de Brecé, avait reçu la tonsure, le 29 février 1583, en la chapelle Sainte-Barbe, au château du Plessis-Châtillon, des mains du cardinal de Rambouillet, évêque du Mans.

Il était aussi chapelain de Saint-Étienne de Gorron.

---

1. Papiers de la cure de Gorron. Ce chiffre paraît bien élevé et n'est appuyé d'aucune justification. S'il est exact, il établirait que les dîmes de la censive de Saint-Denis-de-Gastines étaient singulièrement rémunératrices.

En 1624, François Chesnay est pourvu de la chapelle de la Haie, sur présentation de René du Plessis-Châtillon, seigneur de Colombiers, de l'Écluse, etc.

Michel du Tronchay, chanoine de Saint-Michel de Laval, est titulaire en 1717 et 1729.

Charles-Joseph Jouanne, du diocèse de Séez, chanoine de Saint-Cloud, près Paris, est pourvu en octobre 1758.

IV. — CHAPELLE SAINT-MICHEL
DE LA VILLELIMANDIN.

La chapelle ou prestimonie de « Monsieur saint Michel archange » fut fondée le 3 janvier 1504 (nouv. style) par Hardouin Mulot, prêtre [1].

Nous adoptons, pour la désigner, le nom de « La Villelimandin, » sous lequel la mentionne M. l'abbé Angot. Les actes et documents qui en parlent la nomment aussi : Villevaudin, Villevaudais, Villemaudin, Villebaudon, Vaugaudin [2], Lavaudin, la petite ville Limandin [3].

Elle était desservie en l'église de Gorron, devant l'autel Saint-Roch « où est scituée l'image saint Michel » ; le présentateur était le plus proche parent du fondateur ; l'évêque du Mans était collateur.

Le temporel de cette chapelle était composé de :

1° La métairie de l'Hommeau, fief de la Villemandin, en Martigné, d'un revenu de 80 livres en 1702 et de 65 livres en 1724. Les époux Rané, qui en étaient fermiers à cette dernière date, paient entre les mains du curé de Gorron, M. Le Picard. Le prix de fermage ne suffisait pas, nous en aurons la preuve plus loin, à solder les réparations de cette petite ferme ;

---

1. Abbé Angot, *loc. cit.* ; *Lib. fund.*, t. II, fol. 334.
2. M. Bernard, notes mss.
3. Papiers de la fabrique de Gorron.

2º Deux pièces de terre et un pré dépendant de la Théhellière, en Hercé, rapportant 12 livres en 1702.

Le chapelain devait deux messes par semaine.

Titulaires connus.

Geoffroy Mulot, neveu du fondateur, présenté par lui en 1504.

J. Mulot, prêtre, résignataire en 1570.

J. Salut, prêtre, demeurant au Mans, fils de J. Salut et de Michelle Mulot, de Gorron, présenté par J. et Julien Mulot, neveux d'Hardouin Mulot, fondateur, prend possession par procuration, à l'autel Saint-Michel, le 20 avril 1570.

Amb. Moulinière, prêtre à Gorron, 1581.

Jacques Brouard, de Paris, même date.

Michel Mulot, clerc, est chapelain en 1581 (?) et 1593. Il déclare, en cette qualité, une maison, avec étable et grange, et quatre pièces de terre joignant le chemin de Gorron à Levaré, d'une contenance de 13 journaux, dépendant du fief de la Thehellière.

Siméon Bellaguer est titulaire en 1612 et 1630, et Mᵉ André Mulot l'est en 1653.

F. Roche, prêtre, demeurant à Martigné, prend possession le 3 janvier 1675.

Mᵉ Griveau, né à Alençon, prêtre habitué à Martigné, est présenté, le 8 mars 1684, après le décès de F. Roche, par F. et Thomas Mulot, à défaut de parent. Il s'oblige, en 1700, à verser à M. Le Picard, curé de Gorron, 36 livres pour la rétribution des deux messes par semaine dues par le chapelain. Mᵉ Griveau mourut en juin 1710.

Par collation du 28 juin 1710, Mᵉ François Le Boullenger, prêtre habitué à Gorron, fut pourvu du bénéfice. Il en prit possession, le 1ᵉʳ juillet, suivant acte au rapport de Mᵉ Julien Gobbé, notaire royal à Gorron, commis à cette fin par Mᵉ Charles Honoré, notaire au Mans, en présence de Mᵉ Jacques Le Picard, curé de Gorron ; de Mᵉ René Hamon, prêtre ; de Michel Desprès, potier d'étain ; de Michel Dodard, marchand, et autres paroissiens de Gorron. M° François Le Boullenger ne conserva pas longtemps le titre et les fonctions de chapelain. Dès le 18 septembre 1710, il signifie sa résignation à François Mulot, marchand à Ernée, qu'il charge de la « faire savoir » à Thomas Mulot, marchand à Montenay, présentateurs.

Les motifs de cette démission étaient d'ordre uniquement pécuniaire, « le fond du bénéfice ne pouvant être « que de 50 livres de revenu et consistant en bâtiments « qui sont en fort mauvais état et pour la réparation « desquels le précédent titulaire n'a laissé aucun bien et « pas même des héritiers qui se soient informés de l'état « de ses affaires [1]. »

Cette fâcheuse condition dans laquelle se trouvait le temporel de la chapelle fut la cause du peu d'empressement mis à cette époque à briguer la succession de M° Le Boullenger.

Ce n'est que le 11 mars 1741 que nous voyons M° Pierre Lochu de la Mennerie, prêtre habitué à Lesbois, pourvu de provisions obtenues en Cour de Rome, requérir son installation, laquelle fut constatée par M° Gourdier, notaire royal apostolique à Mayenne, de présent à Gorron [2].

Le 4 août 1744, M° Pierre Lochu fait sa déclaration

1. Papiers de la cure.
2. « Étant au devant de la grande porte et principale entrée de la « dite église, y avons trouvé le dit sieur Lochu de la Mennerie, « revêtu d'une soutane, d'un surplis et d'un bonnet carré, lequel « est entré dans la dite église par la dite grande porte, a pris de « l'eau bénite, s'en est aspergé et les assistants, a fait ses adora- « tions devant le crucifix, est ensuite allé à l'autel saint Roch, où « est située l'image saint Michel, étant à main droite en entrant en « la dite église, où se doit desservir la dite chapelle ; où il a fait « ses prières de genoux, a baisé le dit autel et lu dans un livre sur « icelui, a sonné et fait sonner les cloches, et, en outre, autres « cérémonies en tel cas requises et accoutumées. Le tout, pour « marque de vraie, réelle, actuelle et corporelle prise de posses- « sion de la dite chapelle de Saint-Michel de Villevaudin, des « fruits, profits et émoluments en dépendant. »

aux assises des fiefs de la petite ville Limandin, comme titulaire de la chapelle Saint-Michel, de laquelle dépend le lieu de l'Hommeau, en Martigné.

Le 26 octobre 1761, Joseph-Nicolas Charamy, clerc, demeurant à Châteaudun, est présenté par Philippe-René Mulot de l'Hommeau, seigneur de Vallois, et le représentant d'Isaac Mulot, écuyer.

Guillaume Baratte, prêtre, vicaire à Montenay, se démet en 1776 de la chapelle Saint-Michel, dont il était titulaire depuis le mois d'août 1756 [1].

Claude-Julien Le Pescheux, clerc tonsuré, étudiant en théologie à Angers, demeurant ville de Charné-Ernée, prend possession, le 2 novembre 1776, devant M° Pierre Leray, notaire à Mayenne, en présence d'Augustin Gonnet, sieur de la Butte, bourgeois de Gorron.

V. — PRESTIMONIE DE L'ESTRE-COLLETTE.

Par son testament, reçu le 28 juin 1553 par M° Doré, notaire à Gorron, Jeanne Lecoq, veuve de François Galesne, lègue 26 sols de rente sur son lieu de Villeneuve, autrement Estre-Collette [2], et donne le reste d'icelui pour une messe par semaine et la lecture de la passion de Notre-Seigneur à l'issue.

Cette rente s'ajoutait à celle d'une livre précédemment léguée par le mari de la testatrice [3].

VI. — CHAPELLE SAINT-MICHEL DES COURBES OU DU GRAND-COUVENT.

Il est fait mention de cette chapelle dans la note déjà visée de M. le curé Bruneau. « Tous les titres, écrivait

1. Pouillé, *loc. cit.*
2. Alias : *aître Collet* ou *Cottet.*
3. Papiers de la fabrique.

M. Bruneau, vers 1860, ont disparu ; il ne reste que la
« tradition [1]. »

Desservie par le curé, qui jouissait sans titre et acquit-
tait les fondations, la prestimonie, d'après certains
documents, ne se présentait pas [2]. Le bénéficiaire devait
vingt-quatre messes avec récitation de la Passion à la
fin de chaque messe.

Nous avons, pourtant, trouvé trace de deux chapelains : René Hamon, prêtre, 1670, et P. Dupont, aco-
lyte, régent au collège de Mayenne, qui prit possession
le 21 mai 1726, sur collation de l'évêque du Mans,
Mgr de Froullay, et après vacance « a pluribus annis. »

Il est probable que le temporel de cette chapelle ou
prestimonie était situé dans le quartier de Gorron appelé
autrefois quartier du Grand-Couvent, aujourd'hui les
Ponts-Neufs et la Pierre-Pichard.

VII. — PRESTIMONIE DU CHATEAU.

La fondation de ce bénéfice nous a été révélée par la
lecture d'un testament que nous avons trouvé dans nos
archives de famille. Il est en date du 23 février 1636 et il
nous a paru que sa publication *in extenso* était de
nature à jeter une nouvelle lumière sur l'état d'esprit de
la bourgeoisie du xviie siècle, sa piété, son amour et
son souci des choses religieuses... Ce testament va
aussi nous renseigner sur une prestimonie dont nous
n'avons trouvé nulle trace ailleurs.

Aux termes de cet acte [3], les deux époux Julien Largerie, lieutenant au bailliage de Gorron et sénéchal de
la châtellenie de Carelles, et Renée Triguel, après qua-
rante-trois ans de mariage, lèguent leur maison, avec ses
dépendances, sise dans l'enclos du vieux château de

1. Papiers de la fabrique.
2. A. Angot, note mss. ; Pouillé, *loc. cit.*
3. Pièces justificatives, VIII.

Gorron ; ils y ajoutent le pré par eux acquis de Marguerite Garnier, dame de la Barberie, à charge d'une messe par semaine à l'autel de Notre-Dame ou de Saint-Michel.

Il semble que la prestimonie du Château est devenue dépendante, par la suite, de la Confrérie des Trépassés, car, « en 1755, le 19 février, le curé J. de Valloys donne « à rente, pour 15 livres, « une maison avec jardins, « nommée le Château, » dépendant de la Confrérie des « Trépassés, à François-Clément Fleury, avocat, lequel, « en 1761, cède son acquisition pour le même prix à « Jean Champaing » (Abbé Angot, *Dict.*, t. IV, p. 409).

VIII. — CHAPELLE SAINT-ÉTIENNE.

Avec la prestimonie du Château, nous avons achevé l'étude des chapelles et fondations pieuses autrefois desservies dans l'église de Gorron. Nous allons maintenant parler de plusieurs monuments religieux édifiés, à diverses époques, dans notre paroisse, par la piété des fidèles : chapelles Saint-Étienne, Saint-Laurent, Saint-Jacques, puis Notre-Dame du Bignon. Nous dirons aussi un mot de la chapelle Saint-Roch, parce que, tout en étant située dans la paroisse de Hercé, elle était et est encore dépendante du château du Bailleul, résidence, pendant un siècle et demi, des seigneurs de Gorron.

Saint-Étienne-sur-l'Eau [1] était jadis une léperoserie ou maladrerie, d'abord placée sous le patronage de sainte Anne. A quelle date remonte la fondation ? Quand cet établissement changea-t-il de patron ? On l'ignore. La chapelle, bâtie sur le vieux chemin de Colombiers, était assez grande.

1. Cf. Papiers de la fabrique ; *Ibid.*, note d'après M. Bruneau, curé de Gorron ; *Pouillé, Diocèse du Mans* ; A. Angot, *Dict. hist. de la Mayenne*, t. III et IV, vº Saint-Étienne ; Notes de M. Bernard (Bibl. de Laval) ; Archives de la mairie, *Ét. civ.*

Elle fut ruinée lors de la Révolution et sa cloche transportée au district d'Ernée. On visite encore aujourd'hui un petit oratoire, sous le vocable de Saint-Étienne, mais rappelant à peine l'antique léproserie de Sainte-Anne, dont il occuperait l'emplacement. On y a, toutefois, fort heureusement conservé un bas-relief du xvie siècle, ne manquant pas de caractère, représentant le martyre de saint Étienne.

La fondation religieuse était de deux messes par semaine, acquittées par les vicaires. La modeste chapelle actuelle a été construite par les soins des fermiers voisins, pour obtenir la cessation d'une épidémie qui, depuis longtemps, sévissait sur leurs bestiaux.

La vieille chapelle Saint-Étienne qui avait, comme toutes choses, subi les ravages du temps, fut réédifiée vers 1773 ; la bénédiction solennelle du nouvel édifice fut faite par le curé de Gorron, le 11 octobre de cette année.

Le collateur était l'évêque du Mans.

C'était un bénéfice simple, sans obligation à résidence. Les revenus ont été très diversement évalués : 80 livres, d'après la note de M. Bruneau ; 240 livres, selon M. Bernard.

Chapelains connus :

Pierre Rouault, 1510.

Pierre Sarcel, mort en 1561.

Ambroise Landry, chanoine du Mans, 1561-1564.

Jean Landry, de Brecé, 1564-1576.

Jean Le Métayer, 1576-1585.

Michel Gobil, curé de Sainte-Marie de Gennevilliers, demeurant au collège de Navarre, 19 août 1585.

Samuel Grégoire, mort en 1625.

Jean Aubert, 1625.

Guillaume Landais, prêtre chapelain, célèbre, en 1629, un mariage en la chapelle de Monsieur Saint Étienne.

Dodard, 1638.

Guillaume Quentin, 1654.

Jean Bullenger, 1654.

Jean Geslin, 1687.

Marc Le Masson, prêtre du diocèse du Mans, curé de Melleray, consent procuration devant Mᵉ René Davoysnes, notaire à Mayenne, le 26 juin 1705, à l'effet de résigner la dite chapelle Saint-Étienne en faveur de Mᵉ Anthoine Le Marchand, curé de la paroisse de Notre-Dame de Brecé, déjà titulaire de la chapelle Saint-Nicolas de Rambouillet, desservie en l'église de la Ferté-Bernard, et de la chapelle Saint-Mathurin, desservie en l'église de Saint-Mars-sur-Colmont. Cette résignation fut passée en présence de Mʳᵉ Claude du Hardas, écuyer, seigneur de Houssemaigne, et de Mᵉ Claude de Rommaigné, sieur de la Fontainerie, demeurant tous les deux ville de Mayenne, et agréée à Rome, en août 1705 ; l'évêque du Mans y apposa son visa au mois de janvier 1706.

Anthoine Le Marchand, prêtre, curé de Brecé, doyen rural du Passais, prit possession de la chapelle Saint-Étienne le 3 mars 1706, suivant acte au rapport de Mᵉ Hébert, notaire royal à Saint-Aubin-Fosse-Louvain, à ce commis par Mᵉ Charles Honoré, notaire royal et apostolique au Mans, en présence de : Mᵉ François Le Boullenger, sieur des Champs, juge à Gorron ; de Mᵉ Jean Le·Pourriel, sieur de la Cousinière, notaire royal à Hercé ; et de Jean Lecrosnier, sieur de la Guérivière, y demeurant, paroisse de Lesbois.

A. Le Marchand était encore chapelain de Saint-Étienne en 1713.

Pierre Barré, du Horps, 1713, 1741.

Michel le Bilheux, directeur des religieuses d'Étival, 1741, 1766.

Julien Le Proust, curé de Tennie, chanoine de Sillé-le-Guillaume, pourvu en avril 1766, résigne en mai 1775 à Mᵉ Jacques Coutelle.

Jacques Coutelle, prêtre du diocèse du Mans, vicaire de la paroisse Saint-Vincent de cette ville, prend possession, le 31 mai 1775, devant Pierre Leray, notaire royal et apostolique à Mayenne, en présence de Jean-Baptiste Lottin de la Chevalerie, bourgeois, demeurant à Gorron [1].

Jean-Marie-Joseph Coutelle est le dernier bénéficiaire connu de la chapelle Saint-Étienne. Il en fut pourvu après résignation à lui faite par son frère susnommé, novembre 1780, juin 1781.

État des biens de la chapelle Saint-Étienne. — Un mémoire rédigé par Me Jean Vallet, notaire royal à Charné (Ernée), le 13 octobre 1638, et attesté sincère et véritable par Me Jean Largerye, prêtre, curé de Dompierre, et Me Julien Brault, prêtre à Gorron, énumère « les terres dépendant de la chapelle de Monsieur Saint « Estienne... tant en ce qu'il en a que celles qui sont « subjettes au droict des dixmes que M. Dodard, cha- « pelain et titulaire d'icelle est fondé de prendre pour « les deux tiers, en ce qui dépend des dites dixmes, « l'autre tiers appartenant au sieur curé de Gorron, les « domaines pour le fond appartenant en tout au sieur « Dodard » [2].

Ces terres étaient situées, pour la plupart, aux environs de la chapelle, entre la rivière la Colmont et les chemins allant de Gorron à Mayenne et à Saint-Denis-de-Gastines, proches ou dépendantes des lieux de la Pommeraie, des Courbes et de la Bannetière. Il y en

---

1. Jacques Coutelle était fils de Jacques Coutelle, notaire au Mans, baptisé à Saint-Martin-de-Connée le 14 janvier 1717, et d'Anne-Marie Gordien, mariés le 15 avril 1746. Devenu curé de Ballon, il prêta, en 1791, le serment constitutionnel, résigna ses fonctions sacerdotales en 1794 et épousa, vers 1798, N.... Gilouppe, veuve d'Antoine Maguin. A Maguin, originaire de Metz, ci-devant curé du Grand-Lucé et de la Couture du Mans, fut commissaire du pouvoir exécutif du Mans et tomba, le 11 novembre 1797, dans une rue de cette ville, sous le poignard d'un assassin demeuré inconnu. Le notaire Jacques Coutelle avait eu quatre enfants ; l'un d'eux, Jean-Marie-Joseph Coutelle, né au Mans le 3 janvier 1748, mort à Paris le 20 mars 1835, fut colonel, chef des aérostiers de France.

2. Pièces justificatives, IX.

avait également entre la Colmont et le grand chemin de
Gorron à Vieuvy.

IX. — CHAPELLE SAINT-LAURENT.

« Saint-Laurent, chapelle, commune de Gorron, dé-
truite avant 1789. » Telle est la brève notice consacrée
par les historiens [1] à un édifice qui devait pourtant être
assez important, puisqu'on y célébrait des offices solen-
nels.

Quand cette chapelle, qui s'élevait « près et adjacant
du chastel » sur la butte qui porte encore son nom, proche l'hospice actuel, fut-elle bâtie ? Aucun document ne
nous l'a révélé. Nous ne connaissons pas davantage son
fondateur, ses revenus et ses chapelains.

D'après M. Bruneau [2], elle aurait été ruinée par les
Anglais, en 1591, et réparée au moyen d'un legs de Jean
Bahier [3]. Les travaux nécessités par les déprédations
commises au cours d'événements de guerre ne devaient
pas être considérables, tout au moins en 1625, date du
legs de Jean Bahier, car ce bienfaiteur qui, entre autres
largesses à l'église et aux chapelles de Gorron, donne
120 livres pour la réédification de Saint-Jacques du
Bignon, borne sa générosité à 4 livres de rente pour la
réparation et la décoration de la chapelle Saint-Laurent.

De plus, les aveux de 1602 et de 1607 la mentionnent
expressément à ces dates.

Nous devons en conclure qu'elle n'était pas, à cette
époque, en ruines, malgré les ravages anglais ; autrement, les aveux n'eussent pas manqué de l'indiquer,
comme ils le font pour le château.

C'est en 1602 que les aveux parlent, pour la première

---

1. A. Angot, *loc. cit.*, t. III ; Léon Maître, *Dict. topogr. de la
Mayenne.*
2. Papiers de la fabrique.
3. V. ci-dessus : inventaire des titres et papiers de la fabrique,
1718.

fois, de la chapelle Saint-Laurent. Faut-il en inférer qu'elle ne fut édifiée qu'après 1540 ? Nous n'osons l'affirmer, car il convient de remarquer que les aveux passés en 1540 et antérieurement sont beaucoup plus concis que ceux de 1602 et 1607, en ce qui concerne l'énumération des dépendances du château de Gorron. C'est ainsi qu'on voit apparaître, seulement en 1602, les pourpris, prisons et halles, qui, évidemment, existaient auparavant. Notons aussi que si la chapelle Saint-Laurent n'avait été bâtie qu'après 1540, son existence n'eût pas été longue, puisqu'elle a été démolie, sans doute pour cause de vétusté, en 1697.

« L'an 1697, écrit M⁰ Mathieu Le Boullenger, fut « démolie la chapelle Saint-Laurent, où j'ai vu dire la « grand messe et vêpres [1]. »

X. — CHAPELLE DU BIGNON.

C'est M⁰ Michel Manceau, prêtre, qui fit bâtir cette chapelle, primitivement dédiée à saint Jacques [2]. Elle fut, de même que la chapelle Saint-Laurent, ruinée par les Anglais en 1591, année terrible pour Gorron, et ne fut relevée que grâce à la libéralité de Mᵉ Michel Bahier [3] qui légua, par testament du 14 novembre 1625, 120 livres pour la réédifier et 4 livres pour son entretien.

A une époque indéterminée, avant 1778 en tout cas, la chapelle Saint-Jacques fut placée sous le vocable de Notre-Dame.

Reconstruit à nouveau, il y a près de soixante ans, et tel qu'on le voit de nos jours, le vénérable sanctuaire fut inauguré, le 15 août 1860, par M. Bruneau, curé de

1. Mss. Le Boullenger.
2. Cf. Papiers de la fabrique, note de M. le curé Bruneau ; M. Trouillard, *Notice sur Gorron.*
3. Jean Bahier, prêtre, curé de Notre-Dame de Sermaize, sous Dourdan, diocèse de Chartres, chanoine de l'église collégiale et royale de Saint-Denis en France.

Gorron, qui prononça à cette occasion une allocution malheureusement perdue, dans laquelle il retraçait l'histoire de l'antique oratoire.

Une très ancienne statue de la Vierge, datant, semble-t-il, du xv⁰ siècle, y est fréquemment visitée par les fidèles, dont la piété et la reconnaissance sont attestées par de nombreux *ex-voto*.

Suivant Dom Piolin [1], lorsqu'on tenta, pendant la Révolution, de l'enlever de sa chapelle, cette statue se serait tout à coup trouvée si lourde que nulle force n'aurait pu la remuer. Cependant, d'après l'abbé Angot [2], elle aurait été arrachée du sanctuaire profané, puis, après la tourmente, restituée à l'église paroissiale et enfin, en 1828, réinstallée au Bignon.

En face de cette statue se voit celle, plus curieuse qu'artistique, de saint Roch. C'est en 1870-1871, lors de l'épidémie de variole noire qui désola Gorron, que cette statue fut transportée processionnellement de l'église dans la chapelle.

L'entretien de la chapelle du Bignon était assuré par la fabrique : elle est mentionnée, en 1778, comme chapelle de dévotion, où on ne célèbre pas la messe, mais servant de but aux processions des Rogations et de l'Assomption.

XI. — CHAPELLE SAINT-ROCH.

La chapelle Saint-Roch [3] est bâtie « en une pelouse « formant avant-cour au devant des douves » du château du Bailleul. Dotée une première fois, suivant acte au rapport de Jean Garnier, notaire à Gorron, du 23 novembre 1583, elle fut l'objet, en 1673, d'une nouvelle fondation par Pierre du Bailleul, « meu de dévotion et de

---

1. Dom Piolin, *loc. cit.*, t. VIII, p. 446.
2. A. Angot, *Dict. de la Mayenne,* t. I, v⁰ Bignon.
3. A. Angot, *Dict. de la Mayenne,* t. I, v⁰ Bailleul.

« zèle pour la foi et religion catholique, et du désir
« d'assister journellement, lui et ses successeurs, au
« divin service. »

Le 25 novembre 1632, Daniel Brocquet, sieur du
Houssay, épouse Anne de Hercé en la chapelle de Monsieur Saint Roch du Bailleul [1].

Une autre chapelle, placée sous le même vocable,
existait au xviiie siècle grâce à la pieuse libéralité de la
famille du Bailleul. Pierre-Louis du Bailleul et Catherine Barin de la Galissonnière, son épouse (1706-1714),
furent, en effet, les fondateurs de la chapelle Saint-Roch
de l'Angellerie, en Colombiers, desservie, d'ailleurs,
dans celle dont nous avons parlé et qui dépendait du
château du Bailleul.

La présentation de ces deux chapelles appartenait aux
seigneurs du Bailleul. Mlles du Bailleul usèrent de cette
prérogative pour la chapelle de Saint-Roch de l'Angellerie, en faveur de Me Louis Leray, clerc tonsuré, natif
de Mayenne, régent au collège de Sablé.

L'acte, en date du 17 août 1781, était au rapport de
Me Josset, notaire à Laval. Me Louis Leray prit possession, le 8 octobre suivant, devant le même notaire, en
présence de François-René Duvivier, sieur de la Cocherie, négociant à Mayenne, paroisse Notre-Dame ; de
Julien Garnier, lieutenant de cavalerie, demeurant à
Broglie, en Normandie ; de Jean-Ambroise Péan, procureur fiscal au siège de Gorron ; de Louis Péan, sieur
de Launay, demeurant à Gorron ; et de Mathurin La-
haye, demeurant au château du Bailleul, paroisse de
Hercé [2].

1. Reg. de l'Et. civ. de Hercé.
2. Notes mss. de M. Bernard (Bibl. de Laval).

CHAPITRE VIII

Confréries.

Ces pieuses associations étaient nombreuses dans la paroisse de Gorron. Les archives de la fabrique et de la mairie possèdent une abondante et précieuse documentation sur les anciennes confréries, tout au moins sur quelques-unes d'entre elles, notamment celles des Trépassés et du Saint-Sacrement.

L'examen de leurs titres nous a permis de constater que leurs revenus, après avoir été gérés, en recettes et en dépenses, par des procureurs spéciaux, ont été réunis à ceux de la fabrique, vers la fin du xviie siècle, date à laquelle ces associations, tout en continuant d'exister, ont cessé d'avoir leur autonomie, au point de vue budgétaire. C'est pourquoi nous n'allons, dans le présent chapitre, ne nous occuper que de la fondation des confréries et de leur organisation.

I. *Confrérie de Notre-Dame du Mont-Serrat.* — La seule mention que l'on trouve de cette confrérie se rencontre dans les registres de l'État civil, conservés aux archives de la mairie de Gorron [1] (1600-1602), qui nous font connaître le nom de quatre confrères :

Noble maître Pierre de la Busnaiche, prêtre.

Me Jean Le Crosnier, prêtre.

Anne Largerye.

Me Bertrand Garnier, sous-diacre.

Ces quatre confrères versent une cotisation totale de 3 sous.

II. *Confrérie du Saint-Nom de Jésus.* — On n'en

---

1. Arch. de la mairie, reg. Ét. civ., année 1600 ; Cf. A. Angot, *Dict. de la Mayenne*, t. III, p. 309.

connaît que le fondateur, François Delaroche, qui chargea ses héritiers d'obtenir des bulles, en 1645 [1].

III. *Confrérie des Trépassés.* — Son existence est antérieure à l'an 1500 ; à cette date, en effet, elle bénéficie d'un legs.

Voici les noms des procureurs de cette confrérie, de 1571 à 1705 [2] : Jean Mottais, 1571, 1572, 1573 ; Jean de la Roche, 1574, 1575 ; Julien Garnier, 1576 ; Jean Maillard, prêtre, 1582 à 1585 ; Jean Gesbert, prêtre, 1586 ; Robert de Nancé, prêtre, 1601, 1606, 1609, 1619, 1630, 1633 ; Jean Quentin, 1603 ; Jean Garnier-Pichardière, 1603, 1606 ; Pierre Chauvin, 1606 ; Jean Garnier, prêtre, 1617, 1619 ; Bertrand Garnier, 1647 ; Pierre Hamon, sieur de Surgan, 1666 ; Guillaume Briand, 1683 ; René Hamon, prêtre habitué, 1695 ; François Lecour, 1704 ; François Dauvel, 1705.

IV. *Confrérie du Saint-Sacrement.* — Érigée en l'église de Gorron par le pape Urbain VIII, en 1629 [3], elle fut dotée par divers bienfaiteurs, parmi lesquels Mᵉ Ernier Gorge, qui mérita le titre de fondateur.

Toutes les rentes léguées ou données à la confrérie, qui était administrée par le procureur fabricier, furent rachetées ou amorties avant 1718 : A cette date, ses seules ressources consistaient dans la cotisation annuelle de chacun des membres : 2 sols 6 deniers.

V. *Confrérie du Rosaire.* — On en trouve trace dès l'année 1602. L'autel de la Sainte-Vierge, dans l'église paroissiale, était appelé autel du Saint-Rosaire ; il fut, nous l'avons vu, reconstruit en 1697. Il ne semble pas que cette confrérie, qui fut l'objet, elle aussi, des largesses des fidèles, ait eu jamais l'administration de son budget, car on n'en connaît aucun procureur et l'on voit seulement M. Bernier, en 1694, verser, au nom de la confrérie, 185 livres 3 sols à la fabrique.

1. A. Angot, *loc. cit.*
2. Papiers de la fabrique ; Cf. A. Angot, *loc. cit.*
3. Pièces justificatives, VII.

PIÈCES JUSTIFICATIVES

I

Comptes de l'Échiquier de Normandie.

1180. — Radulphus Bos reddit compotum... decano de Moritonio 4 lib. et 5 solid. pro 17 quarteriis frumenti in operationibus calceie molendinorum de Gorram. 50 lib. liberatis Willelmo de Bermongers per breve regis. Et debet 11 lib., 14 s., 2 d. — Idem reddit compotum de eodem debito.

Willelmus Grihal reddit compotum... Willelmo Bennengers ad operationes calceie molendinorum de Gorran 24 l., 6 s., 7 d. per breve regis et quietus est.

Stephanus de Sankerville reddit compotum... Willelmo de Bennengers ad operationes calceie et molendinorum de Gorran 60 lib. per breve regis et quietus est.

Willelmus Bennengers reddit compotum de 9 lib., 16 s., 8 d. de vetere firma de trio anno. In thesauro nichil. In decima statu canonici de Moritonio 8 lib.; in ponte de Gorran faciendo, 36 s., 6 d. per breve regis et quietus est.

. . . .

Idem reddit compotum de censa medietarie de Fossa Lovani de duobus annis præteritis et de 11 lib. pro 22 sextarios frumenti de eadem medietaria de tercio augusto præterito, et de 16 s. pro 8 sextarios avenæ de eadem medietaria de eodem augusto et de 14 lib. de eadem medietaria. Summa 31 lib., 8 s.; in thesauro nichil. In liberatione ipsius Will... 31 lib., 8 s. de anno præterito de 100 lib. quas habet per annum pro custodia castri de Gorran et quietus est.

Idem reddit compotum de 100 lib. de firma Gorron de anno præterito. In thesauro nichil; in decima statu canonici de Moritonio 8 lib. In perfitienda liberatione ipsius Will... de 100 lib. de eodem anno. 68 lib., 12 s.; in defectu molendini per cretinam 34 lib., 18 s. et debet 8 lib., 4 s., 6 d.

Idem reddit compotum de 7 lib., 4 s., 6 d. de debito præce-
dentis compotum, et 120 lib. de nova firma pro Gorran.
Summa 127 lib., 4 s., 6 d. In thesauro nichil. In decima
statu canonici de Moritonio 8 lib. In liberatione ipsius
Will... 100 lib. pro custodia castri de Gorran et quietus
est. Et habet superius 23 lib., 8 s., 6 d. quam computantur
superius.

Idem reddit compotum de 62 s., 3 d. de veteribus miseri-
cordiis de Fossa Lovani. In reparandis domibus regis de
Gorram. 22 s., 2 d. per breve regis et debet 40 s.

Adam de Gravelle et Rogerus Grandin reddit compotum
pro ducendis 34 tonnellis vini de Andegavi ad... Gorran,
54 lib., 4 s. per breve regis.

1195. — *Firma de Gorran.* — Hugo de Cardonville reddit
compotum de 130 lib. de firma de Gorran. In thesauro
nichil. In decima stat... canonici de Moritonio 8 lib. ; por-
tario de Gorram 69 s., 4 d. de statu. In justiciis faciendis 5 s.
In reparandis domibus et molend... et calceie et vivariis
de Gorran 118 lib., 5 s., 6 d. per breve regis et quietus est.

Idem reddit compotum de receptis suis, scilicet de 73 lib.
de tallagio de Gorran.....

II

1191-1214. — *Mandement d'Hamelin, évêque du Mans,
aux doyens de Mayenne, d'Évron, du Passais et d'Ernée, portant ordre de rendre prompte justice aux moines
de Savigny dans les déprédations qu'ils auront souffertes
de la part des sénéchaux de Mayenne et de Gorron* (Arch.
de la Manche, Cart. de Savigny, Maine, n° 80).

Hamelinus, Dei gratia, cenomannensis episcopus, dilectis
filiis de Meduana, de Ebron, de Passeio et de Erneia deca-
nis salutem et benedictionem. Dilecti filii nostri monachi
de Savigneii nobis sua conquestione monstrant quod senescallus Meduane et senescallus de Gorram sepius terram
eorum violenter invadunt, homines suos et eorum catalla
capiunt in cladem eorum que sub sancte ecclesie protec-
tione deb. . . existere, rapinas et exactiones gravissimas
frequenter exercent. Cum autem ex injuncti ratione officii

tot et tantas enormitates vindicare nobis incumbat, vobis precipiendo mandamus quatenus vice nostra quotiens predicti fratres de jamdictis senescallis sceu quibuslibet malefactoribus suis clamatione ad hoc detulerint, plenariam eis et sine dilatione justiciam faciatis ita ut non sit necesse ipsos in presentiam nostram pro defectu justitie remeare. Valete.

III

1228, avril. — *Accord entre Saint-Julien de Tours et Dreux de Mello, seigneur de Mayenne, concédant droit de franchise dans les marchés de Couptrain aux bourgeois du dit seigneur* (Denis, *Chartes de Saint-Julien*, fasc. II, p. 3).

Frater Mainardus, beati Juliani Turonensis abbas, totusque ejusdem loci conventus, universis Christi fidelibus litteras inspecturis, salutem in Domino.

Noverit universitas vestra quod cum inter nos, ex unâ parte, et nobilem virum Droconem de Malleeo (Melloto), dominum Meduanæ, ex alterâ, contentio verteretur, super hoc videlicet quod idem Droco volebat quod burgenses sui de Goron, de Ambrières, de Laliere, de Burgo Novello, etc., quitationem haberent in mercatis nostris de Corpotren ad prioratum ejusdem loci pertinentibus ; et nos e contra nolentes hoc sustinere propter quod, videlicet, antequam dicti burgenses quitationem aliquam haberent in villa de Corpotren, nobis et dicto prioratui data fuerat integra decima costumata præfatæ villæ de Corpotren, et a prioribus ejusdem loci longo tempore habita et possessa ; tandem, pro bono pacis et pro benevolentia prædicti domini habenda, prædictarum villarum burgensibus quitationem, prout petebat prædictus dominus, eisdem concessimus habendam, tali conditione apposita quod dominus Droco sæpedicto prioratui liberaliter dedit et concessit medietatem costumæ nundinarum de novo constitutarum in villa de Corpotren in festo decolationis sancti Johannis Baptistæ habendam de cetero annuatim, cum omnibus pertinentiis ad præfatas nundinas pertinentibus, exceptis tribus magnis placitis, videlicet : raptu, incendio et multro, cum pertinentiis eorumdem placitorum, et decimam dictarum nundinarum. — Actum anno gratiæ 1228, mense aprili.

IV

1404 (n. st.), 10 février. — *Aveu rendu au comte du Maine par Marguerite de Vendôme, veuve de Jean du Melle, pour la châtellenie de Gorron* (Arch. nat., P 343[3], n° 1.076[1] ; original, parchemin, jadis scellé).

De vous très excellent et puissant prince le roy de Jherusalem et de Secile, duc d'Anjou, conte du Maine, je Margerite de Vendosme, veufve de feu monseigneur Jehan du Melle, jadiz chevalier, cognois estre fame de foy lige au regart de votre conté du Maine par raison de ma chastellerie de Gouron, si comme elle se poursuyt, tant en fiez que en dommaines, avec ses appartenances et despendances et de telle *justice haute, moienne et basse* comme mes prédécesseurs et moy avons acoustumé avoir ès dictes chouses ; en laquelle chastellerie sont les chouses qui s'ensuivent : C'est assavoir la place d'un chastel ou manoir ancien comme il se poursuyt ; la place d'un aultre habergement assis en la dicte ville de Gouron ; deux estangs dont l'un est appelé le grant estang et l'aultre le petit estang, avec les pescheries et les motes d'entre yceulx deux estangs qui sont fauchables par chascun an ; deux moulins à bley, un moulin à draps foulerez, trois moulins à tan, pour lesquelx *moulins à tan me sont tenuz faire XX ₶ par chascun an les tenneurs de la ditte ville de Gouron, aux termes de l'Ascencion Nostre Seigneur et de la Saint Pière en mois de février, par moitié ;* et en laquelle chastellerie j'ay *prévosté où sont acquités les denrées vendus ou achatés en la ditte ville tant ès foires et marchez comme des trespassans par ycelle comme aultrement avec les appartenances et despendances de prouvosté,* seaulx de contraz, soixante soulx en menuz cens par chascun an, au terme de l'Ascencion, cinquante et cinq livres de taille par chascun an, au terme de l'Angovine, sur les demourans en la ditte ville ; sur le fié de Cherbonnières, XX sols par chascun an que Bertault Delebay m'est tenu faire au terme de l'Angevine, et sur les hoirs feu Raoul du Vergier XX solz par chascun an qu'ilx me sont tenuz faire par raison du four à ban de la Vacherie ;

sur deux *autres fours deux deniers pour chascune fournée*
de pain qui y est cuite, et sur le moulin du Pré cinq solz
par chascun an que m'est tenu poier Bertaut Delebays au
terme de l'Angevine, et sur une place que tient à présent
Philippot Lemilochel [cinq] soulx par chascun an au terme
de l'Angevine que le dit Milochel me poye.

Et avec ce ay droit d'avoir foy et hommage de la terre du
Boys-Berault que tient à présent Sanson des Vaulx, et foy
et hommage d'un feage appelé le fié de [Coymes] que tient
. . . . . Conillel et de la terre du Rocher que tient Henri de
Fontenay, foy et hommage, et du fié de Lucé que tient . . . .
signour de Boys-Thebaut foy et hommage, et foy et hommage du fié Essenley que tient Jehan, signour de. . . . . ;
[lesquelx hommages] sont simples sans devoirs annuels, et
sont ycelles chouses [situées] en ma ditte chastellerie de
Gouron [et m'en sont tenuz] faire les tenours d'icelles plege
gaige, droyt et obbeissance telx comme hommes de foy
[simple] doivent [à leur signour] de fié et de foy simple, et
les reliefs et gardes telx comme ilx appartient selon la
[coustume du] païs. Et [sont les chouses] avec les circonstances et despendances d'icelles que j'ay en ma ditte chastellerie très excellent et puissant [prince, et que je] tiens de
vous à la foy et hommage devant dicte sauf et retenu à moy
à les desclérier plus à plain [de bouche et]. . . . . par mons-
trée ou autrement deument, touttes fois que raison [donnera ;
et par raison des dictes chouses je] vous doy plege [gaige],
droyt et obbéissance telx comme fame et homme de foy
lige doivent à leur signour de fié et foy lige ; o protestacion
[et expresse] retenue faitte de moy que se, par aveuz anciens
autreffois baillez de mes prédecesseurs aux vostres ou
[autrement] deument, estoit trouvé que plus grans sertes ou
servitudes vous fussent deues par raison des [dittes chouses, je] ne les vous denye en riens mès les vous congnois et
veil faire et continuer, moy offrant, [très excellent] et puissant prince, à vous faire foy et serment que si dessus sont
contenus les [chouses que je tiens de vous] et les devers que
je vous en doy selon que je me suis peu enquerre à [ma
conscience et ay fait faire parfaicte] diligence et ceste protestacion et offre de serment que je vous fais affin [qu'il ne
puisse ou doye estre dit contre] moy que je vous aye aultre-

ment que deument baillé par aveu. En tesmoing de ce [je vous rens cest présent] escript pour aveu sellé de mon propre seel, le Xe jour de février l'an de grâce mil IIII^c et trois.

V

1436, 14 avril. — *Fondation dans l'église de Gorron, à l'autel de Sainte-Marguerite, par Michel du Verger, de deux messes par semaine.*

Universis præsentes litteras inspecturis Joannes, permissione divina Cenomanensis episcopus, salutem in Domino qui est omnium vera salus. Cum venerabiles viri Michael de Virgulto senior et Michael de Virgulto junior, presbiteri, domini temporales domanii du Vergier siti in parochia de Gorronnio, nostræ diœcesis, aliorumque hereditagiorum plurium in dicta parochia situatorum, suorum salutem et remedium suarum animarum, suorumque genitorum et aliorum parentum et benefactorum suorum intendentes, et considerantes quod, inter cœtera remedia pro peccatis redimendis, efficacissimum remedium est oblatio sacerdotum, idcirco proposuissent et ordinassent, nostro interveniente decreto, fundare, instituere et ordinare unam capellaniam perpetuam in dicta ecclesia de Gorronnio, de duabus missis qualibet hebdomada ad altare beatæ Margaritæ celebrandis ad eorum et superviventis præsentationem et, post eorum et ultimi functi ipsorum decessum, ad præsentationem rectoris et procuratoris fabricæ ecclesiæ parochialis de Gorronio invicem et communiter ;... ad cujus capellaniæ fundationem, dotationem deputabant et ordinabant, deputantque et assignant et ordinant et obligant et ypothecant dictum domanium du Vergier cum suis juribus et pertinentiis, necnon furnum ad bannum dictæ villæ cum orto laterante dictum furnum ex uno latere et ex alio vicum tendentem de ecclesia ad mansionem domini temporalis dicti loci et jugente muros dicti loci castri, necnon et uno alio orto situato vultuatim illius orti, cum platero et manerio cujusdam domicilii antiqui quod fuit domicilium prædecessorum de Virgulto, quibus adjacet et jungitur ortus prædictus cujus domicilii inferior pars jungitur vico venienti de ecclesia parochiali dicti loci ad majus quadrivicum dictæ villæ, necnon et quodam alio primo orto contingente muros clausuræ dictæ villæ de Gorronio et vicum venientem de foro dictæ villæ ad molendinum, pro quindecim libris turonensum, seu monetæ turonensis, nosque ad eorum supplicationem commisimus rectorem dictæ ecclesiæ de Gorronio ad se transferendum super loca et ea inspicienda et se informandum per testes fide dignos si dicta hæreditagia valeant bene dictas quindecim libras redditus annui et perpetui, uno anno supportante alium, ita quod non sit verisimile quod dictus redditus possit in futurum deperire ; per cujus commissarii relationem et etiam per alios testes fide dignos cognovimus dicta hæreditagia valere omnibus annis dictum redditum quindecim librarum turonensium et ultra, omnibus ejusdem jure debitis supportatis ; igitur notum facimus quod nos qui affectamus et desideramus divinum servicium semper augeri, volentes expresse supplicantes in suo salubri et laudabili proposito confovere, prædictam capellaniam de duobus missis qualibet hebdomada ad dictum altare beatæ Margaritæ in dicta ecclesia sancti Martini de Gorronio celebrandis, unam de *Requiem*, unam de *Spiritu sancto* vel de *beata Maria Virgine* fundamus et creamus, quatenus cujus capellaniæ casus contigerit ad collationem, provisionem et investituram ad præsentationem dictorum Michaelis Duvergier senioris et Michaelis Duvergier junioris et superviventis eorum et post obitum superviventis ipsorum rector et procurator fabricæ communiter conferent sacristæ dictæ ecclesiæ in sacris ordinibus presbiteratus constituto, vel clerico dictæ parochiæ in dictis sacris ordinibus infra annum constituendo habili et idoneo, qui capellarius tenebitur dare et solvere pro luminari et ornamentis decem solidos turonensium quolibet anno.

VI

Généalogie de la famille de Blavette.

Jean de Blavette, seigneur du lieu, gouverneur de Corthenay et de Châtillon, 1301, était possessionné au Perche, dans le Maine et au Poitou ; il épousa Thomasse de Presle.

Jean de Blavette, écuyer, seigneur du lieu, 1349, fit échange avec Jean de Blavette, fils d'Eudin, en 1380 ; il épousa, en 1349, Jeanne de Barville, dame de Botherel, fille de Jean de Barville, chevalier, seigneur du dit lieu.

Guichard de Blavette, écuyer, vivait en 1380 et fit un accord le 23 juillet 1383 avec le prêtre Geslain ; il épousa, le 13 juillet 1394, Gillette de Herlai, dame des Aulnais, fille d'Henri de Herlai, écuyer, et de Suzanne de Pru...

Henri de Blavette, 1415, 1454 ; il eut pour procureur, le 15 septembre 1455, Gatien de Blavette ; il avait épousé en 1415 Jeanne de Tournebu, fille de Guillaume de Tournebu.

Gatien de Blavette, seigneur du dit lieu et d'Aulnay, épousa Catherine de Bailleul, fille de Jean de Bailleul, chevalier, baron de Messei et de Gorron, et de Jeanne de Mathefelon.

Philippe de Blavette, seigneur du lieu et de Botherel, baron de Gorron et bailli du Perche, passe un accord le 6 juillet 1502 ; il épouse, en 1532, Suzanne de Barville dont il a :

1º François de Blavette, seigneur en partie de la Motte, baron de Gorron, mari d'Yolande de Bellay, de la maison de la Flotte, le 15 février 1558 ; puis de Catherine de Coisnon, épousée le 3 février 1569 ; enfin de Françoise de Guiry, fille de Martin de Guiry, chevalier, seigneur de Biscourt, et de Jeanne d'Anizy, épousée le 15 mai 1571 et mère de Louise de Blavette dont il fut le curateur avant son mariage avec Louis de Ryants, baron de Villeray ;

2º Jeanne, religieuse à Sainte-Claire d'Argentan ;

3º Gilles de Blavette, seigneur de la Mesnière, mort sans alliance ; il eut des bâtards ; sa mère le fit interdire au Mans, en 1542, parce qu'il avait dilapidé toute sa fortune ;

4º Jacques de Blavette, seigneur de Botherel, mari de Marie de Courtallain ; leurs enfants perdirent tous leurs biens ;

5º Adrienne, dame d'Aulnay, femme d'Antoine de Kaerbout, surnommé de Gemasses.

VII

1629, 2 juillet. — *Pardons et indulgences données à perpétuité par Urbain VIII aux membres de la confrérie*

*du Saint-Sacrement instituée en l'église paroissiale de
Saint-Martin de Gorron* (Arch. de la fabrique de Gorron).

Urbain P. P. VIII. A la perpétuelle mémoire de cette
chose. Étant ainsi, comme il nous a été fait entendre, qu'en
l'église paroissiale de Saint-Martin de Gorron, diocèse du
Mans, soit canoniquement instituée et érigée une pieuse et
dévote confrérie des fidelles de l'un et l'autre sexe, sous
l'invocation du Très Saint-Sacrement, non toutefois pour
gens d'un même art ou métier en particulier seulement,
dont les confrères et sœurs ont accoutumé de faire et exercer
plusieurs œuvres pieuses et charitables ;

Désirant que ladite confrérie reçoive de jour en jour de
plus grands accroissements spirituels, nous confiant en la
miséricorde de Dieu tout-puissant et en l'autorité des bienheureux apôtres saint Pierre et saint Paul, à tous lesdits
fidelles de l'un et l'autre sexe qui ci-après entreront dans
ladite confrérie et seront reçus en icelle, le jour de leur
première entrée et réception, pourvu qu'ils soient repentans,
confessez et qu'ils ayent reçu le Très Saint-Sacrement de
l'Eucharistie, nous donnons et octroyons plénière indulgence
et rémission de tous leurs pechez.

Item, à tous lesdits confrères, présens et à venir, semblablement vrais pénitens et confessez, et si commodément
faire se peut repus de ladite sainte communion, qui, à l'article de la mort, invoqueront dévotement le saint nom de
Jésus de cœur, s'ils ne le peuvent de bouche, donnons et
octroyons pareille indulgence de plénière rémission.

Item, auxdits confrères pareillement vrais pénitens, confessez et repus de la sainte communion, qui, par chacun an
visiteront ladite église, chapelle ou oratoire de ladite confrérie, le dimanche de l'octave du Très Saint-Sacrement,
depuis les premières vêpres jusqu'au soleil couché dudit
jour, et là prieront Dieu pour la paix entre les princes
chrétiens, l'extirpation des hérésies et l'exaltation de notre
Sainte Mère l'Église, nous concédons semblablement pleine
indulgence et rémission de tous leurs péchés.

Davantage, auxdits confrères et sœurs aussi vrayment
pénitens, confessez et repus de la sacrée communion, qui
dévotement visiteront comme dessus ladite église, oratoire
ou chapelle de ladite confrérie aux jours et fête de la Trans-

figuration de N.-S. et le second jour des fêtes de la Pente-
côte et fêtes de Saint-Martin, et le second dimanche de
carême, et y feront des prières comme dit est, avons, par
chacun desdits jours, donné sept ans et sept quarantaines
de vrai pardon.

Item, auxdits confrères et sœurs qui assisteront aux
messes et autres divins offices qui seront célébrés en ladite
église, chapelle ou oratoire de ladite confrérie, ou bien
assisteront aux congrégations ou assemblées publiques ou
particulières de ladite confrérie, en quelque lieu qu'elles
soient faites, ou qui logeront les pauvres, feront ou feront
faire la paix entre les ennemis, ou la procureront ; qui
assisteront aux sépultures ecclésiastiques des fidèles trépassés, tant de ladite confrérie qu'autres ; qui assisteront
aux processions de ladite confrérie, faites par l'autorité de
l'Ordinaire ; qui accompagneront ledit Saint-Sacrement de
l'autel lorsqu'il sera porté tant en procession qu'aux malades,
ou quelqu'autre part qu'il le soit ; ou, s'ils sont empêchés,
oyant le son de la cloche dont on se sert à cet effet, récite-
ront dévotement l'*Oraison dominicale* et la *Salutation angélique*, ou qui diront cinq fois ladite *Oraison dominicale* et
Salutation angélique pour les âmes des deffunts confrères
et sœurs de ladite confrérie ; qui ramèneront quelque dévoyé
dans le chemin du salut ; qui apprendront les commande-
mens de Dieu ou autre doctrine salutaire aux pauvres igno-
rans ; toutefois et quantes qu'ils feront aucunes desdites
bonnes œuvres, et pour chaque fois, nous leur relâchons
miséricordieusement en Notre-Seigneur, et de l'autorité
ci-dessus, soixante jours de pénitence à eux enjointe ou
autrement due en quelque sorte et manière que ce soit,
selon la forme accoutumée par l'Église. Ces présentes à
perpétuité et pour toujours. Donné à Rome, à Sainte Marie
Majeure, sous l'anneau du pêcheur, le 21 juillet 1629, et de
notre Pontificat l'an sixième.

VIII

1636, 23 février. — *Testament de Julien Largerie, lieutenant au bailliage de Gorron, et de Renée Triguel, sa*

femme, léguant leur maison du vieux château de Gorron
(Papiers de famille).

Il nomine sanctissimæ et individuæ Trinitatis. Amen.

Puisque toutes les sciences divines et humaines compilées et réduites en sommaire n'ont pu donner ni déterminer aucun remède pour immortaliser l'homme et que les plus prudents ont consommé leur temps à considérer les efforts et effets de la mort invincible, afin d'apprivoiser leurs esprits pour soutenir ce duel funeste, il est expédient et licite à tous de s'y préparer par la même méditation, disposant leurs âmes et négoces en état de comparoir en grâce devant le Sauveur N. S. J. C. Ce qu'ayant prévu de longue main et considéré, chacune d'honorables personnes Mᵉ Julien Largerie, lieutenant et inquesteur, commissaire et examinateur du baillage de Gorron, sénéchal de la châtellenie d'Ivoy et Carelles, et encore sénéchal du Parc d'Avaugour, en Brecé, et Renée Triguel, son épouse, sieur et dame de l'Écluse, l'Épine et du Pont de Hercé, leur demeure ordinaire en cette ville et bourgeoisie de Gorron, ils ont unanimement, d'une mutuelle et libérale volonté, comparu devant nous, Pierre Triguel, notaire royal résidant en la paroisse de Hercé, ce jourd'hui 23ᵉ febvrier 1636 et 43ᵉ de leur mariage, 66ᵉ de l'âge du dit Largerie et 63ᵉ de la dite Triguel, et icelle dûment autorisée du sieur Largerie, son mari, à l'effet des présentes, pour rédiger leur testament et ordonnance de leurs dernières volontés, en imitant les saints patriarches et autres entiers amis de Dieu, et à cette fin se sont soumis et réduits sous le pouvoir, ressort et juridiction de notre cour et de toutes autres, si besoin et mestier en était, pour l'entier accomplissement des présentes,

Lesquels, après avoir imploré la grâce du Saint Esprit, ont, en présence de Dieu, bénignement résigné par les présentes, résignant leurs corps et leurs âmes à Dieu le Créateur, à ce qu'il lui plaise employer les mérites de la mort et passion de son fils unique Jésus-Christ notre Sauveur, avec les intercessions de la très heureuse et sacrée vierge Marie, de l'archange saint Michel, de tous les archanges, anges, chérubins et séraphins, de tous les saints apôtres, martyrs, confesseurs, et signamment de Messieurs saint Julien, saint

René et saint Joseph, et de Mesdames saintes Anne, Marie-Madeleine et de toutes les saintes vierges et martyres, à l'expiation et rémission de toutes les fautes et péchés qu'ils ont et auront commis à l'heure de leur mort contre sa divine Majesté par la transgression de ses saints commandements, et les vouloir colloquer en grâce avec ses bienheureux ; par même moyen, qu'il veuille et lui plaise bénir toute leur famille en la conduisant dans ses voies si bien, qu'en observant ses saints commandements, il lui plaise la recevoir en même grâce ; et afin d'y parvenir, les dits testateurs ont, en second ordre, voulu, statué et ordonné, enjoint et ordonné à tous leurs enfants présents et absents d'aimer, honorer et servir Dieu et ne lui désobéir jamais pour aucune chose mondaine ; d'aimer, honorer et servir les uns les autres en toutes honnêtes et justes occasions ; de séparer et partager les biens qu'il plaît à Dieu leur donner et délaisser, lors du décès du survivant d'eux testateurs, sans discord et procès, sous les peines dues aux ingrats et désobéissants en cas de contravention. En troisième lieu désirent les dits testateurs que le survivant d'entre eux et leurs enfants aient soin de faire inhumer le corps du prédécédé au lieu qu'il leur désignera, et à semblable du dernier des survivants ; qu'au jour de l'obit d'iceux testateurs, il soit fait commémoration et service solennel à la manière accoutumée, et que tous les gens d'église qui y assisteront soient salariés et payés honnêtement à leur contentement ; et, où ils ne prendraient salaire en respect des testateurs, ou de leurs enfants, en ce cas qu'ils soient traités honnêtement et réfectionnés au dîner ; et que la même forme soit observée au jour du service que les testateurs désirent être fait au plus tôt que faire se pourra ; qu'il soit, le dit jour de leur sépulture, donné et distribué soixante et douze sols en argent aux pauvres qui y assisteront, et le pain de trois demi-boisseaux de blé en tourteaux, chacun de la valeur d'un sol ; et [outre] désirent les dits testateurs que la solennité de leur sépulture soit faite avec toute modestie, sans pompe ni excès, mais avec dévotion honnête et convenable ; que sous la huitaine du décès de chaque testateur, il soit envoyé à l'Hôtel-Dieu de Paris la somme de soixante sols et pareille somme au bureau de la confrérie de la Sainte Trinité au dit lieu, afin qu'iceux testateurs soient participants aux indulgences portées par les bulles envoyées chacuns ans en l'église de ce lieu de Gorron ; qu'en outre, le plus jeune fils des dits testateurs fasse le voyage de Saint-Michel du Mont de la Tombe dans la quinzaine du décès du dit Me Julien Largerie pour accomplir le vœu qu'il en a fait, et faire dire et célébrer une messe par l'un des prêtres ou religieux habitués en l'église du dit lieu, et qui récitera l'office des morts ; auquel sera donné dix sols et sera fait offrande de douze deniers ; et, pour ce faire, sera délivré cent sols à celui qui fera le voyage, sur l'hérédité du dit Largerie, testateur.

Veulent et désirent aussi les dits testateurs qu'il soit dit et célébré trente messes basses, dans l'église de ce dit lieu de Gorron, dans le mois de leurs décès, à l'occasion de chacun d'eux et leurs amis trépassés, par un ou plusieurs prêtres que le survivant ou enfants éliront, auxquels à chacun d'eux sera donné quatre sols chacun jour qu'ils célébreront la dite messe, à laquelle assisteront sept des plus pauvres écoliers qui diront les sept psaumes de la pénitence et répondront le *Libéra* et le *de Profundis* que le prêtre dira sur le tombeau du défunt à l'intention duquel il aura officié, et auront iceux enfants chacun six deniers pour ce faire.

Veulent et ordonnent encore iceux testateurs qu'il soit payé aux procureurs des confrairies du Saint Sacrement et du Saint Rosaire à chacun soixante sols pour chacun des dits testateurs, pour une seule fois, dans quatre semaines après le décès de l'un d'eux.

Item, les dits testateurs, dûment résolus et délibérés de rendre grâce immortelle à Dieu des grâces et biens qu'il leur a libéralement impartis en ce monde où ils reconnaissent n'avoir si discrètement vécu qu'ils n'aient infiniment offensé sa divine Majesté en contrevenant à ses deux et principaux commandements dont dépend toute l'écriture sainte, en cette considération, iceux testateurs ont donné, légué et érigé en pure et simple prestimonie leur maison et dépendance d'icelle, située dans l'enclos du vieil chasteau du dit Gorron, qu'ils ont récemment fait bâtir et qu'encore à présent ils font édifier et décorer, avec tous les jardins qui sont en deux enclos de murailles et seul tenement, tout ainsi qu'il appartient aux dits testateurs, avec le pré qu'ils ont naguères acquis de Marguerite Garnier, dame de la Barberie, par contrat qui sera délivré au chapelain ci-après désigné ; et tout ce qui leur y appartiendra lors du décès du survivant d'entre eux, sans aucunement excepter ni réserver aucune chose, à la charge expresse qu'il sera dit et célébré une messe par chaque semaine en l'église de ce dit lieu sur l'autel de Notre-Dame ou de Sainct-Michel, à l'intention des dits testateurs, leurs parents et amis tré-passés et vivants, bienfaiteurs et autres vers lesquels iceux testateurs pourraient être redevables, et signamment pour les seigneur et dame de Villeray et Gorron à présent régnants, lesquels ont permis l'érection et fondation de la dite prestimonie par contrat reçu par Cornilleau, notaire de la baronnie de Villeray au Perche, le mercredi 5e jour de septembre dernier passé, portant icelui contrat l'indemnité en tel cas requise et dont copie collationnée sera insérée à la fin des présentes ; à la charge en outre de payer par le dit chapelain possesseur les charges et devoirs féodaux à quoi les dites choses léguées sont tenues et asservies, et d'entretenir icelles choses en bonne et suffisante réparation sur les peines cy-après, et de payer encore à la fabrique de ce dit lieu la somme de dix sols tournois de rente pour la réparation de l'église, et avec ce de faire chanter solennel-lement en l'église de ce dit lieu par le curé, chapelain et enfants le   de la Vierge, *Stabat Mater* devant l'autel de la susdite Vierge, les jours de vendredi et de samedi ensuivant, à l'issue des ténèbres, heure de quatre heures attendant cinq du soir des dits jours, et de payer pour ce la somme de dix sols ; et où le dit sieur curé et chapelain ne voudraient y assister, le dit chapelain pourra choisir cinq enfants pour chanter le dit *Stabat* au dit lieu, lesquels il sallariera à sa volonté et à leur contentement, et dira l'orai-son propre à la fin avec le *de Profundis* à l'intention des dits testateurs et leurs amis trépassés ; et demeurent les dits immeubles ci-dessus spécialement hypothéqués et affectés au paiement des dites rentes ci-dessus, pour l'assurance et contrainte du paiement desquelles iceux testateurs veulent que la grosse des présentes et du contrat d'indemnité soit délivrée à leurs dépens au procureur de la fabrique de ce lieu par le survivant d'eux ou leurs héritiers. Veulent et

entendent en outre iceux testateurs que le dit chapelain
chante ou fasse chanter par le sieur curé et deux prêtres de
la dite église ou par cinq enfants, sacristains ou autres, aux
quatre principales et solennelles fêtes de chaque année, à
l'issue de la grand'messe ou vêpres, le repons *Libera* avec
le *de Profundis* et oraison propre à la fin d'icelui sur les
tombeaux des dits testateurs, et que pour ce il paie le salaire
raisonnable des dits assistants, prêtres ou enfants. Lesquels
immeubles ci-dessus légués et donnés ils entendent et désirent être baillés et délivrés au dit titre à Michel Largerie,
leur jeune fils, si il plaît à Dieu lui faire la grâce qu'il par-
vienne à l'ordre de prêtre, et qu'il en soit saisi et mis en
possession par ses frères aînés ou deux d'iceux en cas d'absence des dits, et incontinent qu'il aura été promu à l'ordre
de sous-diacre. Le cas advenant que les dits testateurs fussent décédés, auquel cas et où le dit Michel Largerie n'eût
été admis et promu au dit ordre de sous-diacre, iceux
enfants feront célébrer la messe et service ci-dessus désignés au plus notable homme de bien, prêtre de l'église de ce
dit lieu, jusqu'à ce que le dit Michel eût été promu au dit
ordre, et où il ne se voudrait résoudre de se réduire en cette
condition de prêtre, que les dits enfants au nombre de trois,
les plus anciens ou plus prochains hoirs des dits testateurs,
donnent la provision et possession réelle et paisible au plus
prochain prêtre de leur lignée et descendance, ceux portant
cognom de Largerie préférablement aux autres descendants
et collatéraux jusques à deux degrés, et ainsi successivement après le décès du premier pourvu, tant et si longtemps qu'il y aura prêtre de la lignée des dits testateurs ; à
la charge encore et non autrement que le chapelain qui sera
ainsi pourvu de la dite prestimonie et immeuble ci-dessus
se comportera modestement, sans scandale, et vivra pacifi-
quement en la jouissance d'iceux selon les statuts et ordonnances de l'Église notre mère conductrice ; n'admettra ni ne
retirera dans l'enclos de ses maisons et jardin aucune personne scandaleuse et débauchée, mais quelque bon prêtre,
ou clerc, ou serviteur de bonne vie qui lui sera utile au contentement de ses parents et bons amis, entretiendra le tout
en bonne et suffisante réparation, ainsi qu'elles lui seront
baillées, et les y relaissera et obligera ses biens et héritiers

ou ayants cause d'y satisfaire ; et après trois sommations à
à lui faites par trois des dits plus proches héritiers et
parents. iceux testateurs veulent et ordonnent dès à présent
comme dès lors et dès lors comme à présent que le dit chapelain soit privé par saisie des dits immeubles et sequestre
de ses meubles d'y satisfaire avec l'autorité de l'Église et
justice séculière ; car autrement iceux testateurs n'eussent
pas fait le dit don et fondation, et en cette ..... charge à
l'honneur et à la conscience tant du dit chapelain que parents
d'accomplir leurs vœux le plus entièrement que faire se
pourra.

Et finalement pour obliger le dit Michel Largerie, leur
fils, et autres chapelains possesseurs de prier Dieu dévotement et avec affection, ou celui prêtre qui le premier jouira
de la dite prestimonie, pour les âmes des dits testateurs,
iceux testateurs lui ont donné tous et chacuns les meubles
qui seront dans l'enclos des dites choses léguées outre sa
contingente des autres meubles auxquels il pourrait succéder après le décès du survivant des dits testateurs qui ne
pourra désemparer des dites choses   par le décès du
prédécédé et dont sera fait inventaire solennel incontinent
après la dissolution du mariage des dits testateurs ; desquels
meubles ainsi donnés au dit chapelain se soumettra sous
l'hypothèque universelle de tous ses biens d'en délaisser
autant et de pareille valeur à son successeur chapelain et
ainsi alternativement par tous les dits chapelains, et en don-
neront caution suffisante aux dits parents entrant dans la
possession des dits immeubles et meubles, et afin de faciliter par les dits testateurs les   des immeubles qu'ils
possèdent et pourront posséder lors de leurs décès et ne
s'en dissiper et éloigner à leurs autres enfants ; iceux testateurs désirent qu'il soit donné et baillé au dit Michel Largerie, au cas qu'il soit prêtre, la somme de 40 livres de rente
pour contingente et afférente part de leurs successions par
usufruit seulement, et que tous les immeubles des dites successions y demeurent affectés si mieux n'aiment ses cohéritiers lui donner spéciale hypothèque à son contentement ;
et son décès advenant et advenu, la dite rente demeure
amortie au profit de ses cohéritiers. Ont les dits testateurs
donné plein pouvoir au dit chapelain, proches parents,

commuer la dite prestimonie en un couvent de religieux ou religieuses, collège ou séminaire, si bon leur semble et qu'il soit concédé par l'Église et le public aux charges portées par ces présentes sans diminution. Et où ils ne le voudraient iceux testateurs ont convié le dit chapelain et leurs héritiers de faire bâtir une chapelle ou oratoire dans l'enclos du haut, au lieu le plus commode et la dédier à Dieu et à Monsieur saint Michel pour y faire le service et oraisons quotidiennes, si tant est que le Bon Dieu leur en donne le moyen : ce que le dit Michel Largerie, âgé de 17 ans et demi, présent en personne, a, libéralement et sans induction ni contrainte, stipulé et accepté, comme aussi ont été à ce présents et stipulants chacuns de vénérable et discret M⁰ Guillaume Le Roux, prêtre, sieur curé de cette paroisse de Gorron, y demeurant, et M⁰ Charles Garnier-Pichardière, procureur fabricier de ce dit lieu, lesquels ont agréé le contenu au dit testament, icelui stipulé et accepté. Dont et à la requête des dits testateurs les avons jugés par le jugement et condamnation de la dite cour avec renonciation à tous droits civils et municipaux usés et pratiqués à ce contraire, et de ce ont prêté le serment. De notre main fait, dicté et « minutté » par ledit M⁰ Julien Largerie, testateur, et passé en la maison ci-dessus spécifiée qu'il a voulu être nommée le château Saint-Michel de Gorron, en présence de vénérables et discrets Mᵉˢ Julien Brault, Julien Turcan, Michel Piquet, prêtres ; Mʳᵉ François Turcan, sieur de la Mancellière, licentié ès-droits, avocat au dit Gorron, et Michel Croisier-Souraudière, tous demeurant au dit Gorron, témoins. La dite Triguel, testatrice, a dit ne savoir signer ; les dits Largerie, testateur, M. Largerie, Le Roux, Garnier et témoins sont signés avec nous en la minute des présentes.

La copie est signée Triguel, notaire passeur.

A tous ceux qui ces présentes lettres verront, Gilles Blondeau, licentié ès-loix, sieur de Courmoulin, Vassé et la Florière, bailly de la baronnie de Villeray, salut. Savoir faisons que par devant Denis Cornilleau, greffier et principal notaire juré, bien et dûment établi en cette baronnie, fut présente noble et puissante dame Louise de Blavette, épouse de noble et puissant seigneur Mʳᵉ Denis de Rianlt, chevalier, gentilhomme ordinaire de la chambre du roi, dame de Villeray et

de la baronnie de Gorron, séparée quant aux biens d'avec
le dit seigneur son mari, néanmoins d'icelui autorisée pour
l'effet des présentes, demeurant dans leur château de Villeray, paroisse de Coudeau, laquelle a reconnu par ces présentes, reconnaît, comme aussi a permis et concédé, permet
et concède à honorable homme Me Julien Largerie, licentié
et inquesteur, commissaire et examinateur au baillage de
Gorron, y demeurant, à ce présent et acceptant, tant pour
lui que pour dame Renée Triguel, son épouse, d'ériger et
fonder en prestimonie la maison qu'ils ont recentement
fait bâtir dans le vieil château du dit lieu de Gorron, avec
les tenements et dépendants, ainsi qu'il leur appartient et
même, moi dame, lui permets et concède d'y faire bâtir église,
chapelle ou collège en l'honneur de Dieu et de la Sacrée
Vierge, et de Monsieur Saint Michel, sans que moy dame et
ny mes successeurs lui prétendent aucun droit d'indemnités,
à la charge néanmoins qu'elle sera participante, ses prédécesseurs et successeurs, aux prières, suffrages et oraisons
qui se feront par le chapelain et autres qui seront pourvus
et jouiront des dites choses léguées et données par le dit
Largerie et la dite Triguel, sa femme, ou l'un d'eux, à la
charge de faire payer par chacun an les rentes et deubs
féodaux que les dites choses sont tenues de faire et payer
aux jour et terme qu'ils sont dus, sous hypothèque spéciale
et privilégiée par les déteneurs et possesseurs des dites
choses, suivant le garderoolle et requeil ancien des ventes
et deubs du dit Gorron, à la charge aussi de faire apposer
et insculpter les armes de moy dame au lieu le plus éminent de la dite maison, église ou chapelle, au-dessus de
celles du dit Largerie, ce que et autrement madame n'aurait
fait la dite concession et remise d'indemnité par elle faite en
faveur du dit Largerie et pour les bons et agréables services
qu'il lui a rendus et promet rendre autant qu'il pourra et
lequel Largerie a promis libérer et indemniser moi dame,
tant de la dite concession qu'indemnité vers et contre tous,
à peine de tous dommages, dépens et intérêts payer. Dont
les dits comparants sont demeurés d'accord, promettant et
obligeant et renouvelant ce donné pour témoins et ce sous
le sceel établi au contrat. Ce fait en présence de Me Antoine
Barré, sous-diacre, et d'honorable homme Pompée Pitrou,

sieur de Maisonneuve, demeurant au bourg de Villeray, paroisse de Coudeau, témoins qui ont signé avec les dites parties en la minute des présentes. Passé et arrêté au château du dit Villeray, après-midi, le mercredi cinquième jour du mois de septembre mil six cent trente et cinq. Signé : Cornilleau.

IX

1638, 13 octobre. — *Mémoire des terres dépendant de la chapelle de Monsieur Saint Estienne, sittuée en la paroisse de Gorron, tant en ce qu'il y en a que celles qui sont subjettes au droict des dixmes que Monsieur Dodard, chapelain et titulaire d'icelle, est fondé de prendre pour les deux tiers, en ce qui dépend des dites dixmes, l'autre tiers appartenant au sieur curé de Gorron, les domaines pour le fond appartenant en tout au sieur Dodard.*

Premièrement, il y a cinq pièces de terre du dit domaine joignant les unes les autres et issant autour les deux chemins qui vont de Gorron à Mayenne et à Saint-Denis-de-Gastines, et boutant d'un bout à une vallée qui dépend du lieu de la Pommeraye, de l'autre bout à une petite pièce de terre appartenant à Pierre Le Crosnier-La Grange, les cinq pièces contenant 6 journaux ou viron ;

Item, un petit pré qui est au bout d'une des dites pièces et qui l'adjoint d'un côté, et de l'autre un grand champ appartenant au dit Pierre Le Crosnier, au devant duquel champ est la fontaine communément appelée la fontaine Saint-Étienne, et boutte d'un bout le chemyn tendant de Gorron à Mayenne et de l'autre une petite pièce de terre appartenant au dit Le Crosnier ; et ce pré contient un quart de journeau de terre ou viron ;

Item, une vallée plantée de vieilles arbres, estant au dessoubs de la dite chapelle, joignant à la rivière de Colmont, contenant un quart de journeau ou viron ;

Item, un friche joignant le grand chemin susdit tendant de Gorron à Mayenne et d'autre côté la dite vallée et les terres appartenant aux héritiers de défunt François Gallesne-Saillandrie, contenant trois quarts de terre ou viron ;

Item, un autre petit friche qui autrefois a été un jardin, joignant d'un côté la dite chapelle, d'autre le friche ci-dessus, et d'un bout le grand chemin de Gorron à Mayenne et d'autre bout la dite vallée de dessoubs la chapelle, contenant dix perches de terre ou viron ;

Item, une pièce de terre nommée la petite vallée de la Pommeraye, boutant d'un costé les terres du lieu de la Basnetière, d'autre costé le chemin tendant de Gorron à Saint-Denis-de-Gastines, d'autre bout une petite pièce de terre plantée d'arbres dépendant du lieu de la Pommeraye, laquelle pièce a été vendue par le sieur Dodard de l'aliénation autrefois faite d'icelle, contenant un journeau de terre ou viron ; et est le sieur Dodard fondé seulement aux deux tiers des dixmes comme des autres terres dépendant de la dite chapelle, l'autre tiers appartenant au sieur curé de Gorron ;

Item, toutes les terres entre la dite rivière de Colmont et le grand chemin qui va de Gorron à Mayenne, à prendre de la haye faisant séparation entre la terre des Courbes et le champ du Pont jusques à une pièce nommée le friche du Milieu et y comprins sont quatre sillons qui sont de la paroisse de Brecé, icelles pièces dépendant du lieu de la Bantière et sont dépendant de la dite chapelle et le dit chapelain est fondé aux deux tiers quant aux dixmes ;

Item, toutes les pièces de terre enclavées entre les deux grands chemins tendant à Mayenne et au village de la Pommeraye et au delà tirant vers Saint-Denis-de-Gastines sont aussi sujettes et dépendant de la dite chapelle Saint-Estienne et le chapelain d'icelle fondé à prendre les deux tiers des dixmes qui en proviennent, sçavoir à prendre depuis la haie du pré susdit dépendant du dit domaine, celle du côté vers la dite chapelle et tout au long en ligne droite jusques au grand chemin qui tend de la Grange au village de la Pommeraye, jusques à un ruisseau provenant d'un douet qui est au haut d'une pièce de terre appelée la Petite-Fosse, qui dépend du lieu de la Bantière, et montant depuis le dit douet en droite ligne jusques au grand chemin qui tend du dit lieu de la Pommeraye à Saint-Denis-de-Gastines, qui va à une pièce de terre nommée le Champ-Bleu, dépendant du lieu de la Bantière, et est la séparation des paroisses de Gorron et Brecé ;

Item, il faut en outre, poursuivant ce qui dépend du traict de la dite chapelle et qui est enclavé entre les deux grands chemins tendant de Gorron à Saint-Denis et au moulin de la Gauberdière, commencer à une haie qui est au devant d'une grande haie attachée dans la haie d'un champ dépendant du dit lieu de la Bantière, et aller tout au long en droite ligne à un pré au dessus d'une grande maison qui est au haut du lieu de la Haudussière, qui va tendre au bout d'un pâtis qui est au dessus d'un petit friche qui boutte la dite maison et continuer par le chemin qui tend de la Haudussière à la Jariays jusques à une pièce de terre appelée le Demy-Champ, appartenant aux héritiers Bouju, le tiers de laquelle ou à peu près, le bout du haut joignant une pièce de terre nommée le champ de la Jarriays, dépend de la Bersendière et du traict du Verger, à prendre au droit de la haie étant entre deux friches et le champ de la Garenne qui sont du village de la Bersendière et tendant au dit village ;

Item, un petit jardin proche la maison du dit village et trois pièces de terre en dépendant, deux nommées les Grands Friches, l'autre la Garenne, contenant le tout sept journeaux ou viron ;

Item, deux autres pièces de terre appartenant à Pierre Le Crosnier-La Grange, l'une nommée le champ Pandant, l'autre le petit champ de la Pommeraye, contenant deux journaux ou viron ;

Item, tout le lieu de la Pommeraye doit au sieur chapelain la dixme des deux tiers de ce qui est..... savoir environ trois quarts de journeau, et une pièce de terre nommée [*illisible*], joignant le grand chemin tendant de Gorron à Ernée le côté proche le grand chemin, de qui les trois quarts sont du traict des Brunays. Et y a une grosse pierre en tête du bout de haie au hault, qui fait au droit la séparation du dit traict des Brunays d'avec celui de Saint Etienne ;

Item, le chapelain de Saint-Etienne est fondé au droit de dixmes pour les deux tiers sçavoir en tout ce qui est enclos entre la dite rivière de Colmont et le grand chemin tendant de Gorron à Vieuvy, à prendre depuis la vallée qui boutte la maison et métairie de Michel Le Crosnier, la fontaine et icelle comprinse et montant vers Brilhault et au delà jusques au ruisseau de Vautortes, et de l'autre côté du dit grand

chemin il faut prendre au devant de la dite vallée à une haie
qui fait séparation avec le champ de la Croix appartenant à
Sébastien Quentin et autres dépendant du lieu de la Maison-
Neuve, au bout de laquelle est l'aire et maison manable du
dit lieu, et faut suivre la dite haie en droite ligne jusques à
la rue des Clos, depuis laquelle faut aller en montant vers
la prée du Bailleul au droit de la haie de la dite rue jusques
à la dite prée et au ruisseau qui est au milieu de icelle et
continuer en descendant jusques au dit ruisseau de Vautortes : toutes les terres qui sont encloses entre le dit grand
chemin et la dite haie du dit champ de la Croix et celle
susdite de la dite rue du Clos, comme ci dessus spécifié, sont
et dépendent de la dite chapelle de Saint-Etienne et est
fondé le dit chapelain d'icelle au droit des dixmes en ce
qu'ils ensemenceront comme en toutes autres terres dont
est fait ci dessus mention, en toutes sortes de [grains ?] et
autres choses sujettes à dixmes, pour les deux tiers seulement, l'autre tiers appartient au dit sieur curé de Gorron,
comme dit est. Pour quoi le dit chapelain doit deux messes
par chaque semaine, etc.

Le 13 octobre 1638, devant nous Jean Vallet, notaire royal
au Maine, demeurant à Charné, ont comparu vénérable et
discret maître Jean Largerye, prêtre, sieur curé de Dompierre, et Me Julien Brault, aussi prêtre à Gorron, lesquels
affirment sincère et véritable le mémoire ci-dessus.

X

1657, 2 juillet. — *Aveu par Odet de Ryantz pour la châtellenie de Gorron* (Arch. nat., R ^{5} 115).

Du roy, mon souverain seigneur, je Odet de Ryantz, chevallier, seigneur marquis de Villeray, Radray, Blavettes,
Brezolles, Vezot, Barville et de la ville et chastelnye de
Gooron au bas Maine, conseiller du roy nostre sire, capitaine et baillif de Chartres, recognois, confesse et advoue
estre homme de foy lige pour ma dicte terre et chastelnye
de Gooron à cause de vostre conté du Maine et ainsi que
ma dicte terre de Gooron se poursuit et comporte tant en

domaines, fiefs et autres droictz, circonstances et despendances, laquelle s'estend ès paroisses du dict Gooron, Bressay, Coesmes, La Pallue, Sainct-Aubin et ès environs des dictes paroisses joignant d'un costé la chastelnye d'Ambrières, d'autre à la chastelnye de Pontmain, et aboutte la chastelnye du dict Sainct-Aubin, et de laquelle la teneur ensuit :

Premièrement le chasteau et manoir antien du dict lieu de Gooron de présent en ruine, avec son enclos et pourpris auquel sont les antiennes prisons du dict lieu, composées de haultes et basses fosses et joignans le dit chasteau ; la chapelle Sainct-Laurens avecq l'entour, placistre, rue devant, derrière et aux costés, comme le tout se poursuit et comporte, et lequel entour du dict chasteau mes prédécesseurs ont fieffé à plusieurs subjectz et bourgeois qui la tiennent, occupent et exploictent à présent.

Item, une grande place ou hébergement assis en ma dicte ville où il y a des grandes halles, logettes et estalz bastis et construictz pour servir au marché du dict lieu.

Item, une maison manable couverte de thuilles, assise près les dictes halles, composée d'une salle, cave, cuisine, estables aux costés, chambres, greniers, la cour au derrière et costé ; la geôlle et prisons nouvelles, un petit jardin et masure y adjacant, joignant et aboutant à la grande rue qui tend des dictes halles à la rivière et moulins et d'autre costé aux héritiers ou ayans cause Jean Garnier, et outre ce m'appartient un autre jardin contenant deux quartiers de terre ou environ costoyant et aboutant les rues qui tendent de mes dittes halles aux moulins et pont de Hersay, laquelle maison et jardin a esté baillée à rente à Charles Garnier et Julianne Decavois, sa femme, par défuncte dame Louise de Blavette, mon ayeulle, à la somme de 24 livres et 12 deniers de cens féodal.

Item, droict de deux estangs l'un appellé le Grand estang de Gooron estant de présent en prairie descouverte, pour la ruine de longtemps arrivée à la chaussée d'iceluy, et lequel mes prédécesseurs ont baillé à cens et rente à plusieurs particuliers, à la charge que touttes fois et quantes que je voudray le mettre en eau ils ne pouront l'empescher et leur baillée demeurera nulle ; l'autre petit estang, avec les pescheries et tanneries à poissons, compris entre iceux trois prairies appelée les Mottes, communément couvertes d'eau l'hiver et que je tiens ès domaine.

Item, la rivière de Coulmont à prendre du depuis le pont de Lesbois jusques au moullin de Bressay avec droit de pesche et de garenne ez icelle.

Item, deux moulins à bled, froment rouge et autres grains, estans assis au dessoubz des Mottes dessus dictes sur la dicte rivière joignant le Pont-Neuf et à la rue Dorée, avec le droict de contrainte sur tous mes subjectz de leur faire aller mouldre leurs grains à mes dictz moulins, sur les peinnes introduictes par la coustume du Maine contre les contrevenans et défaillans.

Item, droict de deux autres moulins l'un à fouller draps et l'autre à tan, avec droict de four à ban à cause d'yceux ; les tanneurs de ma dicte ville de Gooron ont autrefois payé à mes prédécesseurs seigneurs du dict lieu la somme de 20 livres tournois aux termes de l'Assension et Sainct-Pierre qui est au mois de febvrier par moitié, et de présent pour les ruinnes des dictz moulins il ne m'en est rien payé.

Ensuivent les droictz et debvoirs que mes subjectz et bourgeois du dict Gooron me sont tenus faire à cause de ma dicte terre et chastelnye :

Premièrement 60 solz tournois au jour de l'Assension d'une part et 55 solz tournois de rente appelée taille angevine, qui m'est deube au jour de Nostre-Dame angevine, tant par mes bourgeois de Gooron qu'autres habitans.

Item, à cause de ma dicte terre de Gorron, les religieux, abbé et couvent de Sainct-Guy ont accoutumé de prendre sur ma prévosté du dict Gooron la somme de 10 livres tournois et le prieur de Montguyon 60 sols tournois, et les dames de l'Abbaye-Blanche 10 autres livres de rente revenant ensemble à 23 livres, desquelles rentes je proteste m'en deffendre.

Ensuit la teneur et circonstances de la terre, fief et seigneurie du Rocher, laquelle estoit cy devant tenue de moy à cause de ma dicte seigneurie de Gooron au debvoir de foy et hommaige simple et laquelle terre a esté cy devant acquise par dame Louise de Blavette, mon ayeulle, et réunie au domaine du dict Gooron pour l'acquest qui en fut faict sur François de la Bunache et sa femme.

Premièrement un manoir et maison manable enclos de murailles et fossés composée d'une salle basse, cuisine, boullangerie, despense, cellier au bout et costé d'ycelle, trois chambres, cabinetz et greniers au-dessus, une chapelle, estables et granges tout en un enclos avec deux estangs au dehors de la cour aussy enclos de murailles, placistre, issues et un petit bois et verger, le tout ès environs de la dicte maison.

Item, un domaine ou mestairie basty et composé d'une maison manable, grange, estable, four, fournil, pressoir, estraige, foulaige, jardin et verger, tout en un tenant, joignant la dicte maison seigneurialle du Rocher ; de laquelle mestairie sont et despendent 60 journées de terre, tant prés que terre labourable.

Item, un moulin à bled estant de présent en ruine avec un estang qui est au-dessus du dict moulin contenant 3 journaux de terre ou environ.

Item, garenne à connils avec droict de fuye à pigeons et joignant le dessus dict manoir du Rocher, d'un costé le domaine de la seigneurie du Pré et terres despendantes de Lucé et d'autre au fief et seigneurie de Charbonnières.

Ensuivent les fiefs despendantz de ma seigneurie du Rocher et du Bellay.

Premièrement le fief de Bouverie scitué en la paroisse de [*blanc*], pour lequel les détempteurs me doivent par chascun an 11 solz tournois au jour de l'Angevine et 1 denier de cens à Noël.

Le fief de la Petite-Crunniere pour lequel il m'est deub par chascun an 19 sols de rente au jour de l'Angevine, 8 sols de cens au jour de Noël et 18 deniers pour coustume et corvées au jour Sainct-Jehan-Baptiste.

Item, le fief Hébert pour lequel m'est deub 9 sols au terme de l'Angevine, 3 sols de cens au jour de Noël et 18 deniers au jour Sainct-Jehan-Baptiste.

Le fief Chaussée pour lequel il m'est deub annuellement 12 sols tournois au terme de l'Angevine, 12 sols à la Toussaint, 6 sols de cens au jour de Noël et 18 deniers au jour Sainct-Jehan-Baptiste.

Le fief Durand pour lequel il m'est deub chascun an 4 deniers au terme Angevine, 20 deniers au jour de Noël et 18 deniers au jour Sainct-Jehan-Baptiste.

Le fief des Vingt-Cinq-Journaux, lequel me doibt au terme de l'Angevine 3 sols 3 deniers par chascun an.

Le fief des . . . . . pour lequel il m'est deub annuellement au jour Sainct-Jehan-Baptiste 18 deniers, au jour de Nostre-Dame Angevine 5 solz et au jour de Noël 3 solz et deux poulles.

Le fief Roulle pour lequel il m'est deub 4 solz par chascun an au jour de l'Angevine et 18 deniers au jour Sainct-Jehan-Baptiste.

Le fief de Surgan qui tenoit de ma dicte seigneurie du Rocher à foy et hommaige simple et lequel me doibt annuellement 9 solz 10 deniers tournois au jour et feste de l'Assension et sont les détempteurs d'iceluy tenus de faire l'office de sergent et prévost chascun en son rang.

Tous lesquelz fiefs sont scitués ès paroisses de Gooron et Vaucé au resort et destroict de ma dicte chastelnie de Gooron et à laquelle seigneurie du Rocher il souloit, avant le dict acquest et réunion, y avoir basse justice, voirie et droict d'avoir ventes, reliefs, ayde des reliefs, droict de moulte et tous autres droictz attribués au seigneur bas justicier sur ses hommes et subjectz suivant la coustume de ce pays du Maine.

Ensuivent les vassaux qui sont et despendent immédiatement de ma dicte terre et chastelnye de Gooron.

Premièrement les fiefs de Charbonnière avec le moulin du Pré dont le sieur de la Pallue m'est tenu faire foy et hommaige simple et 20 solz tournois de rente ou debvoir payable par chascun an au terme de l'Angevine, que les héritiers défunct Colin de Lesbois avoient par cy devant accoustumé de payer pour rente du four à ban de la Vascherie, et outre droict de prendre sur deux autres fours du dict Lesbois 2 deniers tournois de rente payable par chascune fournée de pain qui y est cuit, et outre de prendre 5 solz tournois de rente par chascun an sur le moulin Jary que ont par cy devant payé les héritiers du dict Lesbois au terme de l'Angevine, et sur une place qu'anciennement tenoit Philippot Le Meloger 5 solz tournois au terme de l'Angevine.

Le fief, domaine et seigneurie de Bois-Berault, avec ses circonstances et despendances, qui a esté cy devant tenu et occuppé par défunct Guillaume des Vaux, escuyer, et de présent par [*blanc*] des Vaux, escuyer, à foy et hommaige simple.

Le fief et mestairie du Pré, ses circonstances et despendances ensemble le fief et seigneurie de Coasme et Lucé que de présent tient et occuppe [*blanc*] du Bailleul, chevallier, seigneur du dict lieu, et qu'anciennement souloit tenir Jehan Cornelleau, tenue de moy à foy et hommaige simple.

Le fief de Brosse possédé par le sieur des Tannières qui m'est rendu par le dict sieur du Bailleul.

Le fief et hommaige d'Essenlay que souloit tenir Jehan Girard et que tient à présent [*blanc*] de la Ferrière, chevallier, seigneur de Tessay.

Et sont touttes les choses dessus dictes assises en ma dicte chastelnye de Gooron et ès environs et à cause d'ycelles maisons tous les dessus dictz sont tenus en oultre faire et porter honneurs et obéissances telles qu'à seigneur de fief chastelain appartient et sur eux prendre rentes, reliefs, rachaptz, gardes, plaiges, aydes de reliefs, et autres droictz prérogatifs et proffictz, tels qu'à seigneur et chastellain appartient et comme hommes de foy simple doibvent et sont tenus faire à leur seigneur de fief et est fondé de prendre sur ses hommes et subjectz de foy simple selon et au désir de la coustume de ce pays et conté du Maine.

Item, droict de prévosté, coustumes, brancheries, travers, estalaiges et autres droictz accoustumés au dict pays pour les marchandises vendues, acheptées, débitées et transportées, avec forfaictures, le cas advenant.

Item, droict de clerc, notaires, sergentz, baillis, mercqz aux sceaux et contractz, mesure à vin et cildre, boisseaux et autres à mon estalage.

Item, droict de marché ordinaire qui se tient le mercredy de chascune sepmaine en ma place publicque de ma ville de Gooron.

Item, droict de faire lever quatre fois l'année, sçavoir est deux au jour Sainct-Martin en juillet et novembre, l'autre au jour Sainct-Laurens et la dernière le mercredy auparavant le jour des Rameaux.

Item, en ma dicte chastelnye de Gooron et sur mes hommes et subjectz qui en despendent droict de justice haulte, moyenne et basse avec cognoissance de touttes causes tant personnelles, réelles que mixtes et tous délitz et crimes qui se commettent dans l'estendue d'ycelle et tout ainsy qu'à chastelain apartient par la coustume de vostre pays et conté du Maine sans exception. Et touttes lesquelles choses dessus dictes je tiens de vous, mon dict souverain seigneur, à la dicte foy et hommaige, sauf et retiens et à moy à les vous déclarer de bouche, touttefois que raison donnera, et pour raison des dictes choses je vous doibz plaiges, gaiges, droictz, obéissances comme homme de foy lige doibt à son seigneur de fief et foy lige, o protestation que sy par adveus antiens autrefois baillés par mes prédécesseurs aux vostres ou autrement deubment estoit trouvé que plus grandes terres et servitudes vous fussent deubes pour raison des dictes choses, je ne les desnie en rien mais les vous cognois et veult faire continuer, moy offrant, mon dict souverain seigneur, vous faire foy et serment que cy dessus sont contenues les choses que je tiens de vous et les debvoirs que je vous en doibz selon ce que je me suis peu enquérir en ma conscience et les protestations et offres de sermentz que je vous en fais, et affin que je ne puisse estre contre moy que je vous aye autrement que deubment baillé par adveu. En tesmoing de ce, je vous rend le présent adveu signé de mon seing et iceluy faict signer à ma requeste des sings de Gilles Esnault et André Coudray, notaires en la baronnie de Villeray, et faict sceller iceluy du scel de nos armes le lundy 2° jour de juillet lan 1657. Et par les mesmes présentes je constitue mon procureur général et spécial le porteur des présentes pour présenter le dict adveu et affirmer le contenu en iceluy estre véritable, comme je fais devant les notaires, et requérir le passement du dict adveu, en requérir et demander acte et générallement faire pour moy tout ce que le dict procureur advisera bon estre. Et est la minute du présent adveu demeurée par devers le dict Esnault, l'un des notaires. (Signé) : Odet de Ryant, Esnault, Coudray.

XI

Généalogie de la famille du Bailleul de Hercé.

Eudes du Bailleul notifie, le 6 avril 1250, l'arrentement consenti par les moines de Fontaine-Daniel à Hamelin Le Chambrier de deux étangs en Aron.

Jean Ier du Bailleul épousa Ysabeau du Val, fille de Rolland du Val et de Marie d'Averton. Il rendit hommage au seigneur de Mayenne pour les fiefs de la Bublière, de la Gougeonnière, etc., en 1387. Il était bail de son fils Alain, qui suit.

Alain du Bailleul épousa, en 1402, Jeanne de Benehard, fille de Jean de Benehard, sieur de la Gaubertière et de la Blanchardière, et de Jeanne Le Porc, dont Jean II, qui suit.

Jean II du Bailleul, accusé, en 1415, d'avoir frappé avec une dague Jean de Mégaudais, sergent du comte du Maine, épousa, en 1440, Michelle du Bouchet, fille de Jean du Bouchet et de Jeanne de Marvillé, dont Jean III, qui suit.

Jean III du Bailleul épousa Guillaumette de Saint-Brice, fille de René de Saint-Brice et de Marguerite du Châtellier, dont Gilles, qui suit.

Gilles du Bailleul, fils aîné et principal héritier de Jean III (Cf. Guyard de la Fosse, p. 96), épousa Marie de Germaincourt, fille d'Ambroise de Germaincourt et de Thibaude de la Potherie, dont Guillaume, qui suit. Il paraît dans une charte de Fontaine-Daniel, le 4 janvier 1501, où il est dit écuyer, sieur de la Pierre, en Hercé. En 1518 et 1519, Philippe de Gueldres, veuve de René de Lorraine, dame de Mayenne, reçut l'hommage de Gilles du Bailleul pour 94 boisseaux de froment qu'il avait droit de prendre sur certains héritages situés en la paroisse de Saint-Denis-de-Gastines.

Guillaume du Bailleul épousa, en 1535, Françoise du Boisbérenger, dont Pierre, qui suit. Le 24 mai 1536, il rendit aux religieux de Fontaine-Daniel aveu pour son étang des Bouillons, en Hercé. Françoise du Boisbérenger vivait encore en 1578.

Pierre Ier du Bailleul, rendit hommage, en 1570, à Henri de Lorraine, marquis de Mayenne, pour les fiefs de la Sauvetière, de la Beublière et de la Gougeonnière. Il vivait catholiquement, en sa maison du Bailleul (1577). Il épousa, en 1578, Marguerite ou Marquise des Vaux, fille de Jean IV, marquis de Levaré, et de Charlotte Cornilleau.

De cette union naquirent plusieurs enfants :

1° Pierre, qui suit ;

2° Jean, seigneur de la Pierre, en Hercé, qui se maria en Anjou, fut parrain, à Hercé, en 1610, et chevalier de l'ordre de Saint-Michel (1622) ;

3° René, qui fut reçu chevalier de Saint-Jean de Jérusalem, après production de ses titres devant Adam de Bellanger, commandeur de Thévalles, et Simon Le Cornu, commandeur de Saint-Jean et de Sainte-Catherine de Nantes. On le voit receveur de l'ordre à Angers en 1643, puis commandeur de l'hôpital ancien d'Angers en 1662 (Cf. abbé Angot, *loc. cit.*) ;

4° X..., seigneur des Noyers ;

5° Charlotte, qui épousa, le 12 juillet 1606, en l'église de Hercé, Louis de Saint-Germain, sieur de la Selle. Ils eurent un fils, qui fut baptisé dans la même église, le 22 mars 1607, et reçut le prénom de Pierre, ayant pour parrain Pierre du Bailleul, sieur de Belleplante, et pour marraine Marquise des Vaux.

« Pierre Ier du Bailleul mourut le 20 mai 1615, au soir, et
« fut ensépulturé dans l'église de Hercé à côté de son banc,
« le vendredi 22°, par noble et discret maître René de Hercé,
« curé de Saint-Fraimbault-de-Prières, en présence des
« curés de Gorron, de Saint-Aubin et de Hercé, et du véné-
« rable père Lhuissier, gardien du couvent de Vire, de
« M. de Levaré et de plusieurs autres, tant ecclésiastiques
« que nobles qu'autres » (Reg. de Hercé).

« La veuve de Pierre Ier, décédée à Belleplante, le mardi
« 7 novembre 1629, fut apportée à l'église de Hercé et
« inhumée le jeudi 9° jour, par discret M° Pierre Pidault,
« curé de Désertines » (Reg. de Hercé).

« Pierre II du Bailleul et damoiselle Julienne de Barat
« furent épousés dans la chapelle du Boisbérenger par dis-
« cret maître Julien Le Métayer, le 15 mai » (1614).

« Noble Pierre du Bailleul, leur fils, fut baptisé le jour
« des Rameaux, 12 avril 1615 (né du 7) ; son parrain fut
« Pierre du Bailleul, seigneur du dit lieu et de la Pierre,
« père-grand du dit enfant ; sa marraine Jeanne Le Cornu,
« dame du Boisbérenger ».

Pierre II du Bailleul et Julienne de Barat, outre Pierre III,
qui suit, eurent plusieurs enfants :

1° Une fille. Michelle, née le 17 juin 1616, tenue sur les
fonts le 7 août suivant, par Guy du Bailleul, sieur des Mil-
lets, et Michelle de Sesmaisons, épouse de César des Vaux,
sieur de Levaré. Elle mourut en 1618 et fut inhumée dans
l'église de Hercé le 22 mai. Dans son acte de décès, son père
est qualifié gentilhomme ordinaire de la chambre du roi ;

2° René, né le 18 décembre 1618, tenu sur les fonts de
Hercé le 27 janvier 1619, par René de Barat, chevalier de
l'ordre du roi, sieur de Saint-Germain, et Julienne de Barat,
dame de Chanceaux, mourut en 1625, et fut inhumé le
27 septembre de cette année dans l'église de Hercé ;

3° Jean-Baptiste, fils de Pierre, sieur du Bailleul, de Belleplante, La Pierre et Lucé, et de Julienne de Barat, né le
1er février 1624, fut tenu sur les fonts de Hercé le 18 mars,
par Jean des Vaux, chevalier, seigneur de Levaré, et Renée
Le Porc, dame du Boisbéranger. Il fut parrain, à Gorron,
en 1675 (Livre baptismal de l'église Saint-Martin de Gorron ;
Archives de la mairie).

Marie du Bailleul est marraine en 1634 *(Ibid.).*

Pierre II du Bailleul et sa femme moururent tous les deux
en 1645.

La date exacte du décès du mari n'est pas indiquée dans
le registre des sépultures de la paroisse de Hercé. On y lit,
seulement, qu'en 1645, Pierre du Bailleul, seigneur du dit
lieu, est décédé et que son corps a été inhumé en l'église de
Hercé par Me François Largerye, prêtre curé du dit Hercé.

Pour la femme, les renseignements sont plus précis :
« Son corps a été inhumé en l'église de Hercé le 19 septem-
« bre 1645. » Le même jour, « le cœur de la dite demoiselle
« du Bailleul fut transporté dans la ville d'Ernée pour être
« reposé dans l'église couventuelle des dames religieuses
« du dit Ernée, et ce par maître François Largerie, curé de
« Hercé. »

Pierre III du Bailleul, acquéreur de la seigneurie de Gorron (Voir son histoire et celle de ses descendants dans notre étude sur les seigneurs de Gorron).

XII

1708, 24 juin. — Marché entre les habitants de Gorron et M⁰ Claude Brasnu, sculpteur, pour la construction du grand autel.

Aujourd'uy 24ᵉ jour de juin 1708, jour et feste de Saint-Jean-Baptiste, comme ainsi soit que nous habitans de la ville et paroisse de Gorron soussignés, et autres non signés, nous aurions formé le dessein de faire ériger pour la plus grande gloire de Dieu un grand autel dans notre église, pour parvenir à ce dessein avons fait avec Mᵉ Claude Brasnu, maistre menuisier sculteur, sous nos seins doubles, ce qui en suit : le dit Brasnu, bourgeois de Caen, de présent demeurant dans l'enclos de l'abbaye de Savigny, diocèse d'Auvranches, c'est à savoir que moy susdit Brasnu m'oblige de faire et construire le dit autel et pour ce fournir de matériaux nécessaires ; de le faire apporter et placer dans la ditte église, le tout conformément au plan et dessein que j'ay laissé entre les mains du sieur curé du dit Gorron, et que j'ay signé et paraphé de ma main, et lequel autel sera travaillé correctement et exactement, et accompagné d'une sculture bien fouillée et recherchée, en sorte qu'il n'y ait rien de grossier ni de confus dans le dit ouvrage ; lequel je m'oblige de placer dans un an et ériger dans la ditte église à mes frais ; au moyen de quoy nous soussignés savoir Le Picard, prestre, sieur curé du dit Gorron ; Jean Hérou, prestre, vicaire du dit Gorron ; René Hamon, prestre, aussi du dit Gorron ; François Le Boullenger, diacre du dit Gorron ; François Le Boullenger, procureur fiscal au bailliage et siège du dit Gorron ; Julien Gobbé, notaire royal et avocat au dit siège ; Jean Galesne, procureur sindic de la ditte paroisse. Jean Benier, procureur fabricier de la ditte église ; Joseph Auger, Mᵉ chirurgien juré ; François Brodin, Jean-Baptiste Filiastre-Doullet, Michel Dodard, Guillaume Lhuissier, Jean Grangeré, Damien Le Balleur, Lepicard, nous

nous sommes obligés de paier au dit Brasnu la somme de
1.050 livres avec un louis d'or de pot de vin, en trois termes
égaux, savoir le tiers de la ditte somme en commençant
l'ouvrage ; le second à moitié de l'ouvrage, et le dernier tiers
à la fin de l'ouvrage, quand il sera placé et reçu ; à quoy
nous nous sommes obligés solidairement un seul pour le
tout, le tout à peine de tous intérests, dommage et dépens,
tant de la part du dit Brasnu envers les dits paroissiens que
des dits paroissiens envers le dit Brasnu, et sous le bon
plaisir et du consentement de haut et puissant seigneur
Mre Pierre-Louis du Bailleul, seigneur marquis du dit lieu
et autres terres, fondateur et seigneur du dit Gorron, et de
haute et puissante dame Catherinne Barin, son épouse, le
jour et an que dessus.

(Signé) : Le marquis du Bailleul, la marquise Dubailleul,
Le Picard, curé de Gorron ; Claude Branu, Hérou, V.
Hamon, Gobbé, Bertron, F. Boullenger, Auger, F. Brodin,
J.-B. Fillatre, Lhuissier, Dodard, A. Galesne, etc.

XIII

1713, 2 mars. — *Marché entre les habitants de Gorron et
André Le Poittevin, sculpteur à Gorron, pour la construction d'un grand autel.*

Nous soussignés Jacques Le Picard, prestre, curé de Gorron ; Jean Herou, prestre, vicaire ; et René Hamon, prestre
habittué en la ditte églize, et François Le Boullenger, procureur fiscal ; Julien Gobbé, notaire royal ; Jean Gallesne,
Marin Le Picard, Jean-Baptiste Fillastre l'aisné, Michel
Després, Jean Douyet, Jean Briman, François Sibille, Pierre
Vannier l'aisné, René Jouault, Lorand Oger et René Lorant,
principaux habittans de la paroisse, qui ayants unanimement
formé le dessein de construire un grand autel dans l'églize
de ce lieu pour l'honneur et gloire de Dieu, c'est présenté
la personne de André Le Poittevin, sieur de Lhonoré,
maistre sculteur de cette ville et paroisse, qui a bien voulu en
prandre la conduitte ; auquel a esté présenté un desein et
idées du dit ouvraige par le dit sieur curé, que moy Le Poit-

tevin, après l'avoir examiné, promet et m'oblige, pour
seconder autant qu'il me sera possible le dessein des dits
habittans, construire dans le cœur de la dite églize de Gorron un grand auttel, et suivant exacttement et correcttement
le dessein, et de moy signé et paraffé et du sieur curé
demeuré entre ses mains, et y mettre en arrière corps,
quoyqu'il n'en paroisse dans le dessein, avec des pilastres
et chapiteaux acomplis, le tout suivant l'ordre corinthien,
sans aucun placage ; seront les cadres de corniche tous
d'assamblaige, et la sculture bien recherchée, nette et sans
conffussion ; seront les colonnes cannelées, et bien propor-
tionnées ; plus. . . . . faire et placer des figures dans les
niches marquées et placer une balustrade au dessus de la
corniche du premier corps, laquelle balustrade sera poussée
à la main façon de marbre ; changer la corniche du caadre
qui est à présent à l'autel et en mettre une plus large, et le
tout accompaigner avec le tabernacle qui y est à présent ;
faire des portes pour aller derrière le dit autel et une porte
de sacristie, et le tout accompaigner avec le tabernacle
executter régulliérement ; et pour ce faire je m'oblige commencer le dit ouvraige lundy prochain et y mettre de bons
ouvriers, dont je serais responsable et de leur travail, et
continuer sans aucune discontinuation jusqu'au parfait
accomplissement du dit ouvraige que je m'oblige rendre
prest et placé en estat d'estre reçu, d'huy en un an ; pour
quoy faire nous curé, prestres et habittans promettons et
nous obligeons fournir au dit Le Poittevin tout le bois et
matériaux nécessaires dans la cour et grange du presbit-
taire du dit Gorron que le sieur curé a bien voullu prester
pour travailler ; néanmoins sera tenu employer le bois qui
est dans la dite églize et quil y prandra ; et luy payer la
somme de 900 livres, de seymaines en seymaines à proportion des ouvriers qu'il aura que nous payerons à son
acquit à leur main, le surplus à sa main pour son travail
particullier, en sorte qu'il demeurera 150 livres que nous ne
seront tenus luy payer qu'après que le dit ouvraige aura
esté placé et reçu ; de laquelle somme moy Le Picard en
payré pour ma part la somme de 200 livres, sçavoir 50 livres
pour les premiers payments, et nous habittans 50 livres
après, et ainsy alternativement jusque au bou et commancé

de la somme de 200 livres ; le surplus sera payé par nous
habittans subsignés et par le général de la paroisse ; néanmoins est accordé que sy nous ne pouvons sufire à argent,
le dit Poittevin ne fera que le premier corps du dit autel,
jusque et y comprises les balustrades cy-dessus spécifiéé,
pourquoy luy sera payé la somme de 600 livres ainsy qu'il
est cy dessus dézinné ; et aussy sy nous y pouvons suffire
par les charittés des uns et des autres, le dit Poittevin, sera
tenu continuer et parfaire les ouvraiges, comme il est cy
dessus dit, pour la somme de 900 livres, et 10 livres de
pot-de-vin en commençant les ouvraiges. Fait et consenty à
Gorron, ce 2ᵉ jour de mars 1713, du consentement de hault
et puissant seigneur Mʳᵉ Pierre-Louis Dubailleul, chevallier,
seigneur marquis du dit lieu, baron de Gorron et fondateur
de la dite églize.

(Signé) : Le Picard ; Hérou ; Hamon, sans solidité ; Dubailleul, sans solidité ny matereaux ; Gobbé, Galesne, Le
Picard, Poittevin, Filastre, J. Briman, Sibille, etc.

XIV

1725, 1ᵉʳ juillet. — *Marché entre Mathieu Le Boullenger,
procureur fabricier de Saint-Martin de Gorron, et le
peintre Julien Migniot, pour divers travaux de dorure.*

Nous soussignés doubles Mathieu Le Boullenger, procureur fabricier de l'églize de Saint-Martin de Gorron, et
Julien Migniot, maître doreur et paintre, qui avons fait le
marché tel quil suit, sçavoir que moy Migniot promet et
m'oblige par le présent de rendre et parfaire les ouvrages
qui s'ensuivent, en dorures et paintures dans le premier jour
de septembre prochain, sçavoir le pignion de derrière le
grand autel de la dite églize de Gorron en painture et figure
à l'huille, suivant le desain que j'en ay fourny, pour et
moyennant la somme de 150 livres ; comme aussy de rendre
parfait le corp du grand autel en étoffure et couleur convenable en blanc poly à l'huile pour pareille somme de 150 livres : plus la première frize et chérubien en painture et
dorure pour la somme de 25 livres ; plus le Père Eternel et

deux anges en painture et dorure pour la somme de 50 livres ; plus le fronton et Saint Esprit en dorure pour la somme de 20 livres ; plus pour la seconde frize du tour de l'autel en dorure pour la somme de 120 livres ; plus les chapiteaux et moulures des colonnes en dorure pour la somme de 60 livres, plus pour le tabernacle, gradins, dorures et paintures 70 livres ; toutes lesquelles sommes viennent ensemble à celle de 645 livres, sur laquelle moy Migniot reconnoist que le sieur Le Boullenger m'en a présentement payé celle de 300 livres, dont je l'en tient d'autant quite, et le surplus qui est 345 livres, moy Le Boullenger, en la qualité, promet et m'oblige payer au sieur Migniot en les termes ci après : sçavoir 100 livres d'huy en trois mois, et pareille somme au jour et feste de. Noël prochain ; et les 145 livres restantes au jour de Pasques prochain venant en un an. Nous sommes d'accord. En foy de quoy, nous avons signé le présent, à Gorron, le 1er jour du mois de juillet 1725.

(Signé) : Boullenger, Julien Migniot.

XV

1729, 12 février. — Contrat de mariage entre Pierre-Gilbert-Anne du Bailleul, baron de Gorron, et Françoise-Thérèse de Montecler.

Du 12e jour de février 1729, après midi,

Par devant nous Julien Gobbé, notaire royal au Mayne, demeurant à Gorron, ont comparu haut et puissant seigneur Mre Pierre-Gilbert-Anne du Bailleul, chevalier, seigneur du dit lieu, baron de Gorron. lieutenant au régiment du roy, fils aîné et principal héritier noble de défunt haut et puissant seigneur Mre Pierre-Louis du Bailleul, aussi chevalier, seigneur du dit lieu, baron de Gorron, et de défunte haute et puissante dame Catherine Barin de la Galissonnière, ses père et mère, assisté de haut et puissant seigneur Mre Louis-Emeri du Bailleul, et de haute et puissante noble demoiselle Marie-Catherine-Eugénie du Bailleul, ses frère et sœur, de Me Mathieu Le Boullenger, sieur de la Coursonnais, avocat en parlement, son curateur aux causes, demeurant, savoir

le dit seigneur du Bailleul au château du Bailleul, paroisse
de Hercé, et le dit sieur Le Boullenger en la ville de Gorron ;
et encore assisté de haut et puissant seigneur Mre Nicolas
Le Feron, chevalier, conseiller du roi en ses conseils, président de la première chambre des enquêtes du parlement de
Paris, oncle à la mode de Bretagne, et de haut et puissant
seigneur Mre Jean-Baptiste Moreau, chevalier, seigneur
baron de   , conseiller du roi en la cour du parlement
de Paris, cousin issu de germain au côté paternel du dit
seigneur du Bailleul, comparant par Me René Gournay,
avocat au parlement et à la barre ducale du duché pairie de
Mayenne, fondé de leur procuration reçue devant
et Roussel, notaires au Châtelet de Paris le 29 décembre 1728,
que le dit sieur Gournay a déposé à la présente minute pour
y avoir recours ; de haut et puissant seigneur Mre Pierre-
Gilbert des Vaux, chevalier, seigneur marquis de Levaré,
châtelain des Vaux et du Boisbrault, demeurant au château
et paroisse de Levaré, parent paternel ; de hauts et puissants seigneurs M^{res} Louis-Henri Barin, oncle maternel ;
Mre Charles-Vincent Barin, chevalier, seigneur marquis de
la Guerche, sire et prince de Pescherel, conseiller du roi
au parlement de Paris, cousin germain au côté maternel,
comparant par le dit sieur Gournay, fondé de leur procuration reçue devant les notaires royaux de Nantes le 14 décembre dernier, contrôlée à Nantes le même jour et légalisée ;
de hauts et puissants seigneurs Mre Roland Barin, chevalier, marquis de la Galissonnière, lieutenant général des
armées navales de Sa Majesté ; Mre Michel-Roland Barin,
chevalier, seigneur comte de la Galissonnière ; Mre Achile-
Roland Barin, chevalier, seigneur de la châtellenie du Palet
et autres lieux, conseiller au parlement de Bretagne ;
Mre Louis Barin, chevalier, capitaine dans le régiment de
Saintonge ; M^{re} Cœsar Barin, chevalier, seigneur de   ,
parents maternels, comparant aussi par le dit sieur Gournay,
fondé de leur procuration reçue devant les notaires royaux
de la ville de Clisson, comté de Nantes, le 14 du mois de
décembre dernier, contrôlée au dit Clisson le même jour et
légalisée, laquelle procuration, aussi bien que celle ci-dessus,
le dit sieur Gournay, demeurant en la ville de Mayenne,
paroisse Notre-Dame, a déposée à la présente minute, d'une
part,

Et haute et puissante et noble damoiselle Françoise-Thérèse de Montecler, fille de défunt haut et puissant seigneur Mre Georges-François de Montecler, vivant chevalier, seigneur marquis de Montecler, comte de   , seigneur des Champs, La Paillerie, Montcrintin, La Saugère et autres lieux, et de haute et puissante dame Anne de la Matraie, veuve du dit seigneur marquis de Montecler, ses père et mère, demeurant la dite dame ville de Mayenne, paroisse Notre-Dame, assistée de la dite dame marquise douairière de Montecler, sa mère, demeurant en la ville de Mayenne, paroisse Notre-Dame ; de haut et puissant seigneur Mre Joseph-François de Montecler, chevalier, seigneur marquis de Monteclerc, comte de   et autres lieux, son frère aîné ; de haute et puissante dame Hiacinthe de Menou, marquise de la Rongère, sa belle-sœur, épouse du dit seigneur marquis de Montecler, représentée par le dit seigneur marquis de Montecler, son mari, demeurant au château de Montecler, paroisse de Saint-Christophe-du-Luat ; de haut et puissant seigneur Mre Georges-François de Montecler, chevalier de l'ordre de Saint-Jean de Jérusalem de Malte, son frère, demeurant en la dite ville de Mayenne ; de haut et puissant seigneur Mre Christophe-Henri-Louis de Cumont, chevalier, seigneur du Puis et de Froidfonds, et haute et puissante dame Anne-Marie-Madeleine de Montecler, son épouse, ses beaux-frère et sœur, représentés par le dit seigneur chevalier de Montecler ; et de ses autres parents et amis soussignés, d'autre part,

Entre lesquels a été fait le contrat de mariage qui suit, savoir que le dit seigneur marquis du Bailleul et la dite demoiselle Françoise-Thérèse de Montecler, de l'avis et consentement des dits seigneurs et dames leurs parents ci-dessus nommés, ont promis s'épouser à la première réquisition l'un de l'autre, les cérémonies de l'église et canoniques préalablement observées, auquel futur mariage les dits seigneur et demoiselle futurs époux entreront avec tous leurs droits mobiliers et immobiliers, tels qu'ils leur appartiennent, savoir au dit seigneur époux des successions échues des seigneur et dame ses père et mère, et à la dite demoiselle future épouse tels qu'ils lui appartiennent de la succession échue du dit seigneur marquis de Montecler, son père, et de la démission de la dite dame sa mère.

Entreront en communauté du jour de la bénédiction nuptiale, nonobstant la disposition de la coutume de cette province, à laquelle le dit seigneur et la dite demoiselle, futurs époux, ont dérogé à cet égard ; et au cas de décès de la dite demoiselle future épouse avant le dit seigneur futur époux, soit qu'il y ait des enfants du dit futur mariage ou non, le dit seigneur futur époux reprendra par préciput et hors part dans la communauté ses habits, hardes, linge servant à son usage, ses livres, armes, chevaux et équipages ; comme aussi, en cas de décès du dit seigneur futur époux avant la dite demoiselle future épouse, qu'il y ait enfant ou non, elle reprendra, par préciput et hors part de communauté, ses habits, hardes, linge, pierreries, bagues, joyaux, toilette garnie, chevaux de carosse et équipage servant à son usage et une chambre garnie de la valeur de quatre mille livres, non compris l'habit de deuil pour elle et ses domestiques, qui demeure fixé à la somme de deux mille livres.

Convenu entre les dits seigneur et demoiselle futurs époux que chacun acquittera ses dettes sur son bien, ce auparavant le mariage, en sorte que la communauté n'en soit point chargée.

Pourra la dite demoiselle future épouse renoncer, toutes fois et quantes que bon lui semblera, à la communauté, même ses enfants et ceux de son estoc et ligne, et, en ce cas, elle et eux reprendront tout ce qu'elle y aura porté et ce qui lui sera échu pendant le mariage par successions, donations ou autres, à l'effet de quoi et pour fixer les effets mobiliers qui échéront à la dite demoiselle future épouse, il en sera fait un inventaire apréciatif, et outre les dites reprises la dite demoiselle future épouse reprendra encore ses habits, hardes, linge et joyaux, toilette, équipage, chambre garnie et deuil ci-dessus fixés, le tout exempt de touttes dettes, quand même elle s'y serait obligée ou y aurait été condamnée, desquelles dettes elle sera acquittée et indemnisée dans l'hypothèque des présentes aussi bien que les siens et ceux de son estoc et ligne au dit cas de renonciation.

Si, pendant le mariage, il est vendu des propres ou s'il est amorti des rentes propres de l'un et de l'autre des dits

seigneur et demoiselle futurs époux, le remploi en sera fait
sur les biens de la communauté, s'ils suffisent, et, en cas d'in-
suffisance, les remplois de la dite demoiselle future épouse
seront faits sur les propres du dit seigneur futur époux, et
l'action des dits remplois demeurera respectivement propre
aux dits seigneur et demoiselle futurs époux, leurs enfants
et ceux de leur estoc et ligne.

Ce qui écherra aux seigneur et demoiselle futurs époux
par successions, donations ou autrement, pendant le mariage,
leur demeurera aussi respectivement propre, à leurs enfants
et à ceux de leur estoc et ligne.

Aura la dite demoiselle future épouse douaire coutumier,
au cas de prédécès du dit seigneur futur époux, sur tous les
biens sujets à douaire, et tel qu'il appartient par la coutume
à une veuve de condition noble, les fruits et revenus duquel
commenceront à courir du jour du décès et sans qu'il soit
besoin de sommation ni demande, quoique requise par la
coutume de cette province, à laquelle les parties ont encore
dérogé à cet égard.

Dont et de tout ce que dessus avons jugé les parties à
leur requête et de leurs consentements. Fait et passé en
l'hôtel de la dite dame marquise douairière de Montecler,
en la dite ville de Mayenne, en présence de Mʳᵉ Joseph de
Chappedelaine, écuyer, seigneur d'Isle, et Urbain Tripier,
sieur des Rochers, demeurant à Mayenne, témoins à ce
requis et appelés.

(Signé) : Marquise Françoise-Thérèse de Montecler;
Pierre-Gilbert-Anne du Bailleul; Montecler; le chevalier de
Montecler; Hyacinte de Menou; Anne de Montecler; Cumont;
de la Matraye; H. de Montecler; de Savigné; A. de la
Matraye; Joseph du Hardaz; P.-R.-G. Desvaulx de Levaré;
abbé d'Évron; de la Matraye; Boullenger; Gournay; Trippier
des Rochers; Joseph de Chappedelaine; L.-E. du Bailleul;
Marie-Catherine-Eugénie du Bailleul; J. Gobbé; du Hardaz;
Renée du Hardaz; Suzanne-Marguerite du Hardaz; Andrée
du Hardaz; de Bazoger d'Isle; Paillot de Grazay; de Visau-
court; de Bazoger.

XVI

1787, 21 août. — Marché entre les habitants de Gorron et Joseph Dubosq, pour la fonte des trois cloches de l'église de Gorron.

L'an 1787, le 21ᵉ jour d'aoust, l'accord suivant relativement à la fonte des trois cloches étant dans l'église de Saint-Martin de Goron a été fait entre MM. les curé, ancien marguillier au nom de MM. les habitans de la ditte paroisse de Goron auquel ils feront ratifier le présent accord, soussigné, et le sieur Joseph Dubosq, de la paroisse de Guibou proche Saint-Lô, maître fondeur de cloches, c'est à savoir :

1° Que le dit sieur Dubosq a pris soumission et s'est obligé de faire et de fondre les trois cloches pour la ditte église sur les nottes pleines *la, sol, fa,* de manière que l'accord soit parfait entr'elles et à dire d'experts ;

2° Le sieur Dubosq s'oblige de prendre les trois cloches dans le clocher telles qu'elles y sont placées, les descendre et conduire au fourneau pour la fonte, les transporter et faire remonter dans le clocher, les y placer de manière qu'on puisse les sonner, et dont l'essai sera fait en présence des dits habitans et qu'ils agréeront ;

3° Comme il sera ajouté à la pesanteur actuelle des trois cloches celle d'environ 1.200 à 1.300 livres de métal qui sera fourni par la fabrique, il est entendu que le sieur Dubosq s'oblige, en refondant les trois cloches, d'ajouter à la fonte le dit métal pour l'augmentation des cloches, qu'il distribuera sur les trois cloches suivant l'art ;

4° Les dits anciens marguilliers et habitans s'obligent fournir tous les matériaux nécessaires à la fonte et confection du dit ouvrage et les ouvriers nécessaires à cet effet, à l'exception de ce qui regarde les cloches pour les descendre et les remonter au clocher ;

5° S'obligent également payer au dit sieur Dubosq pour tout ce que dessus la somme de 180 livres, laquelle somme lui sera payée aussitôt que les cloches seront placées sonnantes, comme il est dit ci-dessus ; s'oblige le sieur Dubosq de travailler et faire travailler, veiller sur les ouvriers qui sont suivant l'accord à la charge desdits habitans, de manière qu'il ne les laissera point oisifs ; que les dittes cloches seront fondues, placées et sonnantes avant le 1er octobre ; que le sieur Dubosq se contentera du chanvre cueilli dans le pays, ou en fournira lui-même la quantité de douze livres qu'il juge nécessaires, qui lui sera payé à raison de dix sols la livre.

Fait et arrêté double entre les parties ci-dessus et de l'autre part les dits jour et an que dessus.

(Signé) : Dubosq, Rotureau, Gonnet, curé de Gorron.

En expliquant les articles du marché ci-dessus et de l'autre part où il est dit que le sieur Dubosq fera dépendre, conduire au fourneau les trois cloches dont il est question, et les remonter après la fonte, les placer sonnantes et battantes dans le clocher, il est entendu que les ouvriers ou manœuvres qui lui seront nécessaires à cet effet seront fournis et payés par le procureur de fabrique ; mais aussi le sieur Dubosq et un ou deux de ses frères, s'ils y sont, travailleront, veilleront à ces transports et garantissent les accidens qui pourroient arriver et seroient préjudiciables aux dittes cloches qu'ils garantissent jusqu'à ce qu'elles soient placées et sonnantes dans le clocher ; et au cas que le sieur Dubosq trouve deux ou trois cloches à refondre avec celles de cette paroisse, il lui est accordé et permis de le faire sans qu'on puisse y rien prétendre, entendu qu'elles seront fondues avec celles de la paroisse et non autrement. En expliquant de plus en plus les dittes conventions, il est arrêté que les cloches de la ditte église de Goron seront pesées avant d'être transportées au fourneau, et pesées après la fonte, en présence des députés des habitans et des fondeurs, pour constater la diminution ou augmentation du métal qu'on lui aura livré ; s'oblige le sieur Dubosq qu'au cas que les députés des habitans jugent à propos d'ajouter 400 à 500 livres de métal autre que celui ci-dessus désigné pour l'assurance de la fonte, de les prêter au moyen qu'ils seront voiturés et reportés dans le lieu où il les aura délivré et rendu de la même pesanteur ; comme aussi consentent les dits députés qu'il sera tenu compte au dit sieur Dubosq de quatre livres par cent pour la diminution du métal qui sera employé à là fonte des trois cloches de la paroisse. Arrêté le 28 aoust au dit an.

(Signé) : Rousseau, Dubosq, Gonnet, curé de Gorron.

XVII

1787, 20 septembre. — *Aveu et dénombrement par Françoise-Marie et Anne-Victoire-Félicité du Bailleul, au
comte du Maine, de leur terre du Bailleul* (Arch. nat.,
Q ¹ 699).

De vous très haut, très puissant et très excellent prince
Mgr Louis-Stanislas-Xavier, duc d'Anjou, compte de Provence et du Maine, fils de France et frère du roy, nous,
Françoise-Marie du Bailleul et Anne-Victoire-Félicité du
Bailleul, demoiselles, filles majeures, dames des terres, fiefs
et seigneuries du Bailleul, de Gorron, de la Matraye, de la
Pierre, des Vaux de Mussons, de la Cour de Hercé, Coësme
et Lucé, le Rocher et autres lieux, confessons et avouons
tenir de vous à foy et hommage simple, franc de devoir,
exempt de service, rachats et prise de fruits faute d'homme,
notre château, terre et seigneurie du Bailleul en tant et pour
tant qu'il y en a de tenu de votre Altesse Royalle et relevant de vous à la ditte foy et hommage simple, à cause de
votre compté du Maine et de votre tour de Ribandelle,
située dans la ville du Mans, laquelle terre et seigneurie en
ce qui en relève de vous est située aux parroisses de Hercé,
Gorron, Colombiers, Saint-Denis-de-Gastines et Montaudain, desquelles choses le dénombrement s'ensuit :

Premièrement le château ou manoir autrefois espèce de
forteresse avec des tours, doubles fossés vifs autour et deux
ponts levis, maintenant séparé en deux corps de logis com-
posés de salles, chambres, cabinets, cuisine et autres appartements, le tout situé dans une cour encore entourée de
douves ou fossés vifs.

Item, une basse cour de l'autre côté des douves où sont
les écuries, étables, celliers, granges, greniers, pressoir et
toits à porcs, close de murailles d'un côté, et de l'autre côté
par les douves.

Item, les deux jardins du château, séparés l'un de l'autre
par une terrasse sur laquelle est bâtie un pavillon composé
d'un cellier, chambre dessus et grenier, toutes les dites

choses pouvant contenir ensemble environ 5 journaux ou
arpents de terre.

Item, un bois de haute futaye contenant 15 journaux ou
environ, joignant d'un côté le pré du Gage, dépendant de
notre domaine cy-après déclaré ; d'autre côté une pièce de
terre nommée la Grande-Noelle, dépendant de notre métairie de la Porte cy-après ; d'un bout le jardin du château cy-
dessus, d'autre bout une pièce de terre nommée la Grande-
Euche de la métairie des Bouillons, relevant de la seigneurie d'Yvoy, laquelle appartient à Mlle de Froulay, dame
marquise de Créqui.

Item, une pièce de terre nommée le champ du Pavillon,
contenant environ 2 journaux de terre, enclavée dans les
bois cy-dessus et joignant d'un bout les jardins cy-dessus.

Item, une portion dans la prairie du château contenant
environ 10 journaux, joignant d'un côté le jardin et l'aire de
notre domaine, d'un bout une allée plantée d'ormeaux,
d'autre bout et côté le ruisseau qui dessend du lieu du Gué
en la rivière de Colmont, lequel coupe notre dite prairie et
sépare en partie notre seigneurie du Bailleul et celle de
Beauchesne appartenant à Mlle du Plessis-Châtillon, dame
comtesse de Narbonne-Pelet.

Item, une allée plantée de hêtres qui amène de la ville de
Gorron à notre château de Bailleul et règne le long de la
prairie cy-dessus et des pièces de terre de notre domaine
cy-après d'un côté, et d'autre côté une pièce de terre de
notre métairie de la Porte cy-après et une friche de notre
domaine.

Item, une pelouse ou avancour au devant des douves, dans
laquelle est située la chapelle du château.

S'ensuit notre domaine du Bailleul dans la partie qui
relève de votre Altesse Royalle, lequel est situé dans les
paroisses de Hercé et Gorron, consistant dans une maison
manable composée d'une salle et grenier dessus, un four et
boulangerie au bout et grenier dessus, le tout dans notre dite
pelouse.

Item, un verger planté de pommiers et poiriers, contenant environ un journal et demi de terre, dans lequel on a
fait une petite cour, joignant d'un côté les jardins du château cy-dessus, d'autre côté un friche à filasse, aussy nommé

le Verger, cy-après, d'un bout les écuries, pressoir et étables du château cy-dessus déclarés, et d'autre bout la cour de notre métairie de la Porte cy-après.

Item, un friche à filasse aussi nommé le Verger, contenant un journal et demi de terre ou environ, joignant d'un côté le verger cy-dessus, d'autre côté le champ de Fontaine de notre métairie de la Porte, d'un bout le jardin de notre dite métairie, d'autre bout l'avenue qui amène de Gorron à notre château.

Item, une aire servant à traiter les grains, dans laquelle est une loge ou chartrie pour ramasser les charrettes et pour mettre les grains à couvert pendant qu'on les traite, laquelle aire joint d'un côté et d'un bout notre pelouse cy-dessus et notre allée qui amène de Gorron cy-dessus, d'un côté notre prairie cy-dessus et d'un bout le jardin cy-après.

Item, un jardin contenant un quart de journal ou environ, joignant d'un côté et d'un bout la prairie et l'aire du château cy-dessus, d'autre côté et d'autre bout la pelouse cy-dessus.

Item, une allée plantée en ormeaux qui autrefois servoit de chaussée au pré de l'Étang-Neuf cy-après lorsqu'il étoit en eau, laquelle allée conduit à notre champ des Moutons cy-après.

Item, le champ des Moutons, contenant 10 journaux de terre ou environ, qui joint d'un côté la partie de notre prairie du château qui relève de Beauchesne, se continue le long du pré du Gage cy-après et se prolonge encore vers les prés de Villeneuve, relevants de nos fiefs du même nom cy-après, d'autre côté le clos Corbin cy-après, d'un bout le chemin qui conduit de Gorron à Villeneuve, d'autre bout encore la dite partie de notre prairie du château.

Item, le clos ou queux Corbin, contenant 12 journaux ou environ, qui joint d'un côté le champ des Moutons cy-dessus, d'autre côté le clos Boue cy-après, d'un bout le dit chemin de Gorron à Villeneuve, d'autre bout la partie de notre prairie du château qui relève de Beauchesne.

Item, le clos ou queux Boue, contenant 9 journaux de terre ou environ, qui joint d'un côté le clos Corbin cy-dessus, d'autre côté le Champ-Long à nous appartenant et relevant de la seigneurie de la Gauberdière, à Mme la marquise de Narbonne, d'un bout le dit Champ-Long et d'autre le chemin de Villeneuve à Gorron.

Item, un pré nommé l'Étang-Neuf, autrefois en eau, contenant 6 journaux ou environ, qui joint d'un côté et d'un bout des pièces de terre de notre ferme de la Hamonnière cy-après, d'autre côté les prés de Villeneuve et notre champ des Moutons cy-dessus et d'autre bout l'allée d'ormeaux ou chaussée cy-dessus.

Item, une allée de hêtres qui conduit de dessus nos douves au lieu de la Hamonnière, qui reigne d'un côté le long des pièces de terre du dit lieu et d'autre côté le long du pré du Gage cy-après.

Item, un pré nommé le pré du Gage, contenant 4 journaux ou environ, qui joint d'un côté l'allée cy-dessus, d'autre côté le bois de haute futaye déclaré avec notre château, d'un bout le canal qui est aussi au bout d'un des jardins du château et d'autre bout le pré du Gage de notre ferme de la Hamonnière.

Item, un second jardin du domaine, contenant demi journal ou environ, qui joint d'un bout et d'un côté les douves de notre château et d'autre bout le pré du Gage cy-dessus.

S'ensuit notre métairie de la Hamonnière, située parroisse de Hercé, consistant dans une maison manable composée d'une salle ou chambre et grenier dessus, une étable au bout avec un fanil ou grenier à foin au-dessus, avec un cellier ou cave, le tout sous un même toit.

Item, une boulangerie dans laquelle est un four, la dite boulangerie servant de toit à porcs.

Item, les étrages ou issues de la dite métairie, servants d'aire à traiter les grains, dans laquelle sont les bâtiments cy-dessus, lesquels étrages sont enclavés dans les pièces de terre et choses cy-après déclarées.

Item, un jardin contenant un demi journal ou environ, joignant d'un côté le Champ de Derrière cy-après, d'autre côté et d'un bout les étrages cy-dessus et d'autre bout une pièce de terre du lieu du Gué relevant de la seigneurie de Levaré, appartenant à M. le marquis de Montecot.

Item, un second jardin contenant environ un quart de journal, qui joint d'un côté une allée de châtaigners cy-après qui amène au village de notre dite métairie, d'autre côté le friche de l'Aire cy-après, d'un bout les étrages cy-dessus, d'autre bout le champ de la Hamonnière, appartenant à Pierre Renard, lequel relève de nous par les fiefs de Villeneuve.

Item, un friche nommé le friche de l'Aire, contenant cinq quarts de journal ou environ, qui joint d'un côté les étrages cy-dessus, d'autre côté le champ de l'Étang du dit Renard, d'un bout le jardin cy-dessus, d'autre bout les brières du Gué.

Item, un friche nommé le friche Roullet, contenant un quart de journal ou environ, qui joint d'un côté l'allée de hêtres qui reigne le long du pré du Gage, d'autre côté le champ Roullet cy-après, d'un bout notre dite allée de hêtres, et d'autre bout l'allée de châtaigners cy-après.

Item, une pièce de terre nommée le champ Roullet, contenant 4 journaux de terre ou environ, qui joint d'un côté le champ de l'Ente cy-après, d'autre côté l'allée de châtaigners cy-après, d'un bout la rue qui sert à exploitter les pièces de terre du dit lieu, d'autre bout l'allée de hêtres cy-devant déclarée.

Item, le champ de l'Ente, contenant 3 journaux ou environ, qui joint d'un côté notre dite allée de hêtres, d'autre côté le Grand-Buisson cy-après, d'un bout le champ Carré cy-après, d'autre bout le champ Roullet cy-dessus.

Item, une pièce de terre nommée le Grand-Buisson, contenant 4 journaux de terre ou environ, qui joint d'un côté le champ de l'Ente cy-dessus, d'autre le champ de la Houssaye cy-après, d'un bout la dite allée de hêtres, d'autre bout le Petit-Buisson cy-après.

Item, une pièce de terre nommée la Houssaye, contenant 4 journaux ou environ, qui joint d'un côté le Grand-Buisson cy-dessus, d'autre côté l'allée d'ormeaux cy-devant déclarée avec notre domaine, d'un bout l'étang neuf du dit domaine, et d'autre bout la susditte allée de fouteaux ou hêtres.

Item, une pièce de terre nommée le Petit-Buisson, contenant cinq quarts de journal ou environ, qui joint d'un côté le Grand-Buisson cy-dessus, d'autre côté le pré nommé les Bourbes, d'un bout le champ Carré cy-après, d'autre bout la Houssaye cy-dessus.

Item, un pré nommé le pré des Bourbes, contenant 2 journaux ou environ, qui joint d'un côté le dit étang neuf de

notre domaine, d'autre côté le pré de Villeneuve, d'un bout
le Champ de Derrière et le Champ Carré cy-après, et d'autre
bout le champ du Rocheret et du Gué relevant de notre
dite seigneurie ; le dit pré de Villeneuve relevant de notre
seigneurie du Bailleul par un de nos fiefs de Villeneuve.

Item, le Champ Carré, contenant 4 journaux ou environ,
qui joint d'un côté le Petit-Buisson cy-dessus, d'autre côté
le Champ de Derrière cy-après, d'un bout le pré des Bourbes cy-dessus, d'autre bout le champ de l'Ente cy-dessus.

Item, une pièce de terre nommée le Champ de Derrière,
contenant 4 journaux ou environ, qui joint d'un côté le
jardin et les bâtiments de la dite ferme cy-dessus déclarés,
d'autre côté le Champ Carré cy-dessus, d'un bout en partie
le pré des Bourbes cy-dessus et le susdit pré de Villeneuve,
et d'autre bout la rue qui sert à exploitter les pièces de terre
de la ditte ferme.

Item, une pièce de terre nommée la Rogerie, située parroisse de Colombiers, contenant 4 journaux ou environ, qui
joint d'un côté les susdittes terres du Rocheret, d'autre le
taillis cy-après, d'un bout au pré de la Saillandrie, relevant
de la Gauberdière, qui appartient à ma dite dame comtesse
de Narbonne, d'autre bout au chemin qui sépare les parroisses de Gorron et de Colombiers.

Item, un petit taillis contenant un quart de journal ou
environ, qui joint d'un côté la Rogerie cy-dessus, d'autre
côté et d'un bout le pré cy-après, d'autre bout le dit chemin
cy-dessus.

Item, le pré de dessous le taillis, contenant un journal ou
environ, qui joint d'un côté le dit taillis et la ditte Rogerie,
d'autre côté les vieux prés relevants de la seigneurie de
Levaré, d'un bout le sus dit pré de la Saillandrie, d'autre
bout le chemin qui conduit du village du Gué à la ville de
Gorron.

Item, une allée plantée de châtaigners qui conduit du
village du dit lieu au pré du Gage cy-après et joint notre
avenue de hêtres cy-devant déclarée, laquelle se prolonge
sur les terres du dit lieu.

Item, le pré du Gage, contenant 3 journaux ou environ,
qui joint d'un côté la sus ditte allée de hêtres, d'autre côté
l'allée de hêtres de notre bois de haute futaye qui conduit

du château au bourg de Hercé, d'un bout le pré du Gage de notre domaine, d'autre bout l'allée de hêtres fermant en ceintre les deux susdittes allées, laquelle se termine au village de la Monnerie, relevant de nous par le fief de la Monnerie-Portais cy-après déclaré.

S'ensuit notre métairie de la Porte, située parroisse de Hercé, consistant dans une maison manable, cellier à côté et grenier dessus, granges et étables, four et fournil avec les issues ou étrages au devant et au derrière des dits bâtiments, forme à fumier, un jardin à légumes et une partie de terrain inculte ; le tout en un tenant contenant 6 journaux de terre ou environ enclavés dans les choses cy-après et côtoyant notre verger du domaine et notre susdit bois de haute futaye.

Item, le champ Richehomme, contenant 7 journaux ou environ, qui joint d'un bout le champ de l'Épine de notre métairie des Bouillons, relevant de la seigneurie d'Yvoy, qui appartient à ma ditte dame marquise de Créqui, d'autre bout le pré des Noelles, anciennement en étang, d'un côté le chemin qui conduit de Gorron à Hercé, d'autre côté le taillis de la Loge cy-après.

Item, le taillis de la Loge en bois taillis, contenant 3 journaux de terre ou environ, qui joint d'un côté et d'un bout une pièce de terre de notre métairie des Bouillons, d'autre côté le champ Richehomme cy-dessus, et d'autre bout le terrain planté de hêtres ou fouteaux cy-après.

Item, le dit terrain planté de hêtres, situé aux limites de notre seigneurie proche celle d'Yvoy, contenant 2 journaux ou environ, joignant d'un côté et d'un bout le champ Richehomme cy-dessus, d'autre bout la Petite-Noelle cy-après et d'autre côté un pré de notre métairie des Bouillons.

Item, la Petite-Noelle dont moittié est en pré et l'autre en terre labourable, contenant 2 journaux ou environ, qui joint d'un bout le taillis et terrain cy-dessus, d'autre bout et d'un côté le chemin qui conduit de Gorron à Hercé, et de l'autre côté le ruisseau du Bas-Landon, qui dessend de notre moulin de Bailleul, non déclaré parce qu'il relève de Fontaine-Daniel, dans la rivière de Colmont, lequel ruisseau sert de limites entre notre ditte seigneurie de Bailleul et celle de Saint-Aubin dans cette partie seulement.

Item, la Grande-Noelle, contenant 7 journaux ou environ, qui joint d'un côté le bois de notre château cy-devant déclaré, d'autre côté le chemin qui conduit de Gorron à Hercé, d'un bout une pièce de terre de notre métairie des Bouillons et d'autre bout le Champ Blanc cy-après.

Item, les Champs Blancs se joignants, contenants 8 journaux, et joignant d'un côté le bois du château cy-dessus, d'autre côté le dit chemin de Gorron à Hercé, d'un bout la Grande-Noelle cy-dessus, d'autre bout le champ de la Perrière et se prolonge le long du terrain inculte cy-dessus.

Item, le champ de la Perrière dans lequel est l'aire et la loge pour les grains, contenant 4 journaux ou environ, qui joint d'un côté les Champs Blancs cy-dessus, d'autre côté le chemin qui conduit de la ditte métairie à celui de Gorron à Hercé, d'un bout le dit chemin de Gorron à Hercé, d'autre bout le terrain inculte cy-dessus et se termine aux issues ou étrages de la ditte métairie.

Item, le Champ de Derrière, contenant 7 journaux ou environ, qui joint d'un côté le dit chemin de Gorron à Hercé, d'autre côté les étables et le jardin de la ditte ferme et se prolonge le long du Champ de Fontaine cy-dessus, d'un bout le dit chemin qui conduit à la ditte métairie, d'autre un petit friche à chanvre cy-après.

Item, un petit friche à chanvre, contenant 10 perches ou environ, qui joint d'un côté le Champ de Derrière cy-dessus, d'autre côté le ruisseau qui dessend de notre prairie du château, d'un bout le Champ de Fontaine cy-après, d'autre bout le susdit chemin de Gorron.

Item, le Champ de Fontaine, contenant 5 journaux ou environ, qui joint d'un côté l'avenue qui conduit de notre château à Gorron, d'autre le Champ de Derrière et le friche cy-dessus, d'un bout le jardin de la ditte métairie et se prolonge le long du friche de notre domaine, d'autre bout le ruisseau qui dessent de notre prairie du château.

Item, le champ du Petit-Pied, contenant 5 journaux ou environ, partie duquel se laboure, l'autre partie plantée de hêtres ou fouteaux, qui joint d'un côté le chemin de Gorron à Hercé et à Vieuvy, d'autre côté et des deux bouts les prés de Fontaines et de Ratorte cy-après.

Item, le champ de la Bourgallerie, contenant un journal

ou environ, qui joint d'un côté le grand chemin de Gorron à Hercé et à Vieuvy, d'autre côté le pré de la Bourgallerie cy-après, et d'un bout le dit chemin tournant du côté de Vieuvy ; l'autre bout sépare les chemins de Gorron à Vieuvy et de Gorron à Saint-Aubin.

Item, le pré de la Bourgallerie, contenant trois quarts de journal ou environ, qui joint d'un côté le ruisseau du Bas-Landon, qui dessent de notre moulin du Bailleul, relevant de l'abbaye de Fontaine-Daniel, lequel ruisseau sépare notre seigneurie de Bailleul de celle de Saint-Aubin-Fosse-Louvain, appartenant à l'abbaye de Savigny, d'autre côté le champ de la Bourgallerie cy-dessus, d'un bout au gué du Bas-Landon, d'autre bout au gué de Haute-Planche.

Item, les prés de Fontaine et de Ratorte, se boutant l'un l'autre, contenants ensemble 5 journaux et demi ou environ, joignant d'un côté le ruisseau de Bas-Landon, d'autre côté le champ du Petit-Pied cy-dessus, d'un bout le pré de Gorron cy-après, d'autre bout le chemin qui conduit de Gorron à Saint-Aubin.

Item, le pré de Gorron, contenant 5 journaux ou environ, qui joint d'un côté le dit ruisseau de Bas-Landon, d'autre côté des pièces de terre de notre métairie de Brilhaut, relevant de la Gauberdière, d'un bout les prés de Fontaines et de Ratorte cy-dessus, d'autre bout la rivière de Colmont.

Item, un terrain planté de hêtres et bouttant sur le ruisseau de Bas-Landon.

S'ensuit l'étang de la Guillardière, situé parroisse de Hercé, lequel est de nos domaines, qui joint le fief du dit lieu cy-après.

S'ensuit le moulin de la Graffardière, situé parroisse de Colombiers, avec ses circonstances et dépendances en ce qui relève de vous, monseigneur et prince, lequel consiste dans une maison manable, grenier dessus et cave dessous, deux toits à porcs avec les issues ou étrages devant, derrière et aux deux bouts.

Item, une autre maison dans laquelle sont renfermés les tournants et virants du moulin au-dessous du bian ou réserve d'eau, lequel bian relève de la seigneurie de Levaré ; au dessous de laquelle maison est une portion de terre inculte d'environ un demi quart de journal, joignant d'un côté le bian du dit moulin, d'autre côté et des deux bouts le ruisseau qui dessent au dessous du dit moulin.

Item, un jardin, contenant un quart de journal ou environ, qui joint d'un côté le champ Moreau cy-après, d'autre les pièces de terre du lieu de la Mesuère, d'un bout les étrages du dit moulin, d'autre bout le champ de la Lande cy-après.

Item, le champ Moreau, contenant un journal et demi ou environ, qui joint d'un bout le jardin cy-dessus, d'un côté le champ de la Lande cy-après, d'autre côté et d'autre bout les pièces de terre de la Mesuère.

Item, le champ de la Lande, contenant un journal de terre ou environ, qui joint d'un côté le champ Moreau cy-dessus, d'autre côté le clos ou cloux Liberd cy-après, d'un bout le jardin cy-dessus, d'autre bout un champ de la Mesuère, une petite ruelle entre deux.

Item, le clos ou champ Liberd, contenant trois quarts de journal ou environ, qui joint d'un côté le champ de la Lande cy-dessus, d'autre côté le chemin qui amène de la Mesuère au dit moulin, d'un bout le jardin cy-dessus, d'autre bout le chemin qui sert à exploiter les pièces de terre cy-dessus.

Item, le champ de l'Aire, partie en pré, partie en terre labourable, contenant un journal et demi ou environ, qui joint d'un côté et d'un bout le bian du dit moulin, d'autre côté une pièce de terre de la closerie de la Graffardière, relevant de la seigneurie de Levaré, et par le champ de la Brosse cy-après, et d'autre bout par les étrages et le chemin du dit moulin.

Item, le champ de la Brosse, contenant 2 journaux ou environ, qui joint d'un bout le champ de l'Aire cy-dessus, d'autre bout et d'un côté les terres du lieu de la Mesuère, d'autre côté le chemin qui conduit de la Meunerie à la closerie de la Graffardière.

Item, le champ de la Coudre, contenant 3 quarts de journal ou environ, qui joint d'un côté et des deux bouts les pièces de terre de la Mesuère, et d'autre côté une pièce de terre de la closerie de la Graffardière.

S'ensuivent les fiefs de notre dite terre et seigneurie du Bailleul relevant de votre Altesse Royalle.

Premièrement le fief de la Monnerie-Portais, parroisse de

Hercé, consistant en maisons, granges, étables et autres
bâtiments avec leurs issues, contenant environ 25 journaux
ou arpents de terre labourable et non labourable, borné
au nord par les terres de notre métairie des Bouillons, relevant de la seigneurie d'Yvoy, au couchant par le fief de la
Basse-Meslinière cy-après, au midy par le pré du Gage de
notre métairie de la Hamonnière cy-devant déclarée, lequel
nous doit à la nativité de Notre-Dame dite Angevine 9 sols
et à Noël 9 sols. Les détempteurs sont Pierre Fouilleul,
Jean Le Crosnier, mary d'Agathe Fouilleul ; Louise Fouilleul, veuve Michel Coutard ; Pierre-Jean-Baptiste Fouilleul, mary de Marie Bigot ; Anne Quentin, veuve François
Recton, et ses enfans mineurs ; Pierre Renard, mary de
Margueritte Le Duni, Julien Le Pont, mari de Françoise
Dolbeau, Michel Jamin, prêtre, demoiselle Jeneviève-Françoise Lochu, veuve du sieur François-Joseph Lemarchand.

Item, le fief des Noelles, parroisse de Hercé, consistant
en deux pièces de terre de même nom, contenant ensemble
environ 2 journaux, lequel fief est enclavé dans celui de la
Basse-Meslinière cy-après, qui nous doit au jour de la Chandeleur à notre banc de l'église de Hercé, lorsque nous y
sommes, deux cierges de deux onces chacun et une paire
de gans simples. Les détempteurs sont Joseph Le Pouriel ;
Jean Bourdon et ses enfans issus de son mariage avec Jeanne
Nourry ; René Le Templier, mary d'Anne Nourry ; Guillaume Huard, mary de Marie Nourry ; Jean Nourry, Jean
Millard, mary de Françoise Nourry ; Jean-Baptiste Nourry.

Item, le fief de la Basse-Meslinière ou Meslinière-Quen-
tin, parroisse de Hercé, consistant en maisons, étables et
autres bâtiments, contenant environ 28 journaux de terre,
borné au couchant par un fief relevant de la seigneurie de
la Cour-Hercé, autrement dite les Loges, que nous rappor-
tons à la seigneurie de la Gauberdière, au nord par le chemin qui conduit du village du dit lieu à Hercé, lequel divise
ce fief de celui de la Monnerie-Portais cy-dessus, au levant
par un de nos fiefs de Villeneuve cy-après, au midy par les
terres de la Thierilais, relevant de la seigneurie de Levaré,
au midy par les terres de notre métairie de Bois-Angot,
relevant de la même seigneurie, lequel fief nous doit à l'Angevine 18 sols et 2 poulets. Les détempteurs sont Jean Le

Crosnier, mary d'Agathe Fouilleul ; Anne Quentin et ses enfans issus de son mariage avec François Recton ; Joseph Le Pouriel, mari de Marie-Françoise Guillot ; Pierre Fouilleul, Jean Fouilleul, François Fouilleul, Michel Fouilleul, François Quentin, mary de Louise Germond ; Jean Bourdon et ses enfans issus de son mariage avec Jeanne Nourry ; René Le Templier, mari d'Anne Nourry ; Guillaume Huard, mary de Marie Nourry ; Jean Millard, mary de Françoise Nourry ; Jean-Baptiste Nourry, Jeneviève-Françoise Lochu, René Roisnel, mary de Perrine Dolbeau.

Item, le fief ou champ de Fontaine, parroisse de Hercé, consistant en une pièce de terre qui contient environ 2 journaux et demi, borné au nord et au levant par les pièces de terre de notre métairie de la Hamonnière cy-dessus déclarée, au midy et au couchant par celle de la Monnerie-Portais aussi cy-dessus, lequel nous doit à l'Angevine 2 deniers. Le détempteur est Pierre Fouilleul.

Item, le fief des Rimberts, parroisse de Hercé, consistant en maisons, étables et autres bâtiments, contenant environ 80 journaux de terre, borné au levant par le chemin de Vieuvy à Ernée, nommé les rues Charles, lequel sépare notre dite seigneurie de Bailleul de celle de la Briançais, appartenant à l'abbaye de Fontaine-Daniel, au midy par le chemin qui conduit de la Croix-Siccard à notre terre et seigneurie des Vaux de Mussons et qui partage notre dite seigneurie du Bailleul d'avec elle, lequel dit chemin sépare encore notre dite seigneurie du Bailleul de celle de la Danvolière, appartenant à M. le duc de Valentinois à cause de son duché de Mayenne, au couchant par le fief de la Guillardière cy-après, au midy par des pièces de terre de la terre seigneurialle de la Biardière, appartenant à M. le marquis de Montecot, lequel nous doit une corvée à cuillir du chanvre. Les détempteurs sont Jean-Baptiste-François Briand, la veuve de Lhuissier, le sieur Durand, Me Péan, notaire, à cause de demoiselle Lhuissier, sa femme.

Item, le fief de la Guillardière, parroisse de Hercé, tenu de nous à foy et hommage simple par Jean-Baptiste-François Briand, consistant en maisons, granges et autres bâtiments, contenant environ 5 journaux de terre, borné au levant et au midy par les terres du Rimbert cy-dessus, au couchant par les terres de Montambault, relevant de notre seigneurie des Vaux de Mussons relevant du duché de Mayenne, au nord par la susditte terre de la Biardière, lequel nous doit une paire de gans à mutation de seigneur et de vassal et 5 livres de rente foncière.

Item, le fief de la Becossière autrement dite Julliardière, parroisse de Hercé, consistant en maisons, étables et autres bâtiments, contenant environ 12 journaux et demi de terre, le dit fief enclavé en partie dans nos fiefs de la Bouffayère relevant de la seigneurie d'Yvoy, dans un autre fief de la Bouffayère, relevant de notre seigneurie de la Pierre et joignant vers le couchant la terre de la Cosvinière, relevant de notre seigneurie de la Cour de Hercé, lequel fief nous doit à l'Angevine 9 sols, à la Toussaint 2 chapons et 3 boisseaux de froment rouge, mesure de Paultmaing. Les détempteurs sont Jean Pacori, Joseph Le Pouriel, mary de Marie-Françoise Guillot ; Étienne Cochon, mary de Marie Cordier ; Guillaume Garnier, mary de Perrine Cordier ; André Fourmond, Michel Bion, mary de Marie-Renée-Jeanne Fourmond ; Jacques-François Guerit, mary d'Anne Trahay ; Jean-Baptiste Le Cour, mary de Françoise-Catherinne Guérin.

Item, le fief de Ferret et Salvert, parroisse de Colombiers, consistant en maison, granges, étables et autres bâtiments, contenant environ 25 journaux de terre, borné au levant et au midy par le fief Ferret et Jolivet cy-après, au couchant et au nord par le chemin de Gorron à Ernée, lequel chemin partage le fief de la seigneurie de la Villaine, appartenant à M. de Boissy, lequel nous doit à l'Angevine 24 sols. Les détempteurs sont Jean-Baptiste Quentin et René Garnier, mari de Françoise Quentin.

Item, le fief Ferret et Jolivet, parroisse de Colombiers, consistant en maison, granges et autres bâtiments, contenant 71 journaux de terre ou environ, borné au levant par le lieu des Masures, relevant de la seigneurie de la Gauberdière, au midy par notre fief Verger Raoul-Thieuphaine cyaprès, et par le ruisseau qui dessent de Rigardon à l'Outagerie et partage en partie notre seigneurie du Bailleul de celle de Monflaux, appartenante à Mme de Créqui, et de celle de la Pihoraye, appartenant à M. de Valori, au couchant en partie par le fief Ferret et Salvert cy-dessus, et par la seigneurie de Gastines, relevant de Monflaux, et au nord par le chemin qui de celui de Gorron à Ernée descent au village des Masures et sépare notre dit fief de la seigneurie de la Gauberdière, lequel dit fief nous doit à l'Angevine 24 sols en argent et 10 boisseaux d'avoine, mesure de Paultmaing, et à Noël encore 24 sols. Les détempteurs sont Anne Tripier, veuve Me Jean Couasnon de la Martinière, Philippe-André Lambron.

Item, le fief du Verger Raoul-Thieuphaine, parroisse de Colombiers, consistant en maisons, granges, étables et autres bâtiments, contenant environ 25 journaux et demi de terre, borné au levant par le chemin de Gorron à Saint-Denis-de-Gastines qui sépare ce fief de la seigneurie de Monflaux, au midi par le lieu du Bas-Champorin, au couchant par la seigneurie de Gastines, relevant l'un et l'autre de celle de Monflaux, au nord par le fief Ferret et Jolivet cy-dessus, lequel fief nous doit à l'Angevine 10 sols. Les détempteurs sont Louise Le Baron, veuve Me Louis Richard de Villiers ; René Lhuissier, mary d'Anne Le Penetier ; Joseph Le Jariel, mary d'Élisabeth Jeudry.

Item, le fief de la Petite-Besneudière ou du Bailleul, parroisse de Colombiers, consistant en 13 journaux de terre ou environ, borné au levant par le chemin de Gorron à Ernée et sépare le dit fief de la seigneurie de la Gauberdière, au midi par le fief de la Basse-Jariais cy-après, au couchant par les pièces de terre de la Mancelière appartenant à Mme de Narbonne et relevant de sa ditte seigneurie, à l'exception d'un champ de la ditte Mancelière, nommé le champ du Fouteau, qui fait partie de notre dit fief de la Besneudière ; au nord par le chemin qui conduit de l'Ecluse à Levaré et sépare notre seigneurie de celle de l'Ecluse et de la Gauberdière, lequel fief nous doit à la Magdelaine 10 sols. Les détempteurs sont les enfans mineurs de François Péan, M. Nicolas Dubois de la Bas-Maignée et ma ditte dame de Narbonne.

Item, le fief de la Basse-Jariais, parroisse de Colombiers, consistant en 16 journaux de terre ou environ, borné par le fief de la Petite-Besneudière cy-dessus, au levant par le chemin qui conduit de l'Ecluse à Levaré et nous sépare de la seigneurie de la Gauberdière, au midi par le fief de la Lubiennière cy-après, au couchant par la terre seigneurialle de la Gauberdière, lequel fief nous doit à la Magdelaine 20 sols, à l'Angevine 25 sols et à Noël 20 sols, et pour le cloux des Masures qui y est réuni il est dû 20 sols à la Chandeleur. Les détempteurs sont Jean Le Rebour, mari de Jeanne Berrier ; René Berrier, Louise Courteille et ses enfans issus d'elle et d'André Oger ; les enfans de François Péan.

Item, le fief de la Lubiennière, parroisse de Colombiers, consistant en maisons et autres bâtiments, contenant environ 43 journaux de terre, borné au nord par le fief de la Jarriais cy-dessus, au levant par le grand chemin de Gorron à Saint-Denis et nous sépare de la seigneurie de la Gauberdière, au midy par la métairie des Champs relevant de la ditte seigneurie de la Gauberdière, et au couchant par le chemin de Gorron à Ernée ; le dit fief nous doit à l'Angevine 5 boisseaux d'avoine, mesure de Paultmaing, et 2 sols en argent. Les détempteurs sont Mme du Plessis-Châtillon, comtesse de Narbonne ; Michel Denniau, les enfans de Julien Garnier et d'Anne-Jacquine Le Boulanger ; Julien Lhuissier, mary de Louise Prodhomme ; Marie Lhuissier, veuve de François Pottier ; Jean Grangerai, René Grangerai.

Item, le fief de la Guyotthière ou Quertière, parroisse de Colombiers, contenant 20 journaux de terre ou environ, enclavé à l'entier dans la seigneurie de la Gauberdière ; ses bornes sont : au midy le ruisseau qui dessent de notre moulin de la Graffardière, au couchant les terres de l'Angelerie et notre fief de la Meunerie relevant de la ditte Gauberdière, au nord les terres de la Mancelière, et au levant le chemin de Gorron à Colombiers ; lequel fief nous doit à l'Angevine 10 sols et 2 poulets. Les détempteurs sont Hélène Guérin ; Basile Grangerai, mary de Françoise Fleury ; Françoise-Geneviève Lochu, veuve de Joseph-François Le Marchand ; Mathieu-Charles Prodhomme.

Item, le fief de l'Orrière, parroisse de Colombiers, consistant en maisons et autres bâtiments, contenant 23 journaux de terre ou environ, borné au levant et au midy par le fief de la Motte-Heurtauld cy-après et par notre fief de Mocque-Souris, au couchant par le chemin qui conduit de la Giffardière à Colombiers et partage notre seigneurie du Bailleul de celle de Beauchesne et de la Gauberdière, appartenant l'une et l'autre à Mme de Narbonne, et au nord par les terres de la Monnerie relevant de la Gauberdière, lequel fief nous doit 4 sols à l'Angevine et à Noël 4 sols. Les détempteurs sont Magdelaine Desaulnais, femme séparée quant aux biens du sieur Jarry des Loges ; Pierre Tripier.

Item, le fief de la Motte-Heurtauld, parroisse de Colombiers, consistant en maisons, étables et autres bâtiments avec leurs issues, contenant 58 journaux de terre ou environ, borné au levant par le lieu de Mocque-Souris dont partie relève de notre fief du même nom cy-après, et l'autre partie de la Gauberdière, au midy par le fief de la Motte-aux-Nourissons cy après et par le ruisseau qui dessent de l'étang de la Giffardière à celui de la Turlière et nous sépare de la seigneurie de la Gauberdière, au couchant par le chemin qui conduit de Colombiers au moulin de la Giffardière et nous sépare de la seigneurie de Beauchesne et de celle de la Gauberdière, au nord par les terres de la Morennerie relevant de Beauchesne ; lequel fief nous doit à l'Angevine 6 sols et à Noël 6 sols. Les détempteurs sont Louis-François Guérin, Pierre Prodhomme, Joseph Cheux, Ambroize Perrier, Pierre Tripier, les enfans mineurs de François Péan, Joseph Coupel.

Item, le fief de la Motte-aux-Nourrissons, parroisse de Colombiers, consistant en maisons, granges et autres bâtiments avec leurs issues, contenant 64 journaux de terre ou environ, enclavé presque à l'entier dans la seigneurie de la Gauberdière, d'où relève le lieu de Briolé qui le borne au levant, celui de la Botterie qui le borne au midy, et celui de la Querteufière qui le borne au couchant ; au nord il est borné par la Motte-Heurtault cy-dessus ; lequel fief nous doit à l'Angevine 5 boisseaux d'avoine, mesure de Paultmaing, et 37 sols 6 deniers en argent, et à Noël encore 37 sols 6 deniers. Les détempteurs sont Magdelaine Desaulnais, femme séparée quant aux biens du sieur Jarry des Loges ; Pierre Tripier.

Item, le fief de Mocque-Souris, parroisse de Colombiers, consistant en maison, étable et les issues, contenant 5 journaux de terre ou environ, borné au levant par le lieu de la

Turlière, relevant du prieuré et seigneurie de Montguyon, au midy et au couchant par les fiefs de l'Orrière et de la Motte-Heurtauld cy-dessus, et au nord par le lieu de la Morennerie relevant de la seigneurie de Beauchesne ; lequel fief nous doit à l'Angevine 2 sols 6 deniers et à Noël 2 sols 6 deniers. Le détempteur est M⁹ Mathurin Moreau, prêtre, tant comme titulaire de la pretemonie de ce nom que comme propriétaire d'une pièce de terre du dit fief.

Item, le fief de la Vieuville, parroisse de Colombiers, consistant en maisons et autres bâtiments, jardin et autres issues, contenant 63 journaux de terre ou environ, borné au levant par une rue ou chemin qui conduit du moulin de la Giffardière au gué de la Vergée, au midy par le ruisseau qui dessend de la Chopinière au lieu de la Petitte-Botterie (le dit chemin et le dit ruisseau séparant notre seigneurie de celle de Beauchesne), au couchant par les lieux de la Daguerie et des Houlles, relevants en partie de la ditte seigneurie de Beauchesne et en partie celle d'Yvoy, cette dernière seigneurie appartenant à Mme de Froulay, comtesse de Créquy, et au nord par le lieu et moulin de la Giffardière relevant de la seigneurie de Beauchesne ; lequel fief nous doit à l'Angevine 40 sols 4 deniers, 12 boisseaux d'avoine, mesure de Paultmaing ; à Noël 19 sols et 6 corvées, et 3 chapons. Les détempteurs sont Michel Foret, Guillaume Fortin, Basile Grangerai, les enfans de M⁹ René-Pierre Briand, Jacques-Étienne Giffard de la Porte, Adrien Deslandes, Jean Cordier, sieur de la Houssaye, Marie Chevalier, Adrien-François Dodar des Loges, Michel Fouilleul, les enfans de Jean-François Baguelin.

Item, le premier des six fiefs de Villeneuve, tous lesquels sont situés parroisse de Gorron, à la réserve de quelques pièces de terre qui sont dans la parroisse de Colombiers, lequel premier fief consiste en maison et autres bâtiments avec leurs issues, contenant 10 journaux de terre ou environ, enclavé dans les pièces de terre de notre domaine et de notre ferme de la Hamonnière cy-dessus déclarée et le cinquième fief de Villeneuve cy-après, excepté au midy qu'il est borné par la seigneurie de la Gauberdière ; lequel fief nous doit 8 sols au terme d'Angevine. Les détempteurs sont Pierre Garnier, mary de Margueritte Blanchetière ; Fran-

çois Pottier, mary de Marie Blanchetière ; Jeanne Le Pécu-
lier, veuve de Pierre Blanchetière, et ses enfans ; Augustin
Renard, mary de Marie Blanchetière ; François Le Pouriel,
mary de Renée Le Crosnier ; Michel Daguier, mari de Perrine Baudouin ; Michel Fréard, mary de Jeanne Blanchetière ; Me Denis Gournay.

Item, le second fief de Villeneuve, consistant en maisons,
jardins et autres bâtiments et issues contenant 4 journaux
de terre ou environ, borné ainsi que le premier par nos
dittes terres déclarées cy-devant, lequel nous doit à l'Angevine 10 sols. Les détempteurs sont Augustin Renard, mary
de Marie Blanchetière ; Michel Fréard, mary de Jeanne
Blanchetière ; François Le Pouriel, mary de Renée Le
Crosnier ; Me Denis Gournay, Me Urbain Gonnet, curé de
Gorron, pour fondation faite à son église.

Item, le troisième fief de Villeneuve, consistant en maison et autres bâtiments avec leurs issues, contenant 17 journaux de terre ou environ, borné au nord par le chemin qui
conduit de Gorron à Hercé, au levant par les pièces de terre
de la ferme de la Chennerie, au midy par le chemin qui
conduit de Gorron à Levaré, et ces trois côtés touchant la
seigneurie de la Gauberdière, et au couchant par nos terres
de la Hamonnière cy-dessus déclarées ; lequel fief nous doit
à l'Angevine 24 sols. Les détempteurs sont Me Urbain
Gonnet, curé de Gorron, pour fond de sa cure et de son
église ; Louise Courteille, veuve d'André Oger ; les enfans
de Jean Forgeot, Me Denis Gournay.

Le quatrième fief de Villeneuve aussi à nous appartenant,
relève en arrière-fief de la seigneurie de la Gauberdière.

Item, le cinquième fief de Villeneuve, dit le petit fief,
consistant en 14 journaux de terre ou environ, borné au
nord par les terres de notre ferme de la Hamonnière cy-
dessus, au couchant par nos fiefs de la Monnerie-Portais et
de la Basse-Meslinière aussy cy-dessus, au midy par la seigneurie de la Gauberdière, et au levant par les premiers
fiefs de Villeneuve cy-dessus ; lequel fief nous doit à l'Angevine 2 sols 2 deniers. Les détempteurs sont Jean Le Crosnier, mary d'Agatthe Fouilleul ; Louise Fouilleul, veuve de
Michel Coutard ; Anne Quentin et ses enfans issus d'elle et
de François Recton ; Joseph Le Pouriel, mary de Marie-

Françoise Guillot, Marie Renard, Pierre Renard, François
Quentin. mary de Louise Germond ; Jean Fouilleul, Pierre
Fouilleul, François Fouilleul, Michel Fouilleul, Jean Bourdon, veuf de Jeanne Nourry, et ses enfans ; René Le Templier, mary d'Anne Nourry ; Guillaume Huard, mary de
Marie Nourry ; Jean Nourry, Jean Millard et ses enfans
de lui et de Françoise Nourry ; Jean-Baptiste Nourry.

Item, le sixième et dernier des fiefs de Villeneuve autrement le champ d'Ernée, consistant en deux pièces de terre
nommées Champ-d'Ernée, contenant ensembles 2 journaux
ou environ, borné au levant par les terres de la Chennerie
relevant de la Gauberdière, au midi, au couchant et au nord
par nos fiefs cy-dessus déclarés ; lequel fief nous doit à
l'Angevine 3 sols. Le détempteur est Pierre Poirrier.

Item, le fiefs des Hemmeries, situé parroisse de Montaudain, contenant 18 journaux de terre ou environ, lequel est
borné au levant par le chemin qui conduit de Montaudain à
Landivy et le sépare dans ce lieu de la seigneurie de la
Briançais dépendant de l'abbaye de Fontaine-Daniel, au
midy il est terminé par un champ du dit fief qui se trouve
presque enclavé dans la ditte seigneurie de la Briançais, et
est borné au nord par la terre de la Mordanterie, et au couchant par le ruisseau qui dessent du gué de la Motte et le
sépare de la seigneurie d'Alille appartenant à M. d'Albas ;
lequel fief nous doit à l'Angevine un denier et maille. Les
détempteurs sont Françoise Lepouriel, veuve de Mathurin
Lefèvre ; André Mottier, les enfans de Jean-Baptiste-François Baguelin, Marie-Éléonore Chardon de Bourg-Tournée,
Françoise Fouillard, veuve de Jean Guérin.

Item, Mlle de Froulay. dame marquise de Créqui, tient
de nous sa seigneurie de Rigardon à foy et hommage simple, laquelle consiste dans les fiefs de Megeslin ou des
Cornillières, le fief Chauvin, le fief Foucher ou Foucherie,
le fief Megeslin aux Houlliers, le fief de la Cailletière, le fief
de la Corbière, le fief du Hallay et le fief de la Beurtière, le
tout situé dans les parroisses de Saint-Denis-de-Gastines et
de Colombiers, et contenants maisons, jardins et 192 journaux de terre ou environ ; pour raison de laquelle seigneurie nous doit foy et hommage simple, ventes et issues,
déport de minorité, rachats le cas arrivant et tous autres

droits qu'homme de foy simple doit à son seigneur, suivant la coutume de ce pays et comté du Maine, et en outre la ditte dame est tenue de nous payer au terme de la nativité de Notre-Dame ditte Angevine une paire de gans du prix de 12 deniers, de devoir seigneurial et féodal.

Item, nous appartient toutes les hayes, fossés et abrevoirs qui sont de nos domaines, et nous appartient encore toutes les landes, ruisseaux et terrains vains et vagues qui sont dans l'étendue de l'enclave de nos dits fiefs et de notre dite terre et seigneurie du Bailleul avec droit de fuie et de garenne.

Item, sur nos hommes de foy, sujets et vassaux de notre dite seigneurie avons droit de moyenne et basse justice, laquelle s'exerce dans notre ville et châtellenie de Gorron, et nous doivent tous nos dits hommes de foy et vassaux honneur, sujétion et obéissance tels qu'ils sont à seigneur de fief ; et outre les dits devoirs et autres cy-devant déclarés nous doivent encore tous droits de reliefs, aides de reliefs, aides coutumières, quints, requints et doublages, ventes et issues ; et en outre nos dits hommes de foy nous doivent rachats et déports de minorité le cas arrivant ; tous nos dits vassaux, hommes de foy et censitaires sont tenus de porter, tourner et moudre leurs grains croissant sur les lieux ou qui y ont séjourné vingt-quatre heures, à nos moulins : sçavoir ceux situés dans la parroisse de Colombiers, à notre moulin de la Grafardière cy-dessus déclaré, et ceux situés dans la parroisse de Hercé à notre moulin du Bailleul, non compris au présent aveu pour être relevant de la seigneurie de la Briançais dépendant de l'abbaye de Fontaine-Daniel, et d'y avoir par ce droit de mouture ; nos dits vassaux sont aussi tenus de faire fouler leurs draps, sarges et bureaux à nos moulins foulons, s'il nous plaisait en faire construire.

Et finallement nous sont dus par nos dits hommes de foy et autres sujets et vassaux tous les droits honorifiques, profits et émoluments tels qu'à seigneur de foi simple appartient suivant la coutume de cette province et comté du Maine.

Toutes lesquelles choses nous tenons de votre Altesse Royalle, notre dit seigneur et prince, à foy et hommage simple, sauf à nous et retenons de vous les déclarer de bouche et de vous fournir raison des dittes choses, s'il en est besoin.

Pour raison desquelles dites choses nous vous devons, notre dit seigneur et prince, foy et hommage simple et telles autres obéissances qu'homme de foy simple doit à son seigneur, avec protestation que si, par anciens aveux autrefois rendus par nos prédécesseurs aux vôtres ou autrement. il se trouve que plus grandes terres et servitudes vous fussent dues pour raison des dittes choses. nous n'entendons vous les nier mais au contraire vous les avouer et rendre comme elles vous seroient dues. assurant votre Altesse Royalle que les susdittes choses sont toutes celles que nous tenons de vous par notre ditte terre et seigneurie du Bailleul, autant que nous avons pu les connaître et en être informés. En foy de quoi nous avons signé le présent aveu et l'avons fait attester par Me Jean-François-René Péan et Me Gaspard-Louis Boullard, notaires royaux pour la résidence de Gorron et y demeurants ; et pour plus grande approbation y avons fait apposer le sceau de nos armes. Fait à notre château du Bailleul ce 20 septembre 1787.

(Signé) : Du Bailleul.   Anne Du Bailleul.

L'original du présent aveu controllé au bureau de Gorron le lendemain ; receu 6 livres 15 sols.

Signé : Boullard, contrôlleur.

(Signé) : Péan,   Boullard.

XVIII

Réponse faite par la municipalité de Gorron, le 25 février 1788, au questionnaire adressé, le 25 janvier précédent, aux municipalités du Maine par la Commission intermédiaire de l'Assemblée provinciale (Arch. municipales de Gorron. Registre des délibérations).

CHAPITRE PREMIER

QUESTIONS RELATIVES A LA TAILLE ET AUX VINGTIÈMES.

1° *Quels sont les habitans exempts de tailles et quelle est la nature de leurs privilèges ?* — Il n'y a dans la paroisse d'habitants exempts que les deux commis aux aides et les six employés des gabelles.

2° *Qui sont ceux taxés d'office ? et en vertu de quel droit sont-ils taxés ? Quel est le montant de leur taxe ?* — Le sieur Boullard, controlleur des actes domanialles, a 6 livres de taille comme notaire royal, avocat des juridictions, sçavoir Goron, Saint-Aubin, La Tannière, et pour ce qu'il occupe ; le sieur Rottureau, avocat, préposé des vingtièmes, a 24 livres, et tous les deux taxés par Monseigneur l'Intendant.

3° *Quels sont ceux qui jouissent d'autres priviléges tels que celui de faire valoir sans payer de taille, exemption des contribution aux charges des paroisses, de collectes, etc. ? A quel titre jouissent-ils de ces priviléges et exemptions, et quelle est l'étendue de terre que fait valoir chacun de ceux des privilégiés qui sont exempts de taille en tout ou partie ?* — Monsieur le Curé fait valoir le temporel de sa cure, ainsi que deux portions de champ et un friche, biens qui lui sont échus du patrimoine de sa mère, par le privilège accordé aux ecclésiastiques et bénéficiers. Le temporel de la cure fait valoir par M. le Curé contient environ 8 journeaux et un petit pré où recueillir une chartée de foin. Le fonds de propriété contient environ 3 journeaux sans aucune imposition de taille.

4° *Y a-t-il dans la paroisse des vingtièmes perçus par abonnement ? Quelles sont les personnes abonnées ? à quelle somme le sont-elles ? Quelles sont celles qui payent dans la paroisse les vingtièmes de biens fonds situés hors la paroisse ? Quelles sont celles qui payent hors la paroisse les vingtièmes des biens fonds situés dans la paroisse ? Quelle est à peu près la valeur de ces biens ?* — Il n'y a aucuns abonnements de vingtième dans la paroisse. Mademoiselle du Bailleul, dame de Goron, possède des biens en Goron et Hercé, et est imposée pour cette totalité sur les rolles des vingtièmes de la paroisse de Goron. Les fonds situés dans cette paroisse ne consistant point en héritages distingués et séparés dans leurs espèces, vu que les fermiers en partie demeurent en celle de Hercé, où les bâtiments sont situés et fait valloir à moitié, on ne peut en estimer le produit annuel.

Madame des Vaux de Jupille, dame de la seigneurie du Boisbrault, possède en Goron les métairies du Boisbrault, la Corderie, Vilfeu, les closeries de la Pommerais, les Loges, plus des deux tiers de la retenue du Mannoir, le moulin de Mereau, et fonds en dépendant, une moitié de la prairie du Mannoir et les rentes seigneuriales dépendant de la seigneurie du Boisbrault. Ces fonds produisent environ 2.400 livres de revenu annuel et sont imposés au rolle de la paroisse de Lesbois où est situé le château du Mannoir.

Il y a en outre environ 150 journaux de terres en prés et terres situées dans l'enclave de la paroisse qui sont appartenant à différents propriétaires habitants des paroisses voisines, faites valloir par eux-mêmes ou leurs fermiers, pour lesquels fonds ils ne sont point imposés aux rôles de la paroisse de Goron, mais dans les paroisses voisines, parce que le lieu de leur habitation y est situé, sçavoir dans les paroisses de Lesbois, Vaucé, Couesme, Brecé, Colombiers, Hercé et Saint-Aubin.

Il y a aussi environ 50 journeaux de terre situés dans les paroisses de Brecé, Colombiers et Saint-Aubin, dont les taxes sont portées sur les rôles de Goron.

5° La taille est-elle répartie à la volonté des collecteurs, ou est-elle proportionnelle à la valeur de l'exploitation ? Cette estimation est-elle autorisée ? par qui l'est-elle et depuis quel temps ? — La taille est imposée à la discrétion des trois collecteurs nommés par les habitants selon le tableau tenu à cet effet ; cet impôt distributif est ordinairement mal assis, ce qui occasionne que, depuis plus de dix ans, deux ou trois cotisés du nombre des habitants sont obligés de se pourvoir en surtaxe au siège de l'élection de Mayenne ; ce qui occasionne des rejets sur la communauté, qui se monte à plus de 100 livres par an, de manière qu'actuellement il se trouve plus de trente habitants réglés à leur taux par les officiers de l'élection de Mayenne. Il y a encore plusieurs habitants qui seraient dans le cas de se pourvoir, ce qui fait croire que [le] taux de la taille dont la paroisse est chargée est trop fort proportionnellement à celui de toutes les paroisses de l'élection de Mayenne. Le moyen d'arrêter cette imposition inégalle, ce serait d'en remettre l'assiette à la municipalité et observer une plus exacte égallité dans la distribution de ces impôts des paroisses de l'élection.

6° Se fait-il beaucoup de contrainte pour la perception

des impôts ? à quoi peut-on évaluer par an les frais de contrainte ? Quels seroient les meilleurs moyens d'y remédier ? — Il se fait des frais assez considérables pour la perception des deniers de la taille, et qui tombent sur les petits bordagers de la paroisse : lors de leurs récoltes, les collecteurs sont forcés de faire saisir et vendre une bonne partie de leurs grains pour procurer le paiement de leurs taxes. Ces frais sont occasionnés par la misère qui se fait beaucoup sentir sur la partie de ces habitants, et par la rigueur de MM. les receveurs qui, eux-mêmes, poursuivent les collecteurs par la garnison qu'ils envoient chez eux, exécution dans leurs meubles et emprisonnement de leurs personnes. Le moyen de les arrêter et de simplifier les frais de perception, ce serait d'en charger la municipalité qui nommerait les collecteurs, qui recevrait les deniers et serait obligée d'en faire passer le montant directement au bureau général des Finances.

7° Y a-t-il des biens fonds ecclésiastiques ou de main morte dans la paroisse ? Quelle est la somme de taille, impositions, accessoires, capitation et corvée, imposée pour chacun de ces objets ? Y a-t-il dans la paroisse des taillis appartenants au clergé ou gens de main morte, ou des futaies ? Combien y a-t-il de journaux en taillis, combien en futaies ? — Il y a dans la paroisse la métairie de la Haie, dépendante de la chapelle de l'Écluse, dont le fermier faisant valoir paie 60 livres de taille principale et les accessoires en proportion ; celle du Verger, dépendante de la chapelle Sainte-Marguerite, dont le fermier faisant valoir paie 50 livres de taille principale et les accessoires en proportion.

Le surplus des fonds ecclésiastiques, soit en prestimonie, legs, obit ou services, ou légués à la fabrique, consistent en pièces de terre détachées, lesquelles sont affermées à différents colons ou particuliers qui les font valoir et sont confusément imposés pour ces différents objets.

8° Y a-t-il dans la paroisse des terres, prés, bois, etc., appartenant au roi, à des princes apanagistes et à des engagistes ? On donnera à l'égard de ces biens les mêmes éclaircissements qui ont été demandés pour les biens ecclésiastiques et de main morte. — Il n'y a dans la paroisse aucuns biens royaux ni autres relatifs à cet article.

9° *A combien peut-on évaluer la taille, impositions, accessoires, capitation et corvée que devroient supporter chacun des objets exploités par les privilégiés à proportion du reste des biens de la paroisse ?* — Monsieur le Curé faisant valoir son temporel ou les fonds patrimoniaux expliqués à la troisième question, pourrait payer 15 livres de gros de taille.

Le receveur des aydes occupant une maison et jardin pourrait payer 5 livres de gros de taille. Les brigades d'employers composées de six ménages occuppent quatre maisons. Il est d'usage qu'ils ne doivent occupper qu'une seule : il serait bon de les réduire à occupper une seule ; par ce moyen, l'habitant qui occupperait les trois autres serait imposé aux charges publiques et pourrait payer 12 livres de gros de taille.

CHAPITRE DEUXIÈME

GABELLES ET TABAC.

1° *Quel est le nombre des habitants, y compris les enfants au-dessus de 7 ans ?* — Le nombre des habitants depuis l'âge de 7 ans et au-dessus, conformément au rôle de l'imposition du sel dans la paroisse, et dont les collecteurs en font le relevé tous les ans, suivant leur dernier rolle, est de 875, sans y comprendre dans ce nombre celui des pauvres, incapables de payer aucun impôt.

2° *A quel grenier se prend le sel ?* — Au grenier à sel d'Ernée.

3° *Combien coûte le minot de sel ou autre mesure d'usage en la paroisse dont, en ce cas, on aura soin de marquer le poids ?* — Le minot de sel, pesant 96 livres poids de 16 onces, se prend au grenier à sel d'Ernée et on le fait payer à raison de 64 livres 12 sols 3 deniers.

4° *Combien la paroisse prend-elle par an de minots au grenier ? Combien par devoir ? Combien par vente libre ?* — Autrefois, l'imposition du sel était proportionnelle au nombre des habitants sujets aux impôts, et dans les années 1770, 1771 et 1772, l'impôt était de 60 et 61 minots. Depuis cette époque, l'impôt a été successivement augmenté, sans en connaître la raison, à moins qu'on ne l'attribue à la dis-

crétion volontaire du receveur au grenier à sel d'Ernée qui,
selon sa fantaisie, a augmenté depuis ce temps cet impôt
jusqu'à le faire monter cette année à 77 minots.

Si, par cette question, on demande la quantité de sel que
lèvent les privilégiés non imposés au rolle, il résulte que,
vu le petit nombre de cette classe, il ne s'en lève au grenier
qu'environ un minot.

Si, au contraire, on y comprend les habitants qui ne peuvent avoir chez eux de la viande sallée sans au préalable
lever au grenier d'Ernée le sel nécessaire à cet effet, il peut
se monter à la quantité de quatre minots par an.

La vente libre se perçoit au petit grenier, ou regrat,
dont il se fera mention sur cet article.

5° *Combien se vend-il de sel au regrat et à quel prix ?*
— Il y a en Goron un petit grenier où le sel se revent au
regrat. La quantité de sel qui y est vendu par an se monte à
3 minots, mais on observe que dans les paroisses de Lesbois,
Vieuvi, Saint-Aubin, Hercé, il n'y en a pas, et que les particuliers de ces paroisses viennent y lever le sel de vente libre,
de façon qu'il est difficile de régler la quantité de ce sel qui
est consommée dans la paroisse : le sel se vend au regrat,
à raison de 13 sols 6 deniers la livre, poids de 16 onces.

6° *A quoi peut-on évaluer par an les saisies et autres
frais que peut occasionner l'impôt du sel ?* — Il se fait très
peu de saisies domicillières dans la paroisse et la raison en
est simple. Chaque contribuable à cet impôt est imposé bien
au dessus de l'ordonnance, de façon que s'il se fait quelque
fraude, elle provient de la classe des pauvres à la charge
des habitants et en grand nombre dans la paroisse, qui ne
sont point sujets imposés dans le rôle des habitants et qui
souvent sont exposés à être arrêtés par les employés des
gabelles, qui arrêtent et conduisent, soit les chefs de ménages, soit les enfants qui font le faux-saunage pour se procurer du sel à saller leur soupe, la seule nourriture de cette
partie d'habitants dans la misère et qui n'ont pas la faculté
d'acheter cette denrée, soit au grenier à sel d'Ernée, soit à
la petite revente, vu le prix excessif de cette denrée, de
manière qu'on ne peut estimer les suites ni les frais qu'es-
suient ces pauvres malheureux. Le plus souvent ils en sont
quittes pour trois ou six mois de prison à Ernée, où ils souf-

frent les horreurs de la plus dure misère ; ils y ont à peine leur pain, peu de paille pour leur coucher, peu d'espace pour contenir le grand nombre des misérables qui y sont retenus, de façon qu'outre les maladies qu'ils éprouvent dans cette étroite prison, dont ils ne sortent le plus souvent que pour cause de maladie, ou y meurent, ceux qui en sortent apportent ordinairement une maladie contagieuse qu'ils communiquent à leurs concitoyens lorsqu'ils reviennent à leur domicile, qui dégénère en épidémie qui se communique à la paroisse. Dans les années 1772, 1779, 1782 et 1783, les discenteries et fièvres malignes ont fait des dégâts irréparables dans la paroisse, et ont été occasionnées par ces malheureux retenus dans les prisons d'Ernée. Au surplus, il ne se fait pas de saisies domicilières ou du moins elles sont réglées par M. le receveur du grenier à sel d'Ernée et ordinairement à un prix modique, de façon qu'elles peuvent se monter à 50 livres par an.

7° *Combien se consomme-t-il à peu près de tabac dans la paroisse ? A quel entrepôt se prend-t-il ? Y a-t-il un ou plusieurs bureaux de distribution dans la paroisse ?* — Il se consomme à Goron pour la somme de 7.806 livres 4 sols 10 deniers vendus l'année dernière par ces petits bureaux. Il se prend au bureau de tabac à Ernée ; il y a quatre bureaux de revente dans la petite ville de Gorron. Les bureaux se multiplient à la volonté de l'entreposeur d'Ernée, qui donne ces bureaux comme récompense à d'anciens employés des gabelles, lesquels jouissent dans la paroisse d'exemptions de tailles et de toutes autres impositions quelconques. Cette consommation devient considérable, vu la grande quantité des particuliers qui fréquentent Goron, soit pour le marché, qui est un des plus forts du Bas-Maine, soit pour la communication qu'ont les paroisses qui l'environnent.

8° *Combien y a-t-il dans chaque paroisse d'employés pour le sel ?* — Il y a une brigade composée de six employés des gabelles. Depuis environ dix ans que cette brigade y est établie, ils ont occasionné des troubles et des scandales les plus susceptibles de la répréhension de la justice ; ils ont des rixes entières jusqu'au point que cette brigade de Goron a assommé en plein marché le nommé Le Bossé, employé à Hercé, voisine de Goron, ont insulté plusieurs habitants, à

différentes fois, jusqu'à tirer des coups de fusil après eux ;
ont attaqué les enfants des principaux habitants, et pour se
venger de leurs défenses, ont dressé contre eux des procès
verbaux d'expoliation, ce qui les a nécessité de se pourvoir
en inscription en faux contre eux, que les officiers supérieurs de cette gabelle ont pris soin d'arrêter en payant
tous les frais de ces poursuites ; font dans la paroisse des
larcins en légumes, volailles, bois et autres denrées de cette
espèce ; et même actuellement sont poursuivis à la requête
de M. le procureur fiscal pour les injures, menaces, insultes
qu'ils ont entré eux ; et troublent la tranquillité de leurs
voisins, de sorte qu'ils vérifient dans la paroisse la dénomination bien judicieuse de cet impôt que le sage monarque
qui nous gouverne y a attribuée en le regardant comme un
impôt désastreux dans son royaume. On ne peut trop insister à faire les représentations les plus vives et les mieux
fondées, à la destruction de cet impôt et de tous leurs sup-
pôts. Les membres des assemblées provinciales sont trop
éclairés pour avoir besoin qu'on leur propose les moyens
d'y parvenir. Si la petite municipalité de Goron était écoutée pour proposer un moyen de suppléer à l'impôt du sel,
elle proposerait celui de le transmuer en un impôt par tête
sur chaque contribuable qui équivaudrait à la juste finance
qui en revient au Trésor royal, laisse la liberté aux citoyens
de faire achat et commerce de cette denrée si nécessaire à
la vie ; à ce moyen, les citoyens en auraient au besoin, surtout ceux qui sont dans la classe des malheureux, et qui le
plus souvent sont privés à arroser leur pain de mauvaise
qualité avec l'eau, ce qui rend leur vie plus dure que celle
des galériens. Les gens aisés faisant valoir la terre en
feraient usage pour rendre leurs terres fertiles, qui dans le
canton sont froides et stériles ; il en résulterait encore un
grand avantage pour la nourriture des bestiaux ; en arro-
sant leur paille et foin d'eau salée, ils mangeraient plus
facilement leur nourriture, ils engraisseraient plus facilement ; à ce moyen, le laboureur conserverait ses grains et
farines, qu'il est obligé de consommer en partie pour
engraisser ses bestiaux.

Un autre moyen serait celui d'imposer la paroisse à un
taux fixe de sel de nécessité, équivalent à cet impôt, déduc-

tion faite des frais de gardes, receveurs et autres qui veillent à arrêter la contrebande et qui est devenue presque nécessaire pour la classe des pauvres. A ce moyen, on supprimerait les dépenses énormes qu'occasionne la répréhension de la fraude et qui est plus coûteuse dans la paroisse que le produit de cet impôt. La régie ou ferme de cet impôt serait indemnisée, le peuple soulagé, et aurait la liberté d'acheter le surplus du sel dont il aurait besoin pour l'agriculture ou nourriture de ses bestiaux, son commerce plus étendu et plus fructifiant.

CHAPITRE TROISIÈME

COMMERCE.

1° *Y a-t-il un marché dans la paroisse ?* — Il y a un marché tous les mercredis de la semaine.

2° *En quelle ville principale ou autre s'exportent et se vendent les marchandises et autres objets de commerce de la paroisse ?* — Goron est situé sur les confins du Maine ; avoisine la basse Normandie, la Bretagne et Mayenne, capitale du Bas-Maine. C'est aussi dans les villes de Mayenne, Domfront, Fougères et autres dans les environs que les objets de son commerce se transportent.

3° *Quelle est la distance de la paroisse à ses lieux de marché ?* — Goron est à 4 lieues de Mayenne, 5 de Domfront et 6 de Fougères ; il y a en outre une relation entre les marchés d'Ernée, à 3 lieues, Ambrières et Le Teilleul, aussi à 3 lieues.

4° *Quels sont les débouchés ordinaires et les plus favorables ?* — Les débouchés les plus favorables sont Mayenne, Domfront et Ambrières pour les bestiaux, fils et grains, et Fougères pour les chanvres, et on tire de cette ville beaucoup de bestiaux, les épiceries et denrées des ports de mer.

5° *A quelle distance la paroisse est-elle des grandes routes qui peuvent faciliter le débouché de son commerce, ou la vente de ses denrées ?* — Il n'y a aucune grande route qui passe ou aboute à Goron. Cette petite ville est susceptible d'un commerce assez considérable qui se trouve arrêté par l'impraticabilité des chemins qui y conduisent. Elle est à la distance de trois grandes lieues de la grande route de

Mayenne ; autant de celle d'Ernée à Fougères et environ quatre lieues de celle de Domfront. Il serait à désirer qu'il se fît, sinon des grandes routes, du moins des routes praticables et viables qui se réuniraient à ces grandes routes et par le chemin le plus court et qui passeraient par les paroisses les plus considérables.

6° *Quels sont les objets de son commerce ?* — Les bestiaux, les fils, les chanvres, les grains, les volailles et giberies.

7° *Y a-t-il dans la paroisse des forges, des verreries, potteries, tuileries, fayanceries, fournaux à chaux, moulins à papier, mines, carrières et en général quels sont les objets de commerce de la paroisse et qui pourraient exiger des débouchés plus faciles et des communications aux grandes routes ?* — Il n'y a aucune de ces manufactures. Cependant il se fait dans la petite ville un dépôt de fer qui se tire des forges de Chaillant, Port-Briet et Aron, nouvelle raison de la nécessité des routes.

CHAPITRE QUATRIÈME

QUESTIONS GÉNÉRALES.

1° *Y a-t-il dans la paroisse des hospices ou hôpitaux, des sœurs pour les malades et instruire les enfans, des collèges, des maîtres ou maîtresses d'école ?* — Il n'y a ni hospices, ni hôpitaux. Il serait bien avantageux d'en établir un pour le soulagement des pauvres malades qui souffrent beaucoup, faute de ce secours.

Il y a deux sœurs de la Chapelle-au-Risboul qui instruisent les jeunes filles de la paroisse. Le temps qu'elles emploient à cette éducation ne leur laisse guères le loisir de soigner les malades ; il y a en outre trois chirurgiens. Il y a deux maîtres d'école publique pour le français, qui instruisent les jeunes garçons.

2° *Quelle est la nature de ces établissemens et l'état où à peu près de leurs fondations ?* — Les deux sœurs de la Chapelle sont logées dans une maison dépendante des legs et fondations faites à l'église, et que les habitants, d'après l'agrément et consentement du seigneur évêque du Mans, leur ont donné pour leur logement. Les seigneurs de Goron leur ont assigné une rente en deux parties revenant ensemble à 85 livres de revenu annuel ; elles subsistent par ailleurs de leur petit travail ou bénéfice que leur procure les petites pensionnaires qu'elles élèvent et instruisent chez elles.

Un des maîtres d'école pour les jeunes garçons ne jouit d'autre fond ou revenu que d'une maison ou jardin situé à la Renardière et qui a été légué par Me Jullien Brault, prêtre, pour un maître d'école, lequel les habitants l'ont déchargé de l'impôt de taille, vu la modicité de la fondation, pour l'attacher à la paroisse. A ce moyen, il instruit vingt enfants des pauvres. Il subsiste par ailleurs par les petites rétributions qui lui sont payées pour l'éducation des autres enfants.

L'autre maître d'école ne jouit d'aucune fondation ; il n'y en a qu'une dont celui que nous avons parlé ci dessus jouit.

3° La forme des administrations de ces établissemens ? — Dans la réponse à l'article ci-dessus est renfermée celle à cette question.

4° Y a-t-il dans la paroisse quelques établissemens ecclésiastiques tels que couvents d'hommes et de femmes ? — Il n'y a aucun établissement de communauté de religieux tant d'hommes que de femmes.

CHAPITRE CINQUIÈME
MENDIANTS ET BUREAUX DE CHARITÉ.

1° Y a-t-il beaucoup de mendiants ? — Il y a 78 ménages de pauvres qui vont aux aumônes des fidèles et qui composent un capital de 220 personnes.

2° Sont-ils de la paroisse ? et s'ils n'en sont pas, de quelle paroisse ou canton viennent-ils principalement ? — Tous ceux compris dans l'article ci-dessus ont leurs domiciles dans la paroisse, mais plusieurs n'en sont pas d'origine. Lorsque les particuliers sont devenus insolvables par la dureté des temps ou le grand nombre de leurs enfants et devenus incapables de cultiver les terres, soit dans l'étendue de la paroisse de Goron, soit dans celles voisines, ils viennent se réfugier dans la petite ville où ils trouvent quelques appartements où ils se réfugient, même plusieurs ménages ensemble, sans pouvoir contribuer à aucun impôt public.

3° A quoi peut-on évaluer ce qu'ils reçoivent par an dans la paroisse en argent, pain ou autres denrées ? — On ne peut évaluer le montant des aumônes qu'ils reçoivent ; elles dépendent de la libéralité des habitants ; mais elles ne peuvent être suffisantes proportionnellement au grand nombre des misérables.

4° Quels seroient les meilleurs moyens d'empêcher de mendier ? — Les pauvres de la paroisse sont presque tous demeurant dans la petite ville ; la misère qu'ils souffrent les contraint pour ainsi dire à faire le faux-saunage. Quelques-uns des chefs de ménage le transportent à faix de Fougères ou des environs, qui n'est qu'à six lieues de Goron ; les autres, qui est le plus grand nombre, y envoient leurs enfants chercher le sel qu'ils apportent ou font apporter par des chiens qu'ils conduisent à cet effet ; ces enfants ne sont point élevés au travail et deviennent ordinairement des citoyens corrompus et nuisibles à la société ; la destruction de la gabelle, en ôtant l'occasion du faux-saunage, rendrait une partie de ces mendiants laborieux ; les pères et mères se trouveraient obligés de les former au travail dès leur bas âge.

Il n'y a à Goron aucune manufacture ni atelier de travaux publics ; les gens de bras sont occupés l'été à travailler à aider les fermiers à faire valoir leurs terres, mais l'hiver que les travaux sont interrompus, ils se trouvent souvent sans travail et sans pain. Leurs enfants, surtout les garçons, sont, jusqu'à l'âge de dix-sept à dix-huit ans et même dans un âge plus avancé, sans trouver de condition ni travail et conséquemment dans l'oisiveté et la fainéantise et obligés de mendier. Le moyen d'empêcher cette mendicité, ce serait d'établir des ateliers de travaux de charité pour la construction des chemins nécessaires pour communiquer aux grandes routes de la Normandie, la Bretagne, Mayenne et Ernée. La municipalité de Goron serait chargée des fonds de charité et veillerait à ce que les pauvres et leurs enfants de force à y travailler et y seraient employés, et employer le montant des sommes levées tant dans la paroisse que les voisines, pour la construction de ces chemins et routes.

5° N'y a-t-il point de bureau de charité déjà établi dans la paroisse ? N'y aurait-il point moyen d'y en établir un ?

*Quels seroient les ouvrages auxquels on pourroit employer
les pauvres de la paroisse ? N'y aurait-il point déjà dans
la paroisse des revenus destinés au soulagement des pau-
vres ?* — Il n'y a point de bureau de charité établi. Cependant il se fait une quête par une dame de piété tous les
dimanches dans l'église de la paroisse ; quelques personnes
charitables la font dépositaire de quelques aumônes. Le
montant en est employé à soulager les pauvres malades de
la paroisse. Il serait bon d'y établir un bureau de charité.
Les travaux auxquels on pourrait les employer, outre celui
de la construction des chemins, ce serait le filage, surtout
les femmes et les jeunes enfants, ou à fabriquer de la toile,
soit pour commerce, soit pour les voiles des vaisseaux.

Il y a une rente d'une constitution de 3.000 livres, provenant d'un legs ou don d'un ancien curé de Goron, qui produit un revenu de 150 livres, sur quoi on diminue les deniers
royaux. Le montant de cette rente est employé tous les ans
à habiller les pauvres ; c'est M. le Curé qui se charge
d'acheter l'étoffe et toile nécessaires et fait faire les habillements.

Fait et arrêté à l'assemblée municipale dudit Goron, à la
la dernière séance tenue à l'auditoire du dit Goron, le
19 avril 1788.

Signé : Gonnet, curé ; Rousseau, Rotureau, Lemarchant,
G. Lhuissier, Gaspard Bernier, Fleury, Lhuissier, Péan,
Julien Lhuissier, M. Ledemy, Poirier.

XIX

Cahier des doléances de la paroisse de Gorron (Bellée et
Duchemin, *Cahiers des plaintes et doléances du Maine*,
t. II, p. 390).

Le 5e jour du mois de mars 1789, les habitants et manants
du bourg et paroisse de Gorron se sont assemblés en l'audience du dit lieu et, pénétrés de reconnaissance de la permission et du bon plaisir qu'il a plus au roy de lui remettre
sous les yeux les plaintes et doléances pour les différents
objets qui sont nuisibles, soit au bien de la société, soit
dans les vexations que nous souffrons dans la mauvaise

administration et perception des impôts, soit dans la perception dure dont nous y sommes contraints, soit dans les
entraves que cette perception a occasionné, et qui deviennent nuisibles au commerce, et qui jusqu'à ce jour nous ont
réduites dans une espèce d'esclavage et duquel la bonté
paternelle de notre souverain monarque veut bien nous tirer
en écoutants nos représentations, nous osons les lui remettre sous les yeux et dans le détail qui suit :

ARTICLE PREMIER

Gorron est un gros bourg qui renferme dans son enceinte
environ 180 feux, dont viron un tiers est dans la pauvreté
puisqu'on y compte 60 ménages qui ne peuvent contribuer
aucun impôt ; la campagne ne contient que 96 feux assujet-
tis aux impôts, de façon que la paroisse, dans sa totalité, ne
contient qu'environ 284 feux.

Gorron est situé sur les confins de la Bretagne et de la
Normandie. Son terrain est très froid et arrosé par une
petite rivière qui traverse toute la paroisse ; tout ce terrain
est exposé aux intempéries de l'air et particulièrement aux
gelées et brouillards.

Le seul grain que l'on y récolte est le seigle de mauvaise
qualité, mêlée de gazeau et de noir et autres mauvaises her-
bes ; il si fait si peu de bled froment que les particuliers
n'en récoltent pas une quantité suffisante pour payer les
rentes seigneurialles auxquelles le terrain peut être assu-
jetty.

De l'avoine de mauvaise qualité et que le plus souvent on
est obligé de semer deux fois. La production de cette espèce
de grain est plus coûteuse au cultivateur qu'il n'en retire de
profit. Il abandonneroit volontiers cette culture, si la paille
ne lui étoit nécessaire pour la nourriture des bestiaux ; c'est
avec cette paille qu'il est noury l'hyverd, parce que le terrain ne produit que très peu de foin.

La principalle récolte consiste donc dans le carabin ou
sarazin qui fait du pain de très mauvaise qualité, et qui est
cependant la plus forte nouriture du laboureur et habitant.
Cette production est couteuze pour l'agriculture ; la prépa-
ration de la terre, les cendres de charrées ou autres engrais
qui sont nécessaires pour se procurer, pour nourir et faire

fructifier cette espèce de grain ; c'est le grain le plus exposé aux intempéries de l'air ; les gelées, les brouillards, la sécheresse, la grêle, vû qu'il est tendre, le détruise dans sa naissance et dans son accroissement ; il se sème ordinairement sur la fin du mois de may, et le commencement du mois de juin. S'il est préservé des gelées et autres misères de cette saison, il est exposé, lors de sa maturité qui se fait dans l'automne, aux pluyes qui ordinairement se déclare dans cette saison, en arrête la récolte et fait perdre tout le fruit et l'attente du laboureur ; c'est cette perte que nous avons essuyé l'année dernière qui rendit ce grain d'une si mauvaise qualité que les animaux même n'en pouvaient manger, et il est rare que dans l'espace de trois ans on ne soit exposé au même accident.

On y élève que très peu de bestiaux, parce qu'il n'y a que très peu de prairyes et que le cultivatteur se trouve dans la nécessité de vendre ses bestiaux en partie avant l'hyverd pour deffaut de fourages qui lui seroit nécessaire ; par ce deffaut il ne fait que très peu d'engrais, qu'il employe aux grains d'hyverd ; il ne consomme pour ses engrais que les pailles de carabin dont la nature est également froide ; c'est ce qui occasionne que les grains d'hyverd sont sujets à périr surtout quand cette saison est pluvieuse, et c'est ce que nous avons éprouvé dans la dernière récolte ; le moyen d'améliorer le terrain serait de donner la liberté de profiter du don que la Providence et la nature a semblé destiner à ce terrain, sçavoir la faculté à tous les cultivateurs de se procurer les sels de la mer dont ils sont voisins ; ces sels mêlés avec leurs engrais froids échauffroient la terre qui est de la même nature, la rendroit fertille et ne priveroit pas le pauvre laboureur des espérances qu'il avoit eu en ensemençant ces fonds et essuyeroit ses sueurs, et le dédommageroit des fatigues du labourage.

ARTICLE DEUXIÈME

Qui pourroit croire que, malgré la stérilité du terrain, son peu de production, cette paroisse est peut-être la plus chargée d'impôt et de fardeaux de la généralité de Tours dont elle dépend. Sa situation est éloignée de quatre grandes lieues de Mayenne, siège de l'élection ; elle ne trouve aucun appuy dans le nombre qui compose ce siège, les dolléances que plusieurs fois les habitants ont porté à l'officier député par Mgr l'intendant n'ont point été écoutée, la répartition de la taille et autres impositions sont à l'arbitraire de l'intendant ou des officiers de l'élection. Ces derniers ne possédant aucunes fermes ou terres dans cette paroisse, leurs patrimoine sont dans celles voisinne de Mayenne : pour décharger celle-cy, ils jettent la plus grande partie des impôts sur cette paroisse et les autres qui les avoisinnent. Il est bien facille d'en administrer la preuve ; qu'il plaise à Sa Majesté ou à ses députés de vérifier les rolles d'impositions des paroisses voisinnes de Mayenne avec celle de Gorron ; on reconnoîtra facillement l'inégallité de cette répartition et la surcharge de cette dernière qui a desjà été apperçue par M. le procureur du roy de l'élection de Mayenne, qui a été effrayé de la taxe exhorbitante des fermiers de la paroisse de Gorron.

Le moyen de réformer cet abus seroit que la répartition d'impôt de la généralité de la province ou de chaque élection se fit en présence d'un ou deux députés de chaque paroisse proportionnellement au nombre de ses habitants.

On observe que, depuis environ dix ans, il se trouve chaque année plusieurs cotisés obligés de se pourvoir en surtaux au siège de l'élection, de façon qu'actuellement il y a au moins cinquante cotisés réglés, ce qui met les collecteurs dans une espèce d'impossibilité de faire une répartition juste, et cela ne vient que de l'impôt trop fort auquel la paroisse est assujettie.

Aussy le nombre des pauvres si multiplie. Il y a actuellement soixante ménages résidents et occupants des maisons dans le bourg ou campagne qui ne peuvent contribuer au moindre impôt quelconque et qui deviennent à charge aux autres habitants. lesquels malgré leur cœur tendre, leur bonne volonté ne peuvent les tirer de la misère et de la pauvreté qu'il souffre. Ce grand nombre de pauvres, surtout les grabataires et infirmes. n'ont aucun refuge d'hôpital n'y d'auspices dans le bourg ny ailleurs ; ils ne reçoivent d'aumônes et de secour que du curé de la paroisse et du petit nombre d'habitants en état de pouvoir subvenir à leurs besoins et il se fait, tous les dimanches, une quête dans l'église particulièrement pour soulager les malades ; mais ce produit est si modique que ces malheureux n'en sont pas moins souffrants ; il n'y a d'autres fondations dans la paroisse pour leurs soullagements qu'une rente de 150 livres, dont on déduit le dixième, provenant du legs fait par M⁰ Gilles Richard, cy devant curé de Gorron ; les deniers en sont employés touts les ans pour habiller une partie des pauvres les plus nuds.

Il seroit à désirer que la bienfaisance du ministère publicq s'occupât des moyens de secourir cette partie souffrante de l'humanité.

On observe que le curé, principal décimateur, malgré son cœur bienfaisant, ne peut avec le modique revenu de son bénéfice subvenir à tous leurs besoins ; il y a plusieurs bénéficiers qui perçoivent des dixmes, rentes, domaines dans la paroisse, lesquels n'ont jamais donné un sol d'aumône pour les pauvres ; il y a plus : ces titulaires ne perçoivent point par eux-mêmes ces produits et revenus de leurs bénéfices, il les afferment à des particuliers et leurs fermiers, à l'exception d'un seul, ne payent aucun impôt à la paroisse ; bien loin de contribuer à la bienfaisance, ils deviennent par là onéreux et à charge aux autres propriétaires et habitants.

ARTICLE TROISIÈME

Gorron, comme nous l'avons dit, est voisin de la Bretagne, plus exposé que toutes les autres paroisses à la dureté, aux fléaux inséparables de l'impôt du sel, vu qu'environ un tiers des locataires résidents dans le bourg de Gorron ne peuvent être contribuables à l'impôt du sel qui se lève au grenier d'Ernée ; cette partie se trouve dans la nécessité de manger son pain de carabin tel que nous l'avons dit, trempé d'eau ou assaisonné de quelques légumes, ou exposés à faire le faux-saunage. Ces malheureux qui s'exposent à cette contrebande deviennent infâmes, soit par l'emprisonnement, soit par la peine des galères, parce que aucun autre que ces pauvres malheureux ne se livrent à cette fraude, et qui leur est devenue nécessaire pour le soutien de leur vie ; il résulte donc que l'impôt du sel, dont le prix est exorbitant, n'est porté que pour les autres habitants compris dans le rolle des capables ; les receveurs ou autres agents pour cette imposition, soit par des vues particulières que nous ignorons, soit par des considérations du nombre des habitants sans distinguer et sequestrer de l'assujettissement de cet impôt le nombre des pauvres qu'on ne peut y assujettir, ont fait monter jusqu'à 77 minots la portion et cotte à laquelle la paroisse est imposée ; de manière qu'il n'est pas un seul laboureur ou habitants qui ne payent au moins un tiers plus que l'ordonnance du roy. Nous ne parlons point du sel, que ceux qui font des sallaisons pour la dépense de leur ménage sont obligés de lever à ce grenier d'Ernée.

Si c'étoit le seul fléau que les habitants eussent à supporter, ils gémiroient dans le silence de se voir priver de la liberté de jouir du don que la Providence et la nature a fait à l'humanité de cette denrée ; ils se rendroient volontiers à le payer à un prix modique et raisonnable, s'ils avoient la liberté de la commercer, sans être exposés à la dureté, aux insultes, outrages des employers chargés d'arrêter le transport de cette denrée.

Pouroit-on croire que, depuis environ dix ans, il a été établi une brigadde d'employers à Gorron ? cette même brigadde se soit livrée à des forfaits semblables à ceux dont nous allons faire un détail le plus précis qu'il nous sera possible ?

Ces employers ont donné des scandalles les plus grands dans la paroisse par leur conduite particulière : ils ont entr'eux fréquemment des rixes, ils ont porté l'exès de leurs disputtes jusqu'au point que cette brigadde de Gorron a assommé à coups de bâton, au milieu du bourg, un jour de marché, le nommé Le Bossé, employer de la brigadde de Hercé, paroisse voisine de Gorron ; les assassins, bien loin d'avoir été poursuivis en vindique de ces forfaits, ont trouvé leur refuge et leur appuy dans les supérieurs attachés à la ferme de la gabelle et ont été transférés dans la province d'Anjou où ils continuent d'exercer leur employ. Cette même brigadde a insulté plusieurs habitants et à différentes fois ils ont été dans le village de la Chennerie, près de Gorron, insulter un des plus principaux habitants et tirer des coups de fusils sur les domestiques ; ils ont attaqué, insulté et frappé deux jeunes gens, enfants des principaux habitants et pour se vanger de leur défences ont dressé

contre ces jeunes gens des procès-verbaux d'expolliation
qui les a nécessités de se pourvoir en inscription en faux
contre eux au siège du grenier à sel d'Ernée ; les officiers
supérieurs de cette gabelle, instruits de la fausseté de leur
procès-verbal, ont pris soin d'arrêter cette poursuite en
payants les frais de cette procédure ; ils ont arrêté un marchand sous le prétexte de le fouiller ; et véritablement ils
firent leur perquisition, à la porte d'une hauberge près des
halles, de haine contre ce marchand, et qu'il n'avoient trouvé
charge d'aucunes contrebandes, le traînèrent avec violence
jusqu'à leur corps de garde, demandèrent une seconde fois
à le fouiller, ce qu'ils firent ; ils ne trouvèrent égallement
ny sur lui ny sur son cheval aucun sel ny contrebande quelconque ; pour mettre le comble à leur iniquité, un de ces
employers entre au corps de garde, remplit un petit sac de
sel, le jette secrettement sous le manteau de ce marchand,
l'arrête comme contrebandier, le conduist dans le chemin
d'Ernée pour y être emprisonné. Ce fait se passoit au milieu
de la nuit : le bruit que leur recherche et dureté pour ce
marchand occasionna, excita la curiosité des voisins dont
deux habitants sont témoins du forfait. Ce marchand se
trouvant pour lors sans secours et à la disposition de ces
scélérats, pour s'épargner l'infàmie de l'emprisonnement et
se remettre en liberté de son commerce, demanda un arrangement étant à moitié chemin d'Ernée ; il s'accommoda avec
eux de payer une somme de 60 livres dont il donna son billet.

Cette même brigadde a fait et commis dans la paroisse et
les voisinnes quantité de vols et larcins, tant en légumes,
volailles, bois et autres denrées de cette espèces, commet-
tant des concussions chez les pauvres laboureurs timides,
se font donner à boire et à manger, les menaçants qu'aux
cas de refus ils feront chez eux les perquisitions les plus
dures et les plus injustes ; ils sont dans leur personnel
d'une conduite scandaleuse, sujets à l'yvrognerie et aux disputtes dans leur ménages et on peut dire avec vérité qu'il y
a plus de libertinage, de débauches dans le corps des employers subalternes que dans celui des contrebandiers les
plus scandaleux. Il est donc vray de dire qu'on ne peut trop
applaudir à la dénomination d'impôt désastreux que le sage
monarque lui a donné.

Il est donc d'une nécessité absollue de détruire cet impôt et de n'en laisser à nos descendants aucuns restes ny vestiges.

ARTICLE QUATRIÈME

Gorron, comme nous l'avons dit, étant placé sur les confins de la Bretagne et de la Normandie, il y a été étably un marché qui fournit par sa circulation à la nouriture et subsistance d'une grande partie des habitants du lieu et des paroisses voisines. Ce marché est devenu un peu considérable et seroit susceptible d'augmentation dans son négoce ; mais il est restraint par la difficulté de tous les chemins qui y abordent. Jusqu'icy il n'a pas été employé un sol des contributions et corvées pour la réparation des chemins ; on demande que les deniers qui seront fournis par la paroisse et les circonvoisinnes soient employés aux différentes routes qui abouttent au dit Gorron, surtout celle d'Ernée à Gorron, celle de Domfront à Gorron, celle de Mayenne à Gorron.

Ce marché, comme nous disons, seroit susceptible d'augmentation et exiteroit l'activité des négociants et commerçants des deux provinces voisinnes, mais les droits des bureaux, barrières et billets à caution, deffences de transports de différentes denrées d'une province dans l'autre, bureaux des aides, droits d'entrées, courtiers-jaugeurs et autres, y mettent des entraves si resserrées qu'on ne peut profiter, sans des coûts et frais immenses, des productions que fournit les provinces de Normandie et de Bretagne. La perception même de ces droits est devenue si onéreuse au peuple et si peu avantageuse au souverain, qu'on le peut à juste titre le regarder aussy désastreux que l'impôt de la gabelle.

On peut en dire autant des fermiers des domaines, des droits de controlle, perception de centième denier, de francfiefs, rachapts et autres droits de fermes généralles qui sont les destructeurs du royaume et de ses habitants. Pour faciliter le commerce et la circulation, il faudrait égalité dans les poids, aunes et mesures.

Nous attendons de la sagesse de notre roy bienfaisant, des sages ministres auxquels il a donné sa confiance, qu'ils trouveront des moyens de réformer tous les abus qui nous opriment et réduiront les charges que nous devons supporter à un taux modique et y feront contribuer tous les sujets fidelles du royaume à proportion de leur faculté et moyens.

Fait et arrêté les dits jour et an que devant.

Signé : Pean, R. Lhuissier, Rousseau, Péan, F. Rousseau, Heuveline, Jean Lepoidevin, Rotureau, C. Lhuissier, Gaspard Berrier, L. Péan, Coulange, Jean Enault, Fleury, P. Poirier, J. Roussel, Jean Bernier, Jean Guihery, Jean Godeau, F. Ruault, Jean Grangeré, Geslin, F. Girard, Pierre Bernier, Couppel, Lemarchant, Jullien Lhuissier, André Claudon, M. Ledemy.

Le présent cailler contenu en cinq feuillets, celui-cy compris, a été cotté et paraphé par nous François-Clément Fleury, doyen des avocats au siège de la baronnie de Gorron, exerçant en cette partie les fonctions de judicature, l'office de juge civil criminel et de police de la ditte baronnie de Gorron étant vacant, *ne varietur*, lequel a aussy été signé de Mᵉ François-René Péan, notre greffier, à Gorron ce 5 mars 1789.

(Signé) : Fleury, Péan, greffier.

TABLE DES MATIÈRES

PREMIÈRE PARTIE

La Châtellenie de Gorron et ses seigneurs.

DEUXIÈME PARTIE

La Paroisse de Gorron.

PIÈCES JUSTIFICATIVES

ERRATA

Page 20, note 2, *ajouter, in fine* : Pièces justificatives, I.

Page 33, note 1, *au lieu de* : pièces justificatives, nᵒ I, *lire* : pièces justificatives, II.

Page 33, note 3, *au lieu de* : pièces justificatives, nᵒ II, *lire* : pièces justificatives, III.

Page 35, note 1, *au lieu de* : pièces justificatives, nᵒ III, *lire* : pièces justificatives, IV.

Page 36, 32e ligne, *au lieu de* : (III), *lire* : (IV).

Page 46, note 1, *au lieu de* : pièces justificatives, IV, *lire* : pièces justificatives, VI.

Page 54, note 1, *au lieu de* : pièces justificatives, V, *lire* : pièces justificatives, X.

Page 59, note 2, *au lieu de* : pièces justificatives, VI, *lire* : pièces justificatives, XI.

Page 72, note 4, *au lieu de* : pièces justificatives, VII, *lire* : pièces justificatives, XV.

Page 77, note 1, *au lieu de* : pièces justificatives, X, *lire* : pièces justificatives, XVIII.

Page 80, note 1, ligne 5, *au lieu de* : ses immeubles, *lire* : ces immeubles.

Page 81, note 1, *au lieu de* : pièces justificatives, VIII, *lire* : pièces justificatives, XVII.

Page 114, ligne 13, *après* : aux termes de cette convention, *ajouter, en renvoi* : pièces justificatives XVI.

Page 114, ligne 32, *au lieu de* : André Le Poittevin, le sieur de Lhonoré, *lire* : André Le Poittevin, sieur de Lhonoré.

Page 115, ligne 19, *après* : un traité sous seings privés, *ajouter, en renvoi* : pièces justificatives, XII.

Page 116, ligne 10, *après* : 2 mars 1713, *ajouter, en renvoi* : pièces justificatives, XIII.

Page 117, ligne 27, *après* : le traité, *ajouter, en renvoi* : pièces justificatives, XIV.

Page 139, ligne 27, *après* : Villaines-la-Juhel, *ajouter* : Il fut inhumé dans l'église de cette paroisse, sous le crucifix, le 14 septembre 1668.

Page 150, supprimer la note 1.

Page 185. Depuis la publication, dans le *Bulletin historique de la Mayenne*, de notre étude sur la chapelle Saint-Roch du Bailleul, nous avons eu communication d'un acte très intéressant, en date du 18 avril 1716, classé aux Archives de M⁰ Dupont, notaire à Gorron. Il résulte de ce document, qui contient tout l'historique de la chapelle Saint-Roch, que cette chapelle avait été fondée, en 1586, par messire Pierre du Bailleul et dame Marquise des Vaux, son épouse, dotée d'héritages situés au lieu de la Perdrillère, paroisse de Saint-Aubin-Fosse-Louvain, et que ces héritages ayant cessé d'être possédés par les seigneurs du Bailleul, la dame Catherine Barin de la Galissonnière, veuve de messire Pierre-Louis du Bailleul, leur substitua le lieu de l'Angellerie, en Colombiers. Il n'y a donc, en réalité, qu'une seule chapelle Saint-Roch du Bailleul, fondée et dotée par les seigneurs de ce nom.